Franziskus

Joan Mueller

Franziskus

Ein historischer Roman

Aus dem Amerikanischen übersetzt
und bearbeitet
von Bernardin Schellenberger

Pattloch

Die Deutsche Bibliothek – CIP-Einheitsaufnahme

Mueller, Joan:
Franziskus : Ein historischer Roman / Joan Mueller.
Übers. Bernardin Schellenberger. – München :
Pattloch, 2000
  ISBN 3-629-00869-0

Titel der amerikanischen Originalausgabe:
Joan Mueller – Francis: A Novel

Umschlaggestaltung: Daniela Meyer, Pattloch Verlag, München
Satz: Fotosatz Völkl, Puchheim
Druck und Bindung: Graphischer Großbetrieb Pößneck
Printed in Germany

ISBN 3-629-00869-0

Inhalt

1. Kapitel

Der kleine Franzose

Es war der Morgen eines strahlenden Tags im Sommer des Jahres 1202. Über der umbrischen Stadt Assisi hatte die Sonne schon ziemliche Wärme entfaltet. Hoch am Himmel sang eine einsame Lerche ihr Lied. Auf den Straßen der Stadt herrschte buntes Treiben. Aber im Obergeschoss eines Hauses, dem Schlafraum, blieben die Läden verschlossen. Noch trunken von Schlaf und erschöpft von einer durchfeierten Nacht dämmerte ein junger Mann dem kommenden Tag entgegen. Er hatte erst im Morgengrauen seinen eleganten blauen Satinmantel zerknüllt in eine Ecke geschleudert und sich ins Bett fallen lassen. Seine verschmutzte Seidentunika klebte zerknittert an seinem im Schlaf verrenkten schlaffen Leib.

Der junge Mann hieß Franziskus, in seiner Muttersprache Francesco, „der kleine Franzose". Auf diesem Namen hatte sein Vater seinerzeit bei der Taufe bestanden. Er war damals gerade von einer seiner Geschäftsreisen nach Frankreich zurückgekommen, dem Land, das er besonders liebte und dessen Märkten er seinen Wohlstand als Tuchhändler verdankte.

„Francesco!", rief seine Mutter Pica ungeduldig die Stiege herauf. Franziskus räkelte sich im Bett, ohne sich wirklich dem Schlaf entreißen zu können. Ein Lächeln huschte über sein Gesicht. In seinen Träumen war er noch immer bei der Musik und dem nächtlichen Fest, das erst vor wenigen Stunden zu Ende gegangen war.

„Francesco!", rief seine Mutter von unten noch einmal. In ihrer Stimme schwang neben Ärger auch Angst mit. Dieser zweite Ruf drang störend durch den Nebel seiner alkoholbetäubten Sinne. Franziskus stieß mit den Füßen die Decke weg. Mit halb offenen Augen konnte er einige dünne Lichtstrahlen erkennen, die durch die Ritzen der Läden hereindrangen. Aber sein Geist wollte immer noch nicht wahrhaben, dass schon der halbe Vormittag vorbei war. So sank er wieder in den Schlaf zurück.

Pica stand am Fuß der Stiege. Von dort aus sah sie durch die Ladentür hinaus und konnte beobachten, dass ihr Mann Pietro gerade raschen Schrittes von der Piazza herüberkam. Sie rief Franziskus noch einmal, um ihn endlich zu wecken, aber jetzt etwas gedämpfter – ihr Mann sollte sie nicht hören. Als sie Franziskus im Morgengrauen hatte heimkommen hören, war sie erleichtert gewesen. Fast mehr noch als die Tatsache, dass ihr Sohn endlich da war, hatte sie der Umstand beruhigt, dass ihr Mann tief geschlafen hatte. Pietro hatte dann das Haus frühmorgens verlassen, um sich auf dem Stadtplatz mit den anderen Händlern zu treffen. Sie hatte gehofft, das gebe ihr genügend Zeit, Franziskus aus dem Bett zu bekommen. Doch leider kehrte Pietro schon viel früher als erwartet wieder heim.

Pica wusste, was geschehen würde. Deshalb rannte sie so schnell es ihr möglich war die hohe Stiege hinauf, um das Schlimmste zu verhüten. Jetzt gelang es Franziskus wenigstens einigermaßen zu Bewusstsein zu kommen und sich im Bett aufzurichten. Er schwang seine Füße über die Bettkante und stöhnte laut auf. Ein stechender Schmerz fuhr ihm durch den Schädel. Nicht nur der Kopf, sein ganzer Körper tat ihm weh. Er versuchte, seine Augen zu konzentrieren, aber der Schmerz war so hartnäckig, dass er sich wieder aufs Kissen zurückfallen ließ. Als er die Augen wieder aufschlug, erkannte er seine Mutter über sich gebeugt. Ihr hageres, gerötetes Gesicht trug die ihm nur zu bekannte Mischung aus Ärger, Angst und Entschlossenheit.

Zu spät. Pietro Bernardone kam wütend die schmale hölzerne Stiege heraufgestapft. Noch lauter als die schweren Lederstiefel dröhnte seine rauhe Bassstimme. „Francesco, wo zum Teufel steckst du?"

Franziskus verspürte ein schales, trockenes Gefühl im Mund. Seine Zunge war ihm zu schwer, als dass sie schnell eine von diesen geschickten Ausreden hätte erfinden können. Pietro riss brutal die Holzläden auseinander. Gleißendes Licht erfüllte den Raum. Der blaue Mantel. Pietro griff ihn, warf ihn auf einen Hocker.

Zwei Schritte bis zum Bett. Pietros Hände packten Franziskus' Schultern, fassten sie derb. „Du elender Hund! Du faules Stück!" Die Gesichtszüge Pietros waren purpurrot vor Wut; seine Handknöchel traten weiß aus den Fäusten hervor. „Ich verlasse mich auf dich, dass du den Laden aufmachst … und was tust du? Liegst hier rum – wie irgendein verdammter Landstreicher! Überall sind die Geschäfte offen, nur bei Bernardone – alles dicht. Und warum? Der Herr ist zu müde zum Aufstehen", äffte er spöttisch.

Wut und Enttäuschung nagten schon lange in Pietro Bernardone. So viele Hoffnungen hatte er in dieses Kind investiert. Aber das Verhalten seines Sohnes zerstörte täglich neu die Träume des Vaters. Kaum hatte Pietro einmal den Eindruck, er könne sich auf Franziskus verlassen, da nützte der sein Vertrauen schon wieder aus. Franziskus hatte Talent, war intelligent, und er konnte ungemein charmant sein. Er kannte sich in Tuchqualitäten hervorragend aus und hatte einen erlesenen Geschmack. Und er konnte verkaufen.

Er verstand es vorzüglich, eine zögerliche Kundin zum Kauf zu überreden, sie zu umschmeicheln, mit Charme und schönen Worten zu bezirzen, sie geradezu um den Finger zu wickeln. Die Frauen fühlten sich ihrem Charakter und Aussehen entsprechend vorzüglich beraten – nur den Laden rechtzeitig aufzumachen, das brachte er nicht fertig. Pietro wusste sich keinen Rat mehr. Wie könnte es ihm nur gelingen, seinem Sohn zu vermitteln, dass er Mitverantwortung für das Geschäft übernehmen musste? Immer wieder äußerte sich seine Verzweiflung in Anfällen von Wut und Gewalt gegen Franziskus.

Unbeholfen versuchte Franziskus, sich saubere Kleider überzuziehen und dabei seinen Kopf vor den Schlägen in Acht zu nehmen, von denen er wusste, dass sie ihm blühten. Pica fühlte sich verwirrt und zerrissen zwischen den beiden Männern. Sie stand zwischen ihnen und wusste für den Augenblick auch nicht recht, ob sie mehr ihren Sohn schützen oder sich selbst in Acht nehmen sollte. Pietro holte aus und versetzte Franziskus einen heftigen Schlag ins Gesicht. Franziskus torkelte stöhnend in die Höhe. „Raus mit dir oder ich schlage dich, bis du nicht mehr stehen kannst!", brüllte Pietro. Franziskus taumelte die Treppen hinab, zusätzlich befördert durch einen Tritt in den Hintern, den ihm der Vater mit auf den Weg gegeben hatte.

In den engen Gassen war Publikum unvermeidlich. Die Schaulustigen, die sofort zusammengelaufen waren, als sie den Krach hörten, grinsten und flüsterten einander zu. Pietro achtete nicht auf sie, lief wütenden Schrittes aus dem Haus und zum Marktplatz. Wieder einmal hatte ihn sein Sohn öffentlich blamiert.

*

Einige der Müßiggänger, die sich in der Straße vor Bernardones Laden eingefunden hatten, hatten in der Nacht zuvor auch miterlebt, wie Franziskus und seine Freunde gefeiert hatten und zu später Stunde singend durch die Straßen gezogen waren.

„Dieser Bursche ist ein Narr, er wird es nie zu etwas bringen", sagte Kanonikus Silvester, ein dicker, verdrießlicher Kleriker, gerade so laut zu den Umstehenden, dass Franziskus es noch hören konnte.

„Wenn hier einer egoistisch ist, dann der Vater", warf Giovanni di Sasso ein, der alte Lehrer von Assisi. Er hatte die Gene-

11

rationen kommen und gehen sehen. Das hatte ihm eine gewisse Weisheit geschenkt. „Ein Narr und Verschwender ist er. Wenn er sich seinen Lebensunterhalt selbst verdienen müsste, würde er morgens schon aus den Federn kommen. Sein Vater hat es ihm zu leicht gemacht. Pietro hätte ihm öfter einen Tritt in den Hintern geben sollen." Der so sprach, war Tancredi di Ugone, der Adelsherr von Parlascio aus der Oberstadt. Er hasste diese Art von jungen Leuten. Der Adlige mit den dunklen, bohrenden Augen hatte besonderen Erfolg mit Geldgeschäften erzielt und galt als einer der mächtigsten Männer von Assisi. „Hör mal, Freundchen", ging Tancredi Franziskus direkt an, „kannst froh sein, dass du nicht mein Sohn bist. Ich würde dir täglich in den Arsch treten." Mehrere der Umstehenden nickten beifällig.

Während sich die Menge zerstreute, blieb der alte Giovanni di Sasso nachdenklich bei Franziskus stehen. Der tat so, als habe er nichts von all den spitzen Bemerkungen gehört. Franziskus legte mit Seelenruhe und betonter Sorgfalt die Stoffe vor dem Geschäft aus. Seinen früheren Lehrer wunderte es nicht, dass er sich vom Geschwätz der Leute nicht beeindrucken ließ; er wusste nur zu gut, dass es vergebliche Liebesmüh war, Franziskus zu ermahnen oder ihn von etwas abbringen zu wollen. Eines stand jedenfalls fest: An der Lebenslust und Vergnügungssucht des Sohnes von Pietro Bernardone schieden sich die Geister aller in der Stadt; jeder hatte seine eigene Meinung über ihn.

„Oh, hat man heute morgen ein bisschen Kopfweh, Francesco?" Die näselnde Stimme gehörte ohne Zweifel Donna Peppone. Franziskus parierte gekonnt ihren ironischen Ton, indem er in gespielter Liebenswürdigkeit zurückflötete: „Welche Ehre, Donna Peppone! Einen zauberhaften Tag Ihnen!" Dabei blickte er nicht einmal zu ihr auf, sondern widmete sich geschäftig dem Zurechtlegen seiner Stoffe. Donna Peppone ließ sich nicht so leicht abweisen. „Ein geschäftiges Kind sind Sie, mein Lieber, und charmant obendrein, nur ein bisschen spät dran. Nun ja, der Vater gerissen, dafür der Sohn ein bisschen träge. Jeder muss schauen, wo er bleibt." Franziskus lächelte Donna Peppone unverschämt an, die der Blick des hübschen jungen Mannes sichtlich verwirrte. Er hatte an diesem Morgen über Kunden nicht zu klagen, und unter ihnen waren etliche, denen er die kostbarsten Stoffe zeigen konnte, die er auf Lager hatte.

„Dieses Tuch ist für Brabant typisch. Ich habe es auf dem Maimarkt in der Provence eingekauft. Ich versichere Ihnen, liebe Frau, das ist in ganz Umbrien das einzige Stück dieser Art", empfahl er einer Dame seine Ware. „Und Ihr seid wirklich selbst auf der Via Francesca gereist, um diesen Stoff einzukaufen?", fragte die Kundin ungläubig.

„Ja, ich kann Euch versichern, jedes dieser Stücke habe ich persönlich erworben", sagte der Sohn des Kaufmanns mit einem gewinnenden Lächeln. „Und der Markt, ist der Markt sehenswert?", fragte seine Kundin weiter.

„Und ob!", gab Franziskus zur Antwort. „Es ist unglaublich, was dort alles angeboten wird: bestickte Brokatstoffe, Leder, schwarzer Samt und bunte Seide, die so dünn ist, dass jede Frau, die sie trägt, unwillkürlich die Blicke aller auf sich zieht.

Die Luft der ganzen Stadt ist erfüllt vom Geruch von Zimt, Nelken, Ingwer, Indigo, Pfeffer und Safran. Eine Fülle von kostbaren, erlesenen Weinen wird angeboten. Man hört Sprachen sogar aus den entferntesten Weltgegenden. Abends sitzen die Händler in den Tavernen beisammen und geben ihre Abenteuergeschichten zum Besten: wie sie der Habgier beutesüchtiger Adliger oder der Hinterlist übler Piraten entkamen, sich auf hohen Gebirgspässen mit letzter Kraft einen Weg durch den Schnee bahnten, tückische Gletscher überquerten und bewaffnete Räuberbanden und Diebe abwehrten."

Franziskus liebte es, seine Kundinnen mit Erzählungen darüber zu unterhalten, was er alles auf den Märkten gesehen und gehört hatte. Die Frauen im Laden Bernardones waren von den Beschreibungen üppiger und luxuriöser Kleider und seinen Berichten vom Glanz der weltstädtischen Kultur ganz hingerissen.

„Und dann zieht es mich immer wieder zu den Troubadouren und Spielleuten", fuhr er fort. Manchmal geschah es, dass seine Zuhörerinnen auf ihn einredeten und Franziskus selbst eine der Balladen vorsingen musste, die er sich auf seinen Reisen eingeprägt hatte. Franziskus besaß eine wohltönende Stimme und war sehr musikalisch. Man hörte ihm gerne zu. Manchmal träumte er davon, selbst als fahrender Sänger durch die Lande zu ziehen.

Gerade kam Donna Marescotto di Bernardo Dodici von der zentralen Piazza herüber. „Seid herzlich willkommen, Donna Marescotto", sprach er und reichte der schlanken und etwas reservierten Dame galant die Hand. Donna Marescotto brauchte dringend Franziskus' Rat. Was die Auswahl von Stoffen anging, vertraute sie ganz den Kenntnissen und dem Geschmack des jungen Mannes.

Franziskus bat Donna Marescotto ins Innere des Ladens und legte ihr mit zuvorkommender Ruhe und Freundlichkeit Ballen um Ballen kostbarer Stoffe vor. Mit Hilfe einer Leiter holte er seltene Tuche und edle Seiden aus entlegenen Regalen. Franziskus wusste, dass es nicht gerade einfach war, Donna Marescotto zufrieden zu stellen. Die Farbe ihrer Haare und Augen verlangten ganz bestimmte Farben, die damit harmonierten. Überdies musste man mit dem Eigensinn, der Eitelkeit und dem Sparsinn der Bürgerin rechnen. „Was legst du mir denn da vor, Franziskus? Ich möchte doch nicht mit einem Kleid unter die Leute, das aus dem gleichen Stoff ist, den ich schon dreimal in der Stadt gesehen habe", sagte Donna Marescotto entschieden. Der Ballen war neu, ein eben erst hereingekommener, sehr teurer Stoff.

Franziskus lächelt verschwörerisch: „Ihnen kann man nichts vormachen, Donna Marescotto; Sie sehen eben alles! Aber ich weiß, was wir machen. Ich habe da in Foligno eine grüne Chinaseide entdeckt, ein fürstlicher Stoff, ein Stoff, wie geschaffen für Sie. Ich habe ihn für Assisi nicht eingekauft, weil hier keiner den Geschmack und das Geld hat, ihn zu erwerben. Aber Sie – Sie müssen ihn haben! Und am Preis werde ich etwas machen – es muss ja nicht gleich ein ganzer Ballen sein! Ist das ein Angebot?" Donna Marescotto errötete. Sie fühlte sich einerseits geschmeichelt, andererseits mochte sie nicht zugeben, dass ihre Geldmittel durchaus nicht unbegrenzt waren. Auf keinen Fall wollte sie den Eindruck vermitteln, eine Dame ihres Standes sorge sich auf ungeziemende Weise ums Geld. Darum fuhr sie entschlossen fort: „Nun gut, das ist ein brauchbarer Vorschlag, Francesco, ich vertraue voll auf dein Gefühl und dein Geschick. Du wirst mich nicht enttäuschen?" Francesco fühlte, dass er gewonnen hatte, dass ihm die Börse der reichen Dame offen stand. „Aber nein, ich werde Sie nicht enttäuschen, Donna Marescotto! Sie kennen mich doch. Ich verspreche Ihnen: Sie werden aussehen wie eine Königin. Und nun, passen Sie auf: Stellen Sie sich diese kostbare grüne Seide vor. Dazu brauchen Sie einen Besatz von allererster Qualität. So etwas, schauen Sie! Nein, besser noch dies! Sie lächeln? Ja, so muss es sein. Das machen wir. Und nun der Umhang. Wenn Sie mich fragen, kommt da nur Brokat infrage – und zwar dieser hier und kein anderer! Alles andere würde der edlen Würde Ihres Seidenkleides nicht entsprechen." In seinem Inneren lächelte Franziskus. Er genoss den Triumph. Die Frau war wie Wachs in seinen Händen. Er hätte ihr den halben Laden verkaufen können.

Donna Marescotto verließ das Geschäft. Ihr war heiß und schwindlig; ihre Sinne spielten verrückt wie bei einem jungen Mädchen. Sie schämte sich dessen und sie wusste ganz genau, dass sie sich von dem jungen Schmeichler hatte einwickeln lassen. Aber seine Reden waren Balsam für ihre Seele. Ein teures Vergnügen für eine nicht mehr ganz junge Frau. Aber es tat so gut.

*

Franziskus war jetzt zwanzig und arbeitete schon sechs Jahre im väterlichen Geschäft. Er hatte sich in dieser Zeit allgemeine Achtung als geschickter Kaufmann erworben. Schon von seiner frühen Jugend an hatte er mit seinem Vater zusammen die internationalen Handelsmärkte in Südfrankreich besucht. Dank seines Gespürs und Sinns für Mode witterte er immer recht gut, welche Ware im kommenden Jahr in Bernardones Geschäft verkäuflich war. Er galt inzwischen weit und breit als der beste Kenner des französischen Stils, sodass seine Ansichten über Eleganz zunehmend Gehör fanden.

*

Trotzdem empfand er jetzt, als er neben der Auslage vor dem Laden stand und ins Sonnenlicht blinzelte, ein Unwohlsein, das durchaus nicht nur daher kam, dass er im Übermaß dem Wein zugesprochen hatte. Es war das Leben, dieses eintönige Leben, das er führte. Es langweilte ihn, erschöpfte ihn, zerfraß ihn innerlich. Darum also ging es und hatte es zu gehen, in dem, was sich da „Leben" nannte: Tag aus, Tag ein irgendwelche eitlen, selbstgefälligen, unzufriedenen Kundinnen umschmeicheln, ihnen nach dem Mund reden, ihnen irgendetwas möglichst Teures aufschwatzen. Frühmorgens die Treppe hinunter in den Laden. Spätabends die Treppe hinauf. Dazwischen: Waren sortieren, Kunden beraten, Komplimente verteilen, Belanglosigkeiten reden, die Buchhaltung führen, unter der Tür stehen und warten, warten, warten. Worauf überhaupt? Auf die nächste

Kundin, das nächste Geschäft, die nächste kleine Feilscherei? War es das? Konnte es das sein? Wofür waren die Gedanken da, die Träume? Damit sie um bessere Gewinnspannen kreisten?

Seine Freude an der Rolle des gewitzten Händlers hatte sich ziemlich abgenutzt. „Hinreißend, Euer Gnaden, diese Farbe unterstreicht Ihre gesellschaftliche Stellung." – „Nun ja, mein Herr, erlesener Samt, aber Sie haben sich so etwas Anspruchsvolles jetzt verdient." – „Einfach faszinierend, gnädige Frau. Die Silberfäden bringen Ihre wunderschönen braunen Augen erst richtig zur Geltung." Sprüche, Sprüche, Sprüche. Im Alter von 85 Jahren starb der angesehene Tuchhändler Pietro Bernardone; sein reiches Leben bestand im Verkauf diverser Stoffballen und im Klopfen dummer Sprüche.

Doch, doch, es machte gelegentlich ja auch Spaß, sich mit den Kundinnen abzugeben und seine charmanten Spielchen zu treiben. Doch die Stunden zogen sich endlos hin, vor allem die Vormittagsstunden, und im Grunde ging es doch nur immer um die gleichen kleinkarierten Themen und Gespräche. Die Glocken zeigten den Mittag an, Zeit zum Mittagessen. Vater würde immer noch wütend sein. Außerdem wurde es ihm schon bei der bloßen Vorstellung von Essen übel. Darum beschloss er, über Mittag einfach im Laden zu bleiben.

*

Pietro Bernardone war zu einer Zeit reich geworden, in der sich in Wirtschaft und Gesellschaft ein starker Wandel vollzog. Seit

Jahrhunderten hatten Macht und Ansehen der Menschen auf ihrer Abstammung und ihren Besitztümern beruht, Steuern waren in Form von Naturalabgaben entrichtet worden, für Dienstleistungen und Waren hatte man wiederum mit Waren bezahlt. Jetzt aber setzte sich immer stärker der Gebrauch des Geldes durch. Männer wie Pietro Bernardone verstanden es, sich davon recht viel anzusammeln. Dieses Geld verlieh eine ganz neue Macht, namentlich gegenüber dem Adel, der über weniger Möglichkeiten zum Gelderwerb als die Kaufleute verfügte. Aber auch die Adligen brauchten immer mehr Geld, um weiter ihren aufwändigen Lebensstil führen zu können. Notgedrungen liehen sie es bei den reichen Bürgern und verpfändeten ihnen dafür ein Stück Land ums andere.

Konnten sie ihre Kredite nicht zurückzahlen, so schrumpfte ihr Grundbesitz, während sich derjenige der Bürger immer mehr vergrößerte. Die Folge war, dass sie immer selbstbewusster wurden und allmählich immer mehr politische Rechte und Freiheiten einforderten. In seiner Heimatstadt Assisi war Pietro Bernardone einer der führenden „Aufsteiger" dieser neuen Schicht stolzer, mächtiger Bürger; und er hatte noch sehr ehrgeizige Pläne. Dank seines Reichtums und Ansehens, so dachte er sich, werde er schließlich für seinen Sohn eine Frau aus dem Adel finden, und dadurch würden die Nachfahren der Bernardone in den Adelsrang aufrücken. Aus diesem Grund war ihm auch kein Aufwand für seinen Sohn zu groß, wenngleich er sonst seinen Reichtum energisch zusammenhielt. An Franziskus sollten alle deutlich sehen, dass die Bernardone zu den

Reichsten und Kultiviertesten der Stadt gehörten. Dieser junge Mann sollte einmal eine lohnende Partie für eine junge Frau von Adel sein. Für eine verarmte Adelsfamilie musste der Gedanke geradezu verlockend werden, sich durch die Einheirat des Sohnes des Pietro Bernardone auf einen Schlag aller finanziellen Sorgen zu entledigen. Denn bei den Bernardone – das wussten mittlerweile alle – spielte Geld einfach keine Rolle.

Aber so stolz und ehrgeizig der führende Stoffhändler von Assisi auch war, dem aufmerksameren Beobachter entging doch nicht, dass ihn eine geheime Angst beseelte: die Angst, seine Pläne könnten misslingen, das Leben könnte ihn enttäuschen, das Glück könnte ihn verlassen, der Adel könnte verächtlich auf ihn herabschauen. Denn eigentlich war er ein Bauer, der seine Herkunft nicht verleugnen konnte. Pietro Bernardone machte körperlich und charakterlich einen eher grobschlächtigen Eindruck, sosehr er das auch zu verbergen suchte. Er war stolz, es aus eigenen Kräften zu großem Reichtum und Ansehen gebracht zu haben.

Franziskus, sein Sohn, war von ganz anderer Wesensart, ein auffallend hübscher junger Mann mit einem von Natur aus charmanten Wesen. Die Bürger von Assisi schrieben seine liebenswürdige, gewinnende Art seiner Mutter Pica zu. Tatsächlich trug er ihre anmutigen Züge, hatte den gleichen feinen Schnitt des Gesichts, die gleichen wunderschönen schwarzen Augen, und auch das Lächeln schien er von ihr geerbt zu haben.

Das Lächeln verging Pica allerdings in letzter Zeit ziemlich häufig, weil sie sich mitten im Spannungsfeld zwischen Vater und Sohn befand und es immer öfter zu gewaltigen Auseinandersetzungen kam. Pietro sah es nicht etwa ungern, dass Franziskus bei allen Festen und Feiern an vorderster Spitze dabei war; im Gegenteil: das war ihm nur recht, und dafür war ihm auch sein Geld nicht zu schade, denn das konnte das Ansehen seines Sohnes und der Familie nur fördern. Eines an Franziskus aber war unverzeihlich: dass er den Ehrgeiz seines Vaters, möglichst große Gewinne zu machen und den Reichtum weiter zu mehren, überhaupt nicht teilte. Franziskus hatte kein Verhältnis zum Geld. Er gab es mit vollen Händen aus. Woher es kam, interessierte ihn nicht, diesen Luftikus, der sich nicht um den nächsten Tag scherte. Das enttäuschte und verbitterte den Vater.

*

Die Familie Bernardone bewohnte ein ansehnliches, aus großen Steinquadern gefügtes Wohnhaus zwischen dem Kirchlein San Nicolo und dem Benediktinerkloster San Paolo. Wenn man vor dem alten Minervatempel stand und von dort aus links die Via Portica hinabging, kam man direkt darauf zu. Es stand in einer Häuserzeile mit anderen Läden, in denen die luxuriösesten und teuersten Waren der Stadt angeboten wurden. Vor Bernardones Laden war auf dem Gehsteig immer ein buntes Angebot an günstigen Stoffen ausgelegt, mit dem die Kunden ins dunklere Ladeninnere gelockt werden sollten. Sie betraten zunächst einen Vorraum mit einer Tür, hinter der eine hölzerne Treppenflucht nach oben führte; durch eine zweite Tür kamen sie dann in den in zwei Räume unterteilten Laden. Darin waren in Regalen die preiswerten und gängigen Stoffe ausgelegt. Ferner befand sich darin ein großer Zuschneidetisch, und dahinter war eine fest verschlossene Vitrine, welche die kostbarsten Stoffe barg. Bernardone verkaufte vornehmlich italienische Wollwaren, aber auch die begehrteren teuren englischen Importtuche und eine erlesene Auswahl burgundischer Wollstoffe, die er auf seinen regelmäßigen Reisen zu den großen Stoffmärkten in Frankreich einkaufte. Außerdem bot Bernardone auch Leinen- und Seidenstoffe an, sowohl aus dem Fernen Osten importierte Ware als auch deren billigere einheimische Nachahmungen.

Hinter dem Raum mit der Hauptauslage befand sich der Kassenraum mit einem großen Tisch voller Kerzenwachsflecken. Auf ihm stand ein Rechenbrett mit aus Knochen geschnitzten Kugeln, daneben lag ein Stapel Wachstäfelchen, auf denen Zahlen und Maße festgehalten wurden. Hier wurde auch über Bernardones hochverzinste Kredite Buch geführt, die zum Teil termingerecht zurückbezahlt wurden, zum Teil jedoch auch Ursache häufiger erbitterter Rechtshändel wurden, dann nämlich, wenn die Gläubiger nicht zahlen konnten oder wollten. Ferner waren auf dem Tisch säuberlich Pergamentstücke, das Siegel Bernardones, ein Glas mit Federkielen sowie Tinte und Bindfaden angeordnet. Während der Arbeit an diesem Tisch saßen Franziskus oder sein Vater gebeugt auf einem hohen hölzernen Stuhl. Hinter diesem Tisch stand in einer Ecke des Raumes ein massiver, kunstvoll gefertigter Eichenschrank. Er barg die prächtige Ritterrüstung, die der Vater seinem Sohn gekauft hatte, Inbegriff eines weiteren Traums, den Bernardone hegte: dass sein Sohn Franziskus ein adliger Ritter würde.

*

Franziskus war in der Mittagszeit allein im Laden. In der Siesta war nicht mit Geschäften zu rechnen. Er betrat den Hinterraum, um noch einige Handgriffe zu erledigen und sich dann zur Ruhe zu begeben. Nachdem er Donna Marescottos Münzen nachgezählt und entsprechend die Knochenkugeln auf der Tafel verstellt hatte, schob er das Rechenbrett behutsam zur Seite, stand auf, begab sich zum Schrank hinüber und öffnete ihn.

Die schwere Tür ging knarrend auf und gab den Blick auf die herrliche Rüstung frei. Das eiserne Kettenhemd mit seinen langen Ärmeln und der Kapuze, dazu die Eisenhandschuhe entsprachen dem jüngsten Stil von Mailand. Die Adligen Assisis beneideten Franziskus um seinen kostbar bestickten leinenen Umhang, seinen schützenden Brustpanzer, seinen goldverzierten Schild, seinen traditionellen Helm und sein Florentiner Schwert, in das feine Goldfäden eingelassen waren. Franziskus legte eine Hand auf den Griff seines kostbaren Schwerts. Heftige Gefühle durchfluteten ihn, eines Tages würde er für die Ehre einer edlen Dame kämpfen, würde ihren adligen Vater mit seiner Kühnheit beeindrucken, würde …

Ein Geräusch aus dem Ladeninneren holte ihn in die Wirklichkeit zurück. War die Außentür nicht abgeschlossen? Rasch schlug er den Schrank zu und spähte aus dem Kassenraum. Im

Verkaufsraum sah er den Schatten eines Mannes und erkannte ihn auch gleich. Es war Alberto, ein Bettler, dessen Kleidung vornehmlich aus Lumpen bestand. Jeder kannte ihn, den Mann mit den verkrüppelten Füßen, der im Sommer wie im Winter barfuß durch die Gegend lief. Einer von den Harmlosen, nicht flink genug, um sich im Gewühl der Marktstraßen gegen die aufdringlichere Konkurrenz der anderen Bettler durchzusetzen. „Im Namen Jesu Christi bitte ich Euch, lieber Herr, um ein Almosen!" Franziskus hatte ihm gelegentlich ein paar Münzen vor die Füße geworfen. Nun kam er immer wieder. „Du siehst nicht gerade danach aus, als hättest du heute schon etwas gegessen?" – „Nein", murmelte der Alte.

Franziskus gab ihm einen Kanten Brot und verriegelte die Tür. Die Kundschaft sollte ihn nicht gerade in Gesellschaft eines Bettlers finden. „Es heißt, du wärst im Gefängnis gewesen. Stimmt das?" – „Ja, Herr, in Perugia, aber es ist lange her." – „Und das mit den Füßen?" – „Die Folter, Herr, ich wollte nicht gestehen." – „ Weil du so dickköpfig warst oder weil es nichts zu gestehen gab?" – „Letzteres, Herr, wenn Ihr einem armen Bettler glaubt ..."

Franziskus zuckte mit den Schultern. Ihm wurde der Geruch und die Demut des Alten lästig. Franziskus schaute sich nach irgendwelchen Kleidern um, mit denen man die Lumpen Albertos ersetzen konnte, aber er fand so schnell nichts Passendes. Seide, Brokat und feines Wolltuch – nichts Geeignetes, um einen sabbernden, hüstelnden Alten zu kleiden. Er nahm schließlich ein paar Münzen, drückte sie dem Alten in die Hand, schloss die

Tür auf und schob ihn ins Freie hinaus. Dann ging er wieder in den Kassenraum und öffnete den Schrank, aus dem ihm die schimmernde Rüstung, der Helm, das Kettenhemd, der Brustpanzer, der Schild und das Schwert entgegenstrahlten.

„Dafür bin ich bestimmt", dachte er. „Ich kann mich nicht bis ans Ende meines Lebens in Stoffballen eingraben. Ich habe rauschenderes Blut in mir; ich bin ein Kämpfer. Und ich werde kämpfen, mich in Schlachten stürzen, mich auf dem Feld der Ehre bewähren. Ich bin als Sohn eines Kaufmanns geboren, aber ich werde nicht als Kaufmann sterben. Ich werde als Ritter sterben, fett an Ruhm, nicht an Geld. Ich pfeife auf ein Adelsprädikat und einen Stammbaum. Was ich sein werde, darüber entscheiden meine Faust, mein Geist, mein Schwert…"

Diese Gedanken befriedigten ihn tief. Franziskus nahm eine Decke, streckte sich auf dem Boden aus und bettete seinen Kopf auf eine Rolle Wollstoff, die er neben den offenen Schrank gelegt hatte. Während er sich langsam dem Schlaf überließ, stiegen in ihm wilde und blutige Erinnerungen hoch, Erinnerungen an die Tage des Volksaufstandes gegen die Rocca Maggiore, bei dem er dabei gewesen war.

*

Das lag zwei Jahre zurück. Bis dahin hatte oben in der Burg über Assisi der verhasste Statthalter des deutschen Kaisers Friedrich residiert. Die Einwohner von Assisi hatten sich seine Abwesenheit zu Nutze gemacht, um die Burg zu stürmen und in Schutt und Asche zu legen. Damals hatte Franziskus zum ersten Mal den Krieg erlebt.

Fast hatte ihn der Schlaf übermannt, als ihn die Erinnerung an den dramatischsten Punkt dieses Kriegsabenteuers, von neuem packte und erregte. Mit den anderen Kriegsleuten hatten sie über Stunden hinweg begeistert gekämpft und schließlich die Burg erstürmt. Jetzt waren sie ins Innere der Anlage eingedrungen. Noch gab es einige Verteidiger, die sich mit Schwertern, Spitzhacken und Keulen erbittert gegen die Eindringlinge wehrten. Mitten im Getümmel hörte er plötzlich seinen Namen brüllen, einmal, zweimal: „Francesco, pass auf!" Es war die Stimme von Don Marescotto di Bernardo Dodici, die ihn da warnte. Jäh wandte er sich um und sah einen der feindlichen Reiter, wie er gerade mit blitzendem Schwert ausholte, um ihn niederzuhauen. Mit dem Ausruf „Heilige Jungfrau Maria!" hatte Franziskus gerade noch sein eigenes Schwert in schützende Stellung bringen können. Es war ihm gewesen, als sei das Schwert seines Widersachers für den Bruchteil einer Sekunde in der Luft stehen geblieben. Das Pferd des Angreifers zuckte zurück, sein Schwert sauste nieder, aber ritzte ihn nur an der Wange. Der Reiter preschte vorbei. Er war noch einmal davongekommen. Franziskus hatte sich umgewandt, um sich bei Marescotto zu bedanken; der aber war schon im Getümmel verschwunden.

Viele Erinnerungen an seine Kriegsabenteuer zogen an seinem inneren Auge vorüber. Nach der Eroberung und Schleifung der Rocca Maggiore war das Volk von Assisi – damals in der Stadt und auf dem dazugehörigen Land insgesamt rund

26

zweiundzwanzigtausend Einwohner – geradezu in einen Siegesrausch verfallen. Assisi kämpfte gegen den eigenen Adel. Wie war es gewesen, damals, als sie die Burg von Sasso Rosso stürmten? Die adligen Burgherren betätigten sich zu dieser Zeit mehr oder weniger als Wegelagerer und kontrollierten die kurze Straße zwischen Assisi und Spello. Die ebenso stolzen wie heruntergekommenen Ritter von Sasso Rosso konnten es gar nicht fassen, dass sich die einst so gefügigen Bürger von Assisi plötzlich in entschlossene Feinde verwandelten, und sie ergriffen die Flucht. Ihre Festung hatten sie samt aller Habe dem Plündern und Niederbrennen durch diese mit den Jahren reich und anmaßend gewordenen Bürger von Assisi überlassen. Tatsächlich hatten sie auch dort schrecklich gehaust.

Als Nächstes kam Montemoro, die „verfluchte Burg", an die Reihe. Hierauf hatten sie Poggio San Damiano zerstört, das den Kaufleuten, die die Berge überquerten, hohe Abgaben abpresste. Sodann hatten sie die Burg von Morico dem Erdboden gleichgemacht. Und so war es weitergegangen: Sie hatten Don Celinos Festung Poggio gestürmt und niedergerissen, San Savino eingeebnet, Bassano in Trümmer gelegt. Schließlich hatten sie auch noch mitten in Assisi die Stadtpaläste des Adels in Brand gesteckt. Viele Adelsfamilien waren nach Perugia geflohen und sannen dort auf Rache. Etliche wurden von heute auf morgen ins Elend gestürzt und mussten jetzt vor der Stadt als Bettler um ihr tägliches Brot bitten.

Franziskus erinnerte sich noch recht gut, wie grausam seine Verwandten und auch sein Vater bei allen diesen Angriffen gehaust hatten. Im Zustand zwischen Wachen und Schlafen erlebte er viele Augenblicke dieser kriegerischen Zeit noch einmal. Er hörte das Geräusch seines eigenen keuchenden Atems, sein wildes Herzklopfen, wenn er mit ansehen musste, wie Frauen vergewaltigt und Kinder ermordet wurden; der entsetzliche Geruch verbrennenden Fleisches stieg ihm in die Nase. Es war wie ein Rausch gewesen, eine besessene Jagd, eine Rache ohne jeden Gedanken an Gnade. Er hatte an sich selbst gespürt, wie die Hemmungen fielen und abgründige Instinkte freigesetzt wurden. Sie kamen ihm aus der Distanz merkwürdig unwirklich vor. Aber so war nun einmal der Krieg; da galten andere Gesetze. Er hatte nach ihnen gehandelt. An seinem Schwert klebte Blut. Und es hatte seine Richtigkeit damit.

*

Als Ladenschluss war, baute Franziskus die Auslage auf dem Gehsteig ab und legte die Riegel für die Nacht vor. Müde und hungrig schlenderte er die Via Portica hinauf bis zur Piazza della Minerva, dem Hauptplatz von Assisi. Rund um den alten römischen Minervatempel packten die Bauern, die ihre Ernteerträge in die Stadt gebracht hatten, die unverkauften Reste ihrer Waren zusammen, indes sich die Weinhändler und Esswarenverkäufer für ihr Abendgeschäft rüsteten.

Auf dem Platz wurde Franziskus bereits von seinem Freund Pietro und einer kleinen Gruppe von Kameraden erwartet. Pietro di Catania war ein junger adliger Advokat, der sich gern

28

von den endlosen nichtigen Rechtshändeln der Einwohner Assisis dadurch erholte, dass er gemeinsam mit Franziskus ganze Nächte lang den Varianten einer verfeinerten Lebenslust nachging. Obgleich schlaksig und etwas schüchtern, vermochte Pietro durch sein offenes, ansteckendes Lachen zu gewinnen, überdies war er blitzgescheit und verfügte in geselliger Runde über einen leisen, spontanen Humor.

„Du hast Kasse gemacht?", provozierte er Franziskus im Kreis der Freunde. „Wie das?" – „Nun, man hört, du verkaufst unseren schönen Frauen nicht nur Tuche, machst ihnen obendrein noch den Sänger. Die halbe Damenwelt von Assisi liegt dir zu Füßen. Das muss sich doch ausgezahlt haben", lachte Pietro und steckte damit die anderen an. „Na los, mach schon den Beutel auf", neckten in andere, „oder willst du, dass wir hier den ganzen Abend trocken sitzen?" Bald bewegte sich das Grüpplein singend und ausgelassen in Richtung Taverne. Eine rauchgeschwängerte Kellerhöhle schluckte die Gruppe junger Leute, um sie bis spät in der Nacht nicht wieder zu entlassen.

Franziskus gab sich gönnerhaft: „Auf die schönen Frauen und die Liebe! Lasst uns also verfressen und versaufen, was mir das Konzert eingebracht hat!" Er klatschte in die Hände und sorgte gebieterisch dafür, dass sich in kurzer Zeit die Tische bogen. Wie an manchem Abend zuvor war der nach der jüngsten französischen Mode gekleidete Franziskus der Mittelpunkt der Runde – flirtend, singend, scherzend, freigebig. Franziskus genoss seinen Reichtum und ließ andere daran teilhaben. Ein Geruch von schwerem Wein, gebratenem Fleisch und ofenfrischer Pastete vermischte sich mit dem Lachen und den süßen Düften der Mädchen und Frauen, die im Laufe des Abends herbeigewunken wurden und sich der lustigen Runde zugesellten. Nach und nach schlüpfte ein Pärchen ums andere davon, in irgendeine dunkle Ecke oder einen der zahlreichen Alkoven in den oberen Geschossen der Taverne, um sich dort verschwiegenen Spielen und zärtlichen Umarmungen hinzugeben.

Spät in der Nacht stürmte die fröhliche Gesellschaft auf die Straße hinaus. Immer wieder tat sich Franziskus beim Späßemachen, Geschichtenerzählen und Liedersingen hervor. Er wusste unzählige Strophen auswendig und war zudem ein Meister im Improvisieren neuer Verse. Als sie den Minervatempel erreichten, stellte er sich auf die oberste Stufe der Treppe und schmetterte ein grelles Lied in die Nacht hinaus. „Ruhe!", brüllte jemand aus einem Fenster der umliegenden Häuser. „Lauter!", schrie die wilde Bande seiner Freundinnen und Freunde, bis Franziskus von der Höhe heruntersprang und als Anführer eines wilden Tanzes die Meute durch die engen Gassen Assisis schleuste, dass die Mauern vom Singen, Lachen und Getrappel nur so widerhallten.

2. Kapitel

Die Niederlage

Wenige Tage später war Assisi wieder einmal in heller Aufregung. Obwohl Franziskus tagsüber an den Laden gebunden war, bekam er auch dort mit, wie empört und wütend die Leute auf der Piazza diskutierten. Was war geschehen?

Vor fast zwei Jahren, nach dem Sturm auf die Burg von Sasso Rosso, war der Adlige Girardo di Gislerio nach Perugia geflohen und hatte dort seine Aufnahme in die Bürgerschaft beantragt. Andere während des Aufstands ins Exil gegangene Edelleute hatten sich ebenfalls in Perugia einbürgern lassen und der Stadt Assisi Rache geschworen. Seither bereiteten sie Assisi endlose Schwierigkeiten beim Benutzen der Straßen und Zugänge zu den Märkten. Die augenblickliche Aufregung war wegen größerer Liegenschaften Girardos in Collestrada ausgelöst worden, einem fruchtbaren Landstrich zwischen Assisi und Perugia. Da er Bürger von Perugia geworden war, sprach er jetzt Assisi das Recht ab, von ihm dafür noch Steuern zu beziehen.

Natürlich stellte sich die Stadt Perugia hinter ihn. Damit sah es ganz danach aus, als wolle man Assisi um ein gutes Stück seines angestammten und überdies einträglichen Gebiets bringen. Schon schrien Bürger, man müsse Perugia mit Waffengewalt zwingen, Assisis Recht auf dieses Gebiet und die Steuern daraus anzuerkennen.

Waffen! Krieg! Franziskus fühlte eine Art freudiger innerer Unruhe in sich. Endlich schien sich ihm die Gelegenheit zu bieten, aus dem alltäglichen Trott auszubrechen und sich womöglich als Kriegsheld zu bewähren. War es bald so weit, dass er seine prächtige Rüstung anlegen konnte? Franziskus schloss die Augen und gab sich dem herrlichen Bild hin, wie er, begleitet von Fahnen und Musik und dem stürmischen Beifall der ganzen Stadt, mit den anderen jungen Männern zum Tor hinauspreschen würde.

In einem freien Augenblick öffnete er wieder hinten im Kassenraum den Schrank, um seine Rüstung in Augenschein zu nehmen, den Inbegriff eines anderen, abenteuerlichen, ruhmvollen Lebens. Er konnte der Versuchung nicht widerstehen, sich das Waffenkleid kurz anzulegen – einfach, um gleich auszuprobieren, ob es ihm noch passte oder ob rechtzeitig noch etwas in Stand gesetzt werden musste.

Er zurrte eben das Lederband seines Helms zurecht, als er seinen Vater in den Laden stürmen hörte.

Pietro Bernardone lachte über den Eifer seines Sohnes: „Genau das ist jetzt an der Reihe, Söhnchen! Krieg. Es geht los. Die Sache ist beschlossen! Ich komme vom Rat der Stadt. Wir haben schon fremde Landsknechte bestellt, Reitertruppen aus Apulien und geübte Bogenschützen. Morgen werden sie hier eintreffen und morgen Abend in der Kathedrale vereidigt werden. Wir sind gerüstet! Und du kannst zeigen, was in dir steckt."

Franziskus war sprachlos, wie schnell jetzt plötzlich alles gehen sollte. Er hatte nicht geahnt, welche Vorbereitungen bereits von langer Hand getroffen worden waren. Bernardone legte den Arm um seinen Sohn in der prächtigen Rüstung: „He, ich muss sagen: So gefällst du mir! Jetzt siehst du aus wie ein Mann, der für die Ehre unserer Stadt und unserer Familie zu kämpfen bereit ist. Ich setze auf dich. Wir streiten uns oft, aber wenn es darauf ankommt, halten wir zusammen, Franziskus, wir schaffen es! Du wirst dem Namen Bernardone alle Ehre machen!"

Ja, er würde es seinem Vater – ihm vor allen anderen – beweisen! Er würde ihm beweisen, dass er, der verwöhnte Weichling, der ewige Versager, die große Enttäuschung, dass ausgerechnet er kalt, hart, stark, bedenkenlos, kühn war. Krieg, durchschauerte es Franziskus. Ich werde es allen beweisen.

*

Es dauerte noch etliche Tage, in denen genaue Schlachtpläne entworfen wurden und angeheuerte Söldner und einheimische Krieger gemeinsam exerzierten und sich aufeinander abstimmten. Aber schließlich kam der Morgen, ein kühler Novembermorgen, an dem es so weit war: Die Glocken der Stadt riefen die Bürger zu den Waffen.

Den Abschied von seinen Eltern empfand Franziskus als zwiespältig: Der Vater wünschte seinem Sohn, der da als stattlicher Ritter sein Ross bestieg, Tapferkeit und viel Erfolg, die Mutter hätte ihn vor lauter Sorge, er könne in der Schlacht umkommen, am liebsten vom Pferd gerissen und irgendwo versteckt. Aber das war schnell vergessen. Bald ritt er in der Reihe der erregten Kampfgefährten. Alle schauten sie jetzt nach vorne.

Das Herz schlug ihm bis zum Hals, als er unter den flatternden Standarten mit den anderen von der Kathedrale zum Haupttor der Stadt ritt. Alle Bürger, die in Assisi zurückblieben, waren aus den Häusern gekommen und riefen den berittenen Kämpfern, den verbündeten Bogenschützen und dem bunten Haufen von Fußsoldaten ihre Segenswünsche zu und winkten ihnen mit Taschentüchern. Franziskus genoss diese erhebende Stimmung. Er ließ seine Augen durch die Menge schweifen, um vielleicht den einen oder anderen bewundernden Blick einer seiner Freundinnen oder einer schönen Frau zu erhaschen. Er gefiel sich im Glanz seiner Rüstung. Es gefiel ihm, wie die goldverzierten Teile seines Waffenkleides im hellen Sonnenlicht funkelten.

Genau genommen war das Leben für ihn eher eine Modenschau als ein Schlachtfeld. Er war nun einmal der Sohn eines vornehmen Tuchhändlers, nicht der Sohn eines Landsknechts. Das war ihm nur zu bewusst. Und gerade deshalb musste er sich als kühner Krieger beweisen. Denn er wollte es weiter als sein Vater bringen. Der hatte seiner Familie großen Reichtum verschafft; er, Franziskus, würde ihr Glanz und Adel verleihen.

*

Langsam wälzte sich die Armee aus Reitern und Fußsoldaten über die Landstraße. Die Morgensonne, die allmählich die Frühnebel auflöste, warf ihr fahles Licht auf den Zug. Sein Ziel war Collestrada. Franziskus kannte das Gelände gut. Schließlich besaß sein Vater in dem vom Tiber bewässerten fruchtbaren und begehrten Landstrich Ländereien, und zwar in der Nähe der Burg Collestrada. Um dieses Besitzrecht hatten sich Assisi und Perugia schon viele Jahre gestritten. Assisi bezog einen Teil seiner Einkünfte aus dem Gebiet, und auch für den Handel der Stadt war die Region wichtig; sie war also durchaus einiges Blutvergießen wert.

Der Plan der Konsuln war ziemlich einfach. Assisis Armee würde über den unteren Abhang des Subasiobergs auf die Ebene hinaus vorstoßen. Sie würde dann durch das Gebiet der Campagna und den Hügel von Collestrada hinaufziehen. So würden sie Perugia stolz und furchtlos die Stirn bieten. Assisi hatte beim Anschaffen von Waffen und Anheuern von Söldnern, die für ihre Sache kämpfen würden, nicht gespart. Assisi war reich und hatte sich bestens wappnen können.

Die Söhne der Stadt würden tapfer kämpfen, ihre mangelnde Kriegserfahrung würden die Söldner ausgleichen.

*

Der Heerhaufe brauchte für die Entfernung bis Collestrada vier Stunden. Am frühen Nachmittag gelang es ihm, im Handstreich die Burg von Collestrada zu erobern und zu besetzen. Daraufhin zogen die Perugianer ihre Truppen auf der gegenüberliegenden Seite des Flusses zusammen. Die zwei Heere lagen sich im Abstand von ungefähr einer halben Meile gegenüber, beide erfüllt von maßlosem Hass, der sich infolge uralter Fehden, dunklen Blutrachegelüsten und endlosen Händeln und Feindseligkeiten zwischen den Städten aufgestaut hatte. Perugia hatte bisher alle kriegerischen Auseinandersetzungen für sich entscheiden können. Deshalb sahen seine Kämpfer mit einer aus langjähriger Überlegenheit gewonnenen Zuversicht dem Kampf entgegen. Assisi, der ewige Verlierer, baute diesmal auf sein Geld, auf die Söldner und die gute Ausrüstung, die es sich damit hatte leisten können, und seine Krieger waren begierig, Perugia endlich einmal in die Knie zu zwingen.

*

Franziskus hatte gar nicht recht mitbekommen, wer als Erster angriff. Jedenfalls waren beide Heerhaufen plötzlich aufeinander losgestürmt, und er selbst war unwillkürlich mitgerissen worden. Neben ihm preschten Matteo und sein Bruder Giovanni auf die Feinde los. Bald stießen sie auf die perugianische Kavallerie und verwickelten sich mit ihr in ein erbittertes Gefecht. Die Perugianer waren in der Übermacht und drängten die Reiter von Assisi langsam, aber unaufhaltsam auf den Hügel zurück. Franziskus hoffte, die Bogenschützen würden ihnen bald Entlastung bringen. Er und seine Reitergruppe hieben, stachen und fochten wild und verzweifelt.

Plötzlich hieb sich ein Ritter aus Perugia seine Bahn mitten durch die Gruppe um Franziskus, warf den neben ihm kämpfenden Matteo aus dem Sattel und donnerte weiter. Matteo stürzte mit einem dumpfen Aufprall zu Boden, war offensichtlich verwundet und schrie vor Schmerz. Er riss sich den Helm vom Kopf, um seine Wunde in Augenschein zu nehmen. Matteos Vater, Simone della Rocca, blieb unbeirrt auf den Kampf konzentriert. Durch einen Seitenblick auf seinen Sohn wusste er, dass Matteo unwiederbringlich verloren war. Zu Mitleid und Trauer war jetzt nicht die Zeit. Es galt, unerbittlich weiterzufechten.

Franziskus aber ließ sich vom Sturz seines Freundes ablenken. Er zügelte sein Pferd und schickte sich an abzusteigen, um Matteo beizustehen. Simone erkannte sofort die tödliche Gefahr, der er sich damit aussetzte: Er würde, eingezwängt in seine steife Verpanzerung, zum schwerfälligen, schlecht geschützten Ziel für die Waffen der gemeinen Fußsoldaten werden.

„Nein!", schrie Simone, „weiterkämpfen!"

Er preschte auf Franziskus zu, um ihn vom Absteigen abzuhalten. In diesem Augenblick war schon ein perugianischer Fußsoldat aufgetaucht, der Matteos Brustpanzer und Kettenhemd hob und ihm den Dolch in die Brust stieß. Matteo schrie markerschütternd, wohl mehr aus Schrecken als aus Schmerz. Simone stürzte sich auf den perugianischen Soldaten und zerschmetterte ihm in wildem Zorn den Schädel. Welche Schande, über einen gestürzten Reiter herzufallen, einen Verletzten zu ermorden!

Inzwischen hatte die Kavallerie von Perugia vollends die Reihen der Ritter von Assisi durchbrochen. Die Befehlshaber erkannten bald, wie hoffnungslos die Lage war, und bliesen zum Rückzug. Franziskus zögerte immer noch, aber Simone ritt jetzt zu ihm hin, versetzte seinem Pferd einen Hieb und trieb es mit dem Trupp der übrigen Flüchtenden davon. Es galt jetzt, sich vor dem zu retten, was sie mehr noch als den Tod fürchteten: die Gefangenschaft.

Franziskus sah sich von dem fliehenden Heerhaufen mitgerissen. Er hörte ganz nah hinter sich die Rache- und Siegesschreie der Gegner. Fußsoldaten, die sich jäh der angreifenden Kavallerie des Gegners ausgeliefert sahen, rannten schreiend in alle Richtungen auseinander. Manche versteckten sich im Schilf, andere auf nahe gelegenen Feldern und in Waldstücken, aber es gab kein Entrinnen. Die Perugianer waren nicht bloß daran interessiert, den Feind zu besiegen. Die Überheblichkeit der Männer von Assisi verlangte, dass man ihnen für alle Zeiten einen Denkzettel verpaßte. Sie wollten sie derart schwächen, dass ihnen auf absehbare Zeit die Lust verging, mit Perugia einen Krieg anzufangen.

Franziskus saß wie benommen auf seinem dahingaloppierenden Pferd, den Kopf voller entsetzlicher Bilder, die ihn später in jeder ruhigen Minute wieder heimsuchen würden: die Leichen der Adligen, Kaufleute und einfachen Bürger Assisis; von Rümpfen abgetrennte Köpfe, Körper qualvoll brüllender Menschen, aus denen Eingeweide hervorquollen; sterbend in Blutlachen: Menschen, die noch vor wenigen Minuten voller

38

blühenden Lebens waren; abgetrennte einzelne Hände und Füße; Köpfe, wie Trophäen auf Lanzen gespießt; ausgestochene Augen. Und überall Blut, endlos viel Blut. Der Boden, das Gras, die Büsche, die Baumstämme: alles rot bespritzt, mit einem schmutzigen, dunklen Rot besudelt.

Die starken Beine seines Hengstes trugen den betäubten, zu keiner Regung fähigen Franziskus weiter von seinen Verfolgern fort. Er wusste, dass die Perugianer ihnen nahe auf den Fersen waren. Er wusste, dass vor und neben ihm Leute aus Assisi waren. Wer sie waren, vermochte er nicht zu sagen. Nicht etwa, dass er Angst vor dem Tod gehabt hätte. Sein Entsetzen rührte vielmehr daher, dass an Stelle von blühendem Leben nur noch Blut und zerfetzte Körper waren. Und dann: Matteos entsetztes Gesicht. Matteo, noch vor kurzem lachend und kühn an seiner Seite, war tot, gestürzt, erstochen in einem einzigen unbewachten Augenblick. Matteo!

*

Er entsann sich nur noch des Kriegsschreis eines perugianischen Ritters. Dann war er hart auf den Boden gestürzt, ohne recht gespürt zu haben, dass ihn jemand niedergeschlagen hatte. Im Liegen hatte er immer noch das Entsetzen auf Matteos Gesicht vor Augen. Sein Geist war einen Augenblick wie gelähmt. Dann wurde er hochgezerrt, von Fußsoldaten der Perugianer. Er hatte tapfer gekämpft. Dass er den Perugianern in die Hände fallen könnte, damit hatte er auch nicht im Entferntesten gerechnet.

Sie zogen ihn mit höhnischen Worten aus seiner Rüstung und rissen ihm die Kleider vom Leib. Gefangene Ritter wurden zu ihrer Demütigung nackt aneinander gekettet. Einen einfachen Fußsoldaten hätte man erschlagen, aber als Ritter von Assisi war Franziskus ein Objekt des Triumphes und ein Stück wertvolle Beute.

Assisi hatte Geld; das wusste man in Perugia. Genug Geld, um seine Adels- und Kaufmannssöhne freikaufen zu können. Perugia hatte den Krieg gewonnen. Jetzt war es nicht nur eine weitere Demütigung für Assisi, den Besiegten für den Rückkauf der gefangenen Reiter horrende Summen abzuverlangen – es war auch ein probates Mittel, den Leuten aus Assisi ein für alle Mal die Freude am Kriegführen auszutreiben.

*

Der Weg in die Gefangenschaft kam Franziskus endlos vor. Die rohe Soldateska erschlug noch immer, wo sie nur ihrer habhaft werden konnte, verwundete und wehrlose Feinde. Deren Flehen um Gnade rührte sie nicht. Darunter war ein Bauernjunge, ein Kind noch, höchstens zwölf oder dreizehn Jahre alt. Franziskus sah sein entsetztes, von Todesangst erfülltes Gesicht. Er weinte, bettelte, schrie um sein Leben, aber sie hieben ihn erbarmungslos nieder.

Was für entsetzliche Folgen hatte dieser Krieg! Und wofür hatten ihn die Verantwortlichen vom Zaun gebrochen? Wofür? Franziskus brannte sich das Bild des um Gnade schreienden

Jungen in Herz und Gedächtnis ein – dies und die Hiebe seiner Mörder. Die Hiebe in den Körper des Kindes, das Blut, das Zusammensacken des wimmernden Jungen. Abscheu vor dem Krieg überkam ihn, Abscheu vor der Eitelkeit, der Machtgier, der Geldgier. Matteos Leben, vollends das Leben dieses einen wehrlosen Bauernkindes, war ein zu hoher Preis dafür.

*

Die Perugianer kosteten ihren Sieg weidlich aus. Sie führten ihre Gefangenen im Triumphzug durch die Gassen der Stadt. Franziskus, nackt, gefesselt, an die anderen gefangenen Adligen und Bürger Assisis gekettet, wurde gezwungen, die Standarte seines Stadtteils hinter sich im Dreck herzuziehen. Alte edle Männer, einst stolze und kühne Krieger, wurden von zahnlosen Marktweibern angespuckt. Bekannte Persönlichkeiten wurden mit Schmutz beworfen. Die jungen Männer Assisis, manche von ihnen noch halbe Kinder, konnten kaum die Tränen unterdrücken, als sie wie eine Viehherde durch die johlende Menge der feindlichen Stadt getrieben wurden.

Immer noch stolperte Franziskus wie benommen in diesem schändlichen Schauspiel mit. Sein Geist nahm die Spott- und Schmährufe gar nicht richtig wahr, seine Ohren waren wie taub für das Geheul der Menge. Alles kam ihm ganz unwirklich vor. Er selbst fand sich mittendrin und doch fern, abgehoben davon. Nur eines stand ihm deutlich vor Augen: das Gesicht des toderschrockenen Freundes Matteo. Matteo war tot, sein

Freund Matteo. Tot. Und dann der schreiende Junge. Immer wieder.

*

Die Gefangenen wurden in das Verlies von Perugia unter dem Stadtplatz gesteckt, ein schmutziges Loch, das infolge ihrer großen Zahl völlig überfüllt war. Männer, die noch vor kurzem einmütig gekämpft hatten, stritten jetzt miteinander über das Recht, sich auf den Boden legen zu dürfen. Alle redeten, schrien, schimpften, klagten durcheinander. An Schlafen war in der Nacht kaum zu denken. Die Feuchte der Mauern kroch Franziskus bis in die Eingeweide. Hinzu kam schon bald ein entsetzlicher Gestank aus Schweiß, Blut und Fäkalien, sodass er sich alle Mühe geben musste, sich nicht zu erbrechen.

So saß Franziskus, der verwöhnte Kaufmannssohn, der hochgemut in den Krieg gezogen war, um ein Held zu werden (oder auch nur, um dem Laden des Vaters zu entkommen), zusammengepfercht mit vielen anderen im finsteren Verlies von Perugia und hätte viel darum gegeben, kein Held zu sein und wenigstens wieder in Assisi im Laden stehen zu dürfen. Und sein verwöhnter Gaumen war dankbar, wenigstens etwas von dem abscheulichen Fraß aus Abfällen abzubekommen, den man den Gefangenen bot. Am schlimmsten aber waren die Albträume, die ihn ständig weiterverfolgten: die schrecklichen Bilder des Krieges, das Gesicht Matteos, das Gesicht des Bauernjungen.

*

42

Die Tage schleppten sich hin, aus den Tagen wurden Wochen, aus den Wochen Monate. Die Perugianer wollten ihre Gefangenen bewusst lange eingesperrt halten, um sie zu zermürben und am Schluss ein hohes Lösegeld für sie aushandeln zu können. Auch die, welche es fertig gebracht hatten, die ersten paar Tage noch mit Verstand und Stärke zu ertragen, wurden nach und nach durch die endlose Monotonie in der feuchten, engen Dunkelheit entnervt. Die meisten von ihnen hatten in Wohlstand gelebt. Sie hatten immer in großen lichten Räumen gewohnt und in ihren Häusern für sich gelebt. Jetzt aber, jeder Privatsphäre beraubt, wurden sie zu gereizten Tieren. Selbst gute Kameraden wurden plötzlich zu Rivalen um ein bisschen Platz oder irgendeinen winzigen Vorteil. Schließlich griffen auch noch Krankheiten und Infektionen um sich und erfassten nach und nach fast jeden der in diesem gottverlassenen Gefängnisloch Eingekerkerten. Heraus kam nur, wer kurz vor dem Sterben war. Die Perugianer ließen die Bürger von Assisi sogar für das Recht bezahlen, ihre Söhne in Assisi beerdigen zu dürfen.

Auch Franziskus wurde schließlich von dem Fieber befallen, das schon so viele seiner Kampfgefährten dahingerafft hatte. Von seiner Kühnheit war nichts mehr übrig geblieben. Er fand sich hilflos als ein Sterbender unter Sterbenden, allein gelassen in einem stinkenden Kerker. Schwer ging sein Atem und mischte sich unter das Hüsteln und Röcheln der anderen; bei jedem Zug schmerzten ihm die Lungen. Ihm war, als erlösche er langsam wie ein Kerzenstummel, der keine Kraft mehr hat zu brennen.

3. Kapitel

Das Erschrecken

Mehr als ein Jahr nach der verhängnisvollen Schlacht von Collestrada akzeptierten die Perugianer schließlich das hohe Lösegeld, das ihnen Pietro Bernardone für seinen Sohn bot, und das wohl nur, weil ihnen der Gefangene sonst bald weggestorben wäre. Sie brachten Franziskus aufs Gelände von Collestrada und überließen es ihm selbst, sich bis Assisi zu schleppen.

Franziskus, vom starken Fieber benommen und geschwächt, konnte sich nur mühsam auf den Beinen halten. Er kroch bis zur Straße und blieb dort liegen, bis ein Bauer mit seinem Fuhrwerk vorbeikam und sich seiner erbarmte. Dieser hob ihn auf und fuhr ihn nach Assisi heim.

Franziskus war aus der Gefangenschaft in so schlechter Verfassung heimgekommen, dass er die meiste Zeit das Bett hüten musste. Immer wieder wurde er von starken Fieberanfällen geschüttelt. Trotz der guten Pflege, die ihm seine Mutter angedeihen ließ, schien sich auch nach Wochen sein Zustand kaum zu bessern.

Pietro Bernardone hatte den endlich ausgelösten Sohn zunächst mit Freude und Sympathie daheim willkommen geheißen. Natürlich wäre es ihm lieber gewesen, hätte er Franziskus daheim als siegreichen Helden begrüßen können, aber immerhin hatte sich sein Sohn mit seinem eigenen Leib und Leben für die Sache Assisis und das Ansehen seiner Familie eingesetzt. Die Niederlage war nicht seine Schuld, sondern ein Schicksal, das ganz Assisi mit ihm teilte.

Aber als sich Franziskus' Krankheit Woche um Woche dahinschleppte und immer noch keine Genesung in Aussicht war, wurde Pietro allmählich ungehalten.

„Wann kommt er endlich wieder hoch? Das kann doch nicht endlos so weitergehen! Andere sind schon längst wieder gesund, aber er ..." – „Andere sind gestorben", warf Pica ein. „Pietro, bitte. Er verglüht fast." Franziskus wälzte sich immer noch fiebernd auf seinem Lager und wurde von Albträumen gepeinigt. Schlimmer noch: Seit ihm durch die schlimme Erfahrung in der Schlacht von Collestrada seine Illusionen vom Rittertum zerschlagen wurden, wusste er nicht mehr, wofür er leben sollte. In ihm war mehr zu Bruch gegangen als die kindliche Vorstellung seiner persönlichen Zukunft. Sinnstücke von Leben irrten durch seine Fieberträume und wollten sich nicht zueinander fügen. Da kämpften Kaufleute und Adlige um ein paar Meter Dreck, als ginge es um ein Königreich. Sie setzten Leib und Leben aufs Spiel, opferten Söhne und Enkel, nur um bestimmte Straßen benützen oder bestimmte Flüsse überqueren zu dürfen. Unschuldige Kinder jagte man in den Tod, ließ sie hinschlachten, bloß weil ihre Väter ihre selbstsüchtigen Interessen durchsetzen wollten. In gewisser Hinsicht empfand Franziskus sein Kranksein als eine Gnade, als Gnade der Lähmung: durch einen heiligen Schrecken derart gelähmt zu sein, dass er nicht weiter durch dieses Leben torkeln musste, als habe er nichts erfahren, als habe er Matteo nicht ins Gesicht geblickt im Augenblick, als er schrie.

*

Erst nach drei Monaten genas Franziskus allmählich, auch wenn ihn weiterhin in bestimmten Abständen Fieberanfälle heimsuchten. Eines Tages war es doch so weit, dass er mit wackligen Schritten zum Stadtplatz hinuntergehen konnte. Ein erster Versuch, sich unter Menschen zu mischen, sich den Strahlen der Sonne auszusetzen und sich vom Leben auf der Piazza treiben zu lassen. Franziskus war nicht nach dem Klatsch der Leute zu Mute; und er wollte sich nicht auf ihre politischen Diskussionen einlassen. Der Zufall wollte es dennoch, dass er den Weg der vier Konsuln kreuzte, die gerade das Amtsgebäude verließen und in ein gestenreiches Gespräch vertieft waren. „Ah, ist das nicht unser tapferer Freund Franziskus?", fragte Alduccio, dessen wache Augen in seltsamem Kontrast zu seinem fülligen Leib standen. Durch ein Kopfnicken gab Franziskus zu verstehen, dass sich Alduccio nicht getäuscht hatte. „Franziskus Bernardone? Nein! Ich glaube es nicht!", gab Muzio sein Erstaunen über die Auferstehung des

Toten kund. „Ein wenig dürr ist er geworden, unser junger Held", klopfte ihm Giacomo auf die Schultern. „Na ja, immerhin haben wir es überlebt, nicht wahr? Von anderen kann man das leider nicht sagen", fügte Alduccio hinzu.

Die vier Stadtväter gingen mit gewichtiger Miene ihres Weges, ohne dass sie Franziskus die Gelegenheit gaben, selbst ein Wort zu sagen. Er hatte auch nicht die geringste Lust dazu verspürt. Das Glück, wieder auf den vertrauten Straßen seiner Vaterstadt zu sein, wich dem Gefühl: Ich bin hier fremd. Viele seiner Freunde und Gefährten waren tot. Ganz lebhaft trat ihm das Bild vor Augen, wie sie sich früher auf dem Platz getummelt und ihre Späße gemacht hatten. So würde es nie mehr sein. Mit diesen Erinnerungen tauchte auch das Gesicht von Matteo wieder vor ihm auf. Nein, an Matteo durfte er nicht denken, ohne sich schlagartig in zutiefst verschattetes Terrain zu begeben. Das pulsierende Getümmel der Stadt lief vor ihm ab wie ein Schauspiel, an dem er keinen Anteil hatte. War es die Schwäche, das Fieber? Franziskus trat den Heimweg an, um bald darauf im Obergeschoss des Hauses auf sein Bett zu sinken.

*

Tag für Tag suchte Franziskus nun den Anschluss an das Leben, aus dem ihn diese merkwürdige Hand des Schicksals herausgerissen hatte. „Alles geht doch weiter", fragte er sich, „alles ist wie es war. Warum gehe ich nicht in alledem weiter? Warum ist in mir nichts mehr wie es war?" Die Leute verhakten sich in

Gespräche mit ihm, die in Verstummen endeten. Und sie begannen zu reden: „Hast du gehört ...? Hast du gesehen ...? Man sagt ...“ Einige tippten sich dabei an die Stirn, andere verwiesen es ihnen, indem sie voll Mitleid fragten, ob durch die fürchterlichen Ereignisse und die lange Krankeit nicht ein geistiger Schaden in dem jungen Mann zurückgeblieben sei. In einem waren sich alle einig: Das war nicht mehr der Franziskus, den sie kannten: „Wisst ihr noch? Er hat immer gesungen.“

*

Wochen später, als der Frühling bereits seine volle Pracht entfaltet hatte, fühlte sich Franziskus stark genug, sich über den Stadtplatz hinauszuwagen. Sein gequältes Herz sehnte sich nach einem Wiedersehen mit den Feldern, den Olivenblüten und dem üppigen Grün der Weingärten. Die Schönheit des Berglandes um Assisi hatte er schon immer gesucht, sie oft in sich hineingetrunken. Jetzt war ihm, als müsse er mit all dem Grün seine Seele heilen. Vielleicht würde das nach langen trostlosen Wintermonaten neu aufsprossende Leben sein Herz wieder mit frischem Mut erfüllen und ihm helfen, die dunklen Bilder abzuschütteln.

Gleich nach Sonnenaufgang hatte er sich auf den Weg gemacht, vorbei an den Händlern, die schon früh auf dem Platz vor San Nicolo ihre Ware aufbauten, und hinaus zum Tor von San Giorgio. Die Wachen grüßten ihn, und er brachte es fertig, ihnen ein Lächeln zuzuwerfen. Der Morgenhimmel schimmerte klar, und schon bald war in der frischen Luft die angenehme Wärme der Sonne zu spüren. Zufrieden stellte er fest, dass ihn seine Beine schon viel sicherer trugen als zuletzt, und so schritt er zügig voran.

Begleitet vom leisen Rauschen der blau-silbrig schimmernden Olivenblätter wanderte er nachdenklich in den wundervollen Morgen hinein. Voller halb eingestandener, halb unbewusster Wünsche nach Schönheit, Frieden und Leichtigkeit öffneten sich ihm Stunde um Stunde mehr die Sinne, und er nahm alles auf: die zärtlichen Obertöne der Morgensonne, den wehmütigen Gesang des Windes, das freie Lied der Vögel, die lieblich hingemurmelte Melodie eines kleinen Baches. Eines klang ins andere, und alles sang so still und herrlich zusammen und einander zu. Franziskus schloss die Augen und versuchte, den Wind auf der Haut zu spüren, die Stimmen der einzelnen Vögel zu unterscheiden und sich berühren zu lassen vom Duft der Reben und Oliven. Tief füllte er die Lungen, tief atmete er durch und hoffte, die frische Frühlingsluft trage alle schrecklichen Erinnerungen und Bilder seiner Seele mit sich fort.

So stand er eine ganze Weile, fast ein wenig im Glück, und dann war es ihm wieder, als umschließe ein fester, niemals zu sprengender Ring sein Herz und als laste ein schweres Gewicht auf der Seele. Er öffnete die Augen und sah einen Schwarm kleiner brauner Vögel fröhlich zwitschernd durch die Luft schwirren. Er sah ihnen nach, und ihn überkam große Niedergeschlagenheit. Hier stand er mitten in der Fröhlichkeit und dem Frieden der Dinge. Allenthalben explodierte neues Leben, allenthalben trieb die Erde Sprossen aus sich hervor, feierte sich das Leben in unbändiger Lebenslust, jubelten die Geschöpfe in den neuen Tag hinein – aber er, Franziskus, das fühlte er, war nicht in der Lust, in der sich die Kreatur ihrer selbst erfreute, und nicht in der ruhigen Ordnung, die sie ausstrahlte, und nicht in der Gnade und dem Frieden, von dem Himmel und Erde sangen an diesem Morgen. Er, Franziskus, Sohn des reichen und glücklichen Pietro Bernardone von Assisi, er war draußen, allen und allem fremd und gleichgültig. Er, Franziskus, blieb vom Spiel ausgeschlossen, ein Zuschauer, achtlos stehen gelassen. Es kümmerte niemanden, wie es um ihn stand. Kümmerte es Gott?

„Frieden", murmelte Franziskus. „Frieden …!", schrie er verzweifelt hinaus.

Enttäuscht und entmutigt begab er sich wieder auf den Heimweg nach Assisi. Er überquerte den Stadtplatz, ohne jemanden zu grüßen, vermied es, im Haus jemanden zu treffen, klomm die Treppen hinauf und warf sich auf sein Bett.

*

Seine Freunde machten sich zunehmend Sorgen um ihn. Viele besuchten ihn und unternahmen alles, ihn aufzuheitern und wieder das fröhliche Wesen in ihm zu wecken, das sie so an ihm geschätzt hatten. Am ehesten konnten diejenigen, die mit ihm zusammen den Kerker von Perugia erlebt hatten, nachempfinden, was in ihm vorging. Es war eine entsetzliche Zeit gewesen, und auch andere, die mit dem Leben davongekommen waren, hatten an ihrer Seele Schaden gelitten.

Franziskus merkte allmählich, dass es nicht das Fieber und nicht die Auszehrung waren, die ihn niederhielten im Zustand der Schwäche. Er konnte nicht gesund werden, weil er kein Ziel hatte – ein Ziel, für das es sich lohnte, kraftvoll ins Leben zu springen. Ein Kriegsmann sein? Was für ein elendiges Mordwerk! Was für ein Preis für ein bisschen vergänglichen Ruhm! Sich in den Adel emporheben lassen? Was für ein billiger Zierrat um die liebe Eitelkeit! Den Kaufmannsberuf vom Vater übernehmen? Ein Leben lang im Geschäft seines Vaters stehen? Tagaus, tagein Kundinnen bezirzen und Kunden das Geld aus der Tasche ziehen? Alles Hohe – Herz, Geist, Verstand, Leidenschaft und Gefühl – bis zum Ende aller Tage auf die Nichtigkeit irgendeiner gerade herrschenden Mode verschwenden? Erbärmlich! Franziskus wurde es schlecht bei dem Gedanken.

*

Und doch stand er im Frühsommer wieder im Laden seines Vaters. Lustlos verrichtete er die Arbeit und versuchte, sich möglichst wenig anmerken zu lassen. Über ein natürliches Talent zum Schauspieler verfügte er ja, und so konnte er seine Rolle gut spielen. Er hatte auch wieder damit begonnen, abends mit seinen Freunden auszugehen und dem Wein und dem guten Essen zuzusprechen. Gelegentlich konnte man fast meinen, er finde zu seiner früheren Art zurück, wenn er sich in vorgerückter Stunde vergaß und sich wieder an Späßen und Scherzen beteiligte. Aber niemand blickte in ihn hinein. Niemand sah, dass da nichts war, das seine Lebensgeister wirklich beflügelte, nicht die erlesenen neuen Stoffe, die Pietro von seiner letzten Einkaufsreise aus Frankreich mitgebracht hatte, noch diese Abende mit seinen Freunden.

*

Als die Freunde eines Abends wieder einmal gemeinsam zechten, kam die Rede auf die neuesten Kriegsereignisse, und Giovanni della Rocca war einer von denen, die sich in Begeisterung redeten: „Habt ihr davon gehört, wie Walter von Brienne in Salerno kurzen Prozess gemacht hat? Dem guten Diopoldo blieb nicht einmal die Flucht." Giovanni lächelte vielsagend und führte sein Hand in einer heftigen Geste zur Kehle. „... Ja, und jetzt wird er die Burg von Sarno angreifen. Das ist keine Frage." – „Brienne schreitet gerade von Sieg zu Sieg", gab ihm Bernardo Recht. „Kein Wunder, dass sich ihm alle anschließen, die es zu etwas bringen wollen."

Giovanni hatte diese Nachricht nicht ohne Hintergedanken in die Runde geworfen. Er und einige andere junge Männer von Assisi hatten die feste Absicht, sich in Apulien als Söldner unter dem Kommando Briennes zu verdingen, und sie brauchten noch ein paar Leute, Draufgänger vom Schlag eines Franziskus: „He, Francesco – schlaf nicht ein! Was ist mit dir? Du weißt doch, wie man ein Pferd reitet und ein Schwert zwischen

52

die Rippen platziert. He, Mann, willst du hier in Assisi alt und fett werden? Und denk an die Frauen! Dort unten bei Brienne ist der Teufel los."

Franziskus winkte lachend ab, und bald übertönten Zurufe und die Klänge einer Gruppe von Musikanten, die gerade zur Tür der Taverne hereinkamen, das Gespräch.

*

Obwohl Franziskus spontan abgewunken hatte, spürte er am nächsten Morgen, als er einige Zeit ohne Kunden im Laden stand, dass Giovanni mit seinem Ansinnen wieder einen alten Traum in ihm geweckt hatte. Vielleicht war das ja tatsächlich ein Ausweg aus seiner jetzigen verfahrenen Lage: an den Hof Walters von Brienne zu gehen. Der Gedanke an die Greuel der Schlacht ließ ihn zögern. Aber schließlich bestand das Leben am Hof nicht nur aus Feldzügen.

Die meiste Zeit verbrachte man in einer kultivierten Umgebung mit bekannten Persönlichkeiten und in Gesellschaft schöner Frauen. Ein Leben am Hof eines der erfolgreichsten Männer seiner Zeit! Das wäre schon etwas anderes als das Zechen und Spielen in den kleinen Kneipen Assisis. Seine Bekanntschaften würden sich nicht mehr auf Kaufleute und kleine Stadtadlige beschränken, und sein Leben würde nicht mehr um die endlosen Händel zwischen Assisi und Perugia kreisen. Am Hof von Brienne könnte er sich an den feineren Spielen der Liebe erproben. Franziskus zweifelte nicht daran, dass er es zum Meister in jenen raffinierten Künsten brächte, von denen sich die Männer zuflüsterten, wenn sie getrunken hatten und sich unbeobachtet fühlten. Er könnte sich als Poet und Sänger einen Namen machen. Er könnte ein Ritter sein, der edelste, höfischste Ritter von allen. Mit einem Mal stand ihm ein ganz neues Ritterideal vor Augen: nicht das des wilden Kämpfers, sondern des kultivierten, edlen Menschen, des Poeten und Lieblings der Frauen.

*

Diese Vorstellung beschäftigte ihn die folgenden Tage immer stärker, die Zukunftsbilder wurden immer bunter. Franziskus merkte, dass seine Lebensgeister wieder erwacht waren: er hatte nicht nur einen Ausweg aus seiner derzeitigen hoffnungslosen Lage gefunden, sondern wieder eine Vision für sein Leben, ein Ideal, eine Zukunft!

So traf er sich mit Giovanni della Rocca, der entzückt war, dass Franziskus angebissen hatte. Sie schmiedeten mit den anderen, die mit nach Apulien ziehen wollten, Pläne, fassten ins Auge, wann sie aufbrechen könnten, besprachen, was alles besorgt werden musste. Abends verlegten sie sich darauf, Liebeslieder auf Französisch einzuüben und zu singen, und sie schwelgten in Fantasien, wie sie die Gunst der schönen Damen erwerben würden. Schließlich überbot Franziskus mit seiner Begeisterung sogar die seines adligen Freundes.

Pietro Bernardone merkte bald, dass seinen Sohn neue Begeisterung erfasst hatte. Als er ihm schließlich eröffnete, er wolle sich am Hof Walters von Brienne als Söldner verdingen, erblasste der Vater zunächst. Sollte er seinen Sohn schon wieder für sein Geschäft verlieren? Aber dann dämmerten Bernardone ganz andere Gedanken, große Gedanken. Waren die Pläne seines Sohnes nicht ganz in seinem Sinne? Hatte er nicht selbst immer gehofft und darauf hingearbeitet, dass er es eines Tages schaffen werde, den Adelsstand zu erlangen?

So freute er sich, als sich Franziskus mit viel Fantasie eine neue Rüstung und Gewandung entwarf, und er war bereit, sie bei den besten Handwerkern in Auftrag geben zu lassen. Ja, er ließ sich geradezu anstecken von der neuen Kühnheit seines Sohnes. Der alte Bernardone erwischte sich dabei, wie er träumte: Walter von Brienne, der berühmte Fürst und Feldherr, würde den Sohn eines Mannes, dessen Vater noch ein verachteter, einfacher Bauer war, zum Ritter schlagen. Ein Wappen würde über dem Bürgerhaus in Assisi prangen. Glanz und Ehre würde über das Haus Bernardone kommen.

*

Es dauerte nicht lange, und die ersten Ausrüstungsgegenstände wurden in Bernardones Haus geliefert: raffiniert geätzte und mit Blattgold verzierte Rüstungsteile, ein Umhang aus erlesener Seide mit Hermelinkragen. Die Gewandstücke waren aus Leinen und Seide genäht, und mit Goldfäden waren erlesene Muster hineingestickt. Schwert und Schild waren mit höchster Kunstfertigkeit gearbeitet und ebenfalls mit Gold verziert.

In Assisi hatten sich Franziskus' Pläne herumgesprochen, zumal viele daran gutes Geld verdienten. Franziskus, noch vor wenigen Wochen ein mutloser, kranker Mann, war kaum wiederzuerkennen: Er ritt jetzt auf seinem neuen weißen Hengst regelmäßig über Assisis Hauptplatz, trug dabei verschiedene Stücke seiner schimmernden Rüstung und Gewandung und ließ sich darin von den Umstehenden staunend bewundern. Er hatte es wieder einmal zum Stadtgespräch von Assisi gebracht.

*

Franziskus wurde die Zeit bis zum Aufbrauch lange. In der Enge der Mauern konnte er nicht träumen und sich frei seinen glückhaften Fantasien hingeben. Den Himmel stürmen, die Erde umarmen! Die Steinquader der Stadt öffneten den Blick nur auf einen Ausschnitt des Himmels, zu wenig Himmel. Im Stimmengewirr der engen Straßen war keine Größe. Lieber im Freien stehen und hören, was der Wind zu erzählen hat. Franziskus lenkte sein Pferd immer öfter hinaus in die Einsamkeit, zu einer Stelle hin, weit vor der Stadt. Auf der bewaldeten Anhöhe gab es eine kleine Lichtung, deren intimer und zugleich offener Charakter ihn berührte. Er überließ das Tier sich selbst und setzte sich im weichen Moos nieder.

Franziskus schloss die Augen. Leichter, sonnenwarmer Südwind umfächelte sein Gesicht. Die Hände, mit denen er sich abstützte, versanken in duftig-grünem Moospolster. Die Welt ist schön, dachte er, verdammt, sie ist schön – und sie ist gut zu mir. Wahrhaftig, ich bin ein Kind des Glücks. Die Wunden sind verheilt. Die Welt steht mir offen. Nichts kann mir widerstehen. Alles ist für mich da. Mein Leib ruht freundlich auf dem Grün der Erde. Der Himmel schaut mich zärtlich an. Das Lied des kleinen Baches mischt sich mit dem Gesang der Vögel. Franziskus musste lächeln über den Hochmut, der in ihm aufstieg: Ihr Bäume und Weinstöcke, ihr Steine und Hügel, ihr Sonnen, Monde und Sterne, ihr alle seid zu nichts anderem da, als mich zu beglückwünschen und mir Beifall zu klatschen.

Und er begann ein kleines Lied zu singen, als könnten sie es hören, die Dinge und Geschöpfe, und als wären sie die Edlen und Schönen am Hof des Walter von Brienne, die ihm, dem schönen und geschickten Verführer Franziskus Bernardone, auf den Leim gehen würden.

Er vergaß sich ganz darin, bis er plötzlich aus dem Gebüsch eine Stimme hörte: „Entschuldigt, junger Herr, aber Ihr seid nicht allein. Ich habe Eurem Gesang gelauscht …!" – „Und? Was geht es Euch an?", herrschte Franziskus die unbekannte Stimme an. Das Gefühl peinlichen Überraschtwerdens vermischte sich mit Zorn: „Wer ist da? Wer belauscht mich da?"

Aus dem Gebüsch trat eine der zerlumpten Elendsgestalten hervor, wie sie in dieser Zeit, ausgestoßen aus der bürgerlichen Gemeinschaft, zu Tausenden vor den Toren der Städte Mittelitaliens hausten. Dem Bettler hing das Haar in fettigen Strähnen vom Kopf, die Schuhe an seinen Füßen waren abgetragen, die schäbige Kleidung mochte ihn nur unzureichend gegen die kalten Bergwinde schützen.

„Ich wollte …", begann der Bettler zögerlich, fast vornehm, „ich wollte nicht der geheime Beobachter Eurer Einsamkeit sein." – „Darf man nicht singen, draußen auf dem Feld?", blaffte ihn Franziskus an. „Doch, doch", beeilte sich der Bettler zu sagen, „Ihr sollt singen und Ihr müsst singen. Es klingt so wunderschön. Ihr seid dazu geboren. Sicher werdet Ihr die Dame finden, die der Schönheit Eures Gesanges würdig ist … Ach, was rede ich? Wer bin ich denn, dass ich so reden dürfte?"

„Ja, wer zum Teufel bist du?", nahm Franziskus den Faden auf, „du siehst aus wie ein Strolch, aber du redest so vornehm daher wie einer dieser gelackten Hofschranzen … – He …", durchfuhr es Franziskus in einem blitzhaften Wiedererkennen: „Ich kenne dich … du bist … Ihr müsst – Ihr seid Celino! Wahrhaftig, Ihr seid Celino!"

Ja, es war Celino, der einst so mächtige, gefürchtete Celino, einer jener Adligen, die vom Zorn der Bürger gepackt und ins Elend gestoßen worden waren. Er schien sich seines erbärmlichen Zustands sehr bewusst zu sein. Franziskus blickte ihm in die Augen. Sie waren leer. Die Bürger von Assisi hatten seine Burg in Schutt und Asche gelegt. Ihn selbst hatten sie geblendet. Und damit war für sie das Problem Celino erledigt. Er war aus ihren Augen getreten. Aber es gab ihn noch. Er war nicht einfach verreckt, wie jedermann annahm. Er stand hier vor Franziskus. Celino musste all die Zeit obdachlos in den Wäldern gehaust haben.

Diese leeren Augen und die magere, leer hingestreckte Hand des Bettlerfürsten packten Franziskus, verwirrten ihn zutiefst.

Er musste einfach in diese leeren Augen schauen, als gäbe es in den blutigen Vertiefungen noch irgendetwas zu entdecken. Es war ihm, als würde er von etwas angeschaut und tief erkannt. So, dass vor diesem Erkennen kein Weglaufen möglich war. Es war ihm, als würde seine eigene Leere in die Leere des anderen schauen, als seien Celinos leere Augen der Spiegel seiner eigenen Seele. Und diese Hand, diese still hingehaltene Hand. Worauf wartete sie?

„Ich gehe!", räusperte sich Franziskus. „Ja, geh doch", erwiderte Celino, ohne die Richtung seines Blickes zu verändern und seine leere Hand herunterzunehmen. Einer spontanen Eingebung folgend, riss sich Franziskus den Mantel mit dem Hermelinkragen vom Leib, warf ihn dem Bettler über die Hand und griff rasch nach den Zügeln seines Pferdes. Schon im Sattel fiel ihm ein, dass er auch noch über Proviant verfügte. Auch den Proviant warf er, während er dem Hengst die Sporen gab, Celino vor die Füße. In wilder Jagd trieb er das Pferd zur Stadt und ließ erst locker, als Pferd und Reiter schweißnass vor dem Haus des Vaters ankamen.

*

Ohne jede Vorwarnung setzte das Fieber wieder ein. Zuerst spürte Franziskus das Frösteln, dann das gefürchtete Schwindelgefühl. An diesem Nachmittag stand Franziskus nicht mehr auf. Als die Dämmerung in Nacht überging, war er längst in einen bleiernen Schlaf gefallen. Da hatte er einen Traum.

Ein Mann, der wie ein reicher und mächtiger Herrscher aussah, rief ihn und forderte ihn auf, ihm zu folgen. Er führte ihn in einen prächtigen Palast, dessen Wände über und über mit bunten Wappen, schimmernden Schilden, vergoldeten Waffen, edelsteinbesetzten Helmen, Sätteln, Schabracken und den Abzeichen adliger Familien geschmückt waren. Eine derartige Pracht hatte Franziskus noch nie gesehen.

Er fragte seinen Führer voller Staunen: „Wessen Palast und Waffen sind das?" Der Mann gab zur Antwort: „Dieser Palast und diese Waffen sind für dich und deine Ritter." Dann verschwand er.

Als Franziskus am Morgen von einer freundlich strahlenden Sonne und dem heiteren Zwitschern der Vögel vor dem Fenster geweckt wurde, stand ihm dieser Traum in allen Einzelheiten noch ganz deutlich vor Augen. Was er wohl bedeuten mochte? Die Antwort war ja gar nicht schwer: Er hatte den richtigen Weg angepeilt, den Weg zu Ruhm und Glanz eines Lebens als Ritter! Der Traum war die Bestätigung dafür. Er sprang aus dem Bett, kleidete sich an und verkündete seiner Mutter: „Jetzt ist es bald so weit, dass ich nach Apulien gehe. Ich weiß, dort winkt mir das Glück. Du wirst bald stolz auf mich sein können, genau wie der Vater! Mach dir um mich keine Sorgen." Mit dieser Zuversicht ließ sich auch die Arbeit im Laden leichter bewältigen. Lange würde er dort ohnehin nicht mehr an diese tristen Verhältnisse gebunden sein.

*

Immer noch von seinem Traum beschwingt, war Franziskus in bester Stimmung, als er am Abend auf den Stadtplatz kam. Er sah Alberto, den Bettler, schlafend auf den Stufen des Minervatempels sitzen, gegen eine der hohen korinthischen Säulen gelehnt. Übermütig weckte er ihn und steckte ihm etwas Geld zu. Alberto, aus seinem Schlummer gerissen, wusste gar nicht recht, wie ihm geschah und brummte nur im Halbschlaf etwas vor sich hin, das eher wie Protest klang.

Franziskus eilte zur Taverne weiter, traf dort bereits die Freunde an, bestellte eine Runde vom Besten und erzählte Giovanni della Rocca seinen Traum. Della Rocca gab nicht viel auf Träume. Dennoch schlug er Franziskus auf die Schulter und bemerkte: „Das sind ja verheißungsvolle Vorzeichen, Herr Ritter! Man kann dir nur gratulieren." Franziskus ließ sich von dem spöttischen Unterton nicht beirren und steckte seine Umgebung bald mit seinen Vorstellungen an. Sie schwelgten miteinander in kühnen Zukunftsfantasien, besprachen ausführlich alle möglichen Einzelheiten und fassten den Termin ihres Aufbruchs nach Apulien ins Auge.

*

Als der heiß ersehnte, so lange vorbereitete Tag anbrach, erwachte Franziskus merkwürdigerweise mit Fieber und fühlte sich ziemlich schwach. Er schrieb das der Aufregung zu, nahm alle Kraft zusammen und versuchte, sich nichts anmerken zu lassen.

Die Freunde verabschiedeten sich von ihren Familien, trafen sich vor der Kathedrale und ließen es sich nicht nehmen, in ihrer prächtigen bunten Montur eine große Abschiedsrunde durch die Stadt zu reiten, um sich gebührend bewundern und von ihren Mitbürgern mit Rufen des Beifalls und Segenswünschen verabschieden zu lassen. Die Spannung und freudige Erregung dieses Abschieds ließ Franziskus seine Schwäche fast vergessen, aber als sie schließlich zum Stadttor hinausgeritten waren, die letzten Gaffer und Rufer hinter sich hatten und durchs freie Land ritten, brach ihm wieder der Schweiß aus, und er musste sich alle Mühe geben, aufrecht sitzen und sich fest im Sattel halten zu können. Schwindelgefühle überkamen ihm, Übelkeit machte ihn ganz benommen.

Der Trupp Ritter mit ihrem Gefolge nahm die Straße nach Spoleto. Franziskus versuchte sich von seinem Zustand abzulenken, indem er ganz aufmerksam die altvertrauten Orte mit ihrer Schönheit auf sich wirken ließ: die knorrigen Olivenbäume von San Damiano, das kristallklare Flüsschen Rivotorto, die verfallende Kirche von San Pietro della Spina, das heitere Fontanelle. Er blickte zum imposanten Kloster San Benedetto hinauf, sah von weitem die Ruinen von Sasso Rosso.

*

Während des Weiterreitens verschlechterte sich Franziskus' Zustand immer mehr. Bald fühlte er, dass ihm Schweißperlen im Gesicht standen; seine Unterkleider fühlten sich feucht an.

Schließlich konnte er seine Schwäche vor den Freunden nicht mehr verbergen. Sie schrieben sie der Aufregung der letzten Tage zu, seiner Anspannung bis zur letzten Minute, und sprachen ihm Mut zu. Je weiter er sich dem Leib und Sinn nach von Assisi entferne, desto wohler werde er sich fühlen. Aber als sie gegen Abend Spoleto erreichten, sank er völlig erschöpft und kraftlos vom Pferd. Sie konnten ihn nur noch in der Herberge ins Bett tragen und den Hausmitteln der Gastwirtin anvertrauen, die ihn versorgte. Am fröhlichen Umtrunk der Kameraden am Abend beteiligte er sich nicht.

*

Als sich die Männer am nächsten Morgen zum Aufbruch rüsteten, hatte sich Franziskus' Zustand nicht gebessert. Im Gegenteil: Das Fieber hatte ihn derart mitgenommen, dass er gar nicht mehr aufstehen konnte und seine Freunde sich um sein Lager versammeln mussten. Sie mussten ohne ihn weiterziehen. Er vereinbarte mit Giovanni, sobald er wieder bei Kräften sei, werde er auf die Burg von Lecce nachkommen. Die Kameraden verabschiedeten sich, sprachen ihm noch einmal Mut zu und äußerten ihre Zuversicht, ihn bald wieder in ihrer Mitte zu haben. Er hörte noch den sich rasch entfernenden Hufschlag ihrer Pferde und sank vor Erschöpfung wieder in tiefen Schlaf.

So lag Franziskus in seiner Kammer in der Herberge, verlor zeitweise das Bewusstsein und wurde von Anfällen von Schüttelfrost geplagt. Gegen Abend, als er kraftlos vor sich hindämmerte, hörte er plötzlich deutlich, wie ihn eine Stimme rief. „Wohin willst du, Franziskus?", fragte ihn die Stimme. Sie schien aus weiter, unbestimmter Ferne zu kommen und war doch zugleich völlig klar und bestimmt.

„Ich will nach Apulien reiten, zu Walter von Brienne. Ich weiß, dass ich zum Ritter bestimmt bin." Daraufhin fragte ihn die Stimme: „Franziskus, wer gibt den besseren Lohn: der Herr oder der Knecht?"

„Der Herr natürlich", gab Franziskus zur Antwort.

„Warum verlässt du dann den Herrn um des Knechtes willen, den Reichen um des Armen willen?", fragte die Stimme weiter.

Franziskus rieb sich ratlos die Augen, hielt einen Moment inne und fragte dann: „Herr, was willst du, dass ich tun soll?"

Die Stimme befahl: „Geh dorthin zurück, woher du gekommen bist, und es wird dir dort gesagt werden, was du tun sollst. Erinnerst du dich an deinen Traum? Du hast ihn falsch verstanden. Der Palast und die Waffen, die du gesehen hast, sind für eine andere Art von Rittertum bestimmt, als du sie dir vorstellst. Du wirst ein Fürst ganz besonderer Art werden."

*

Von da an war der Bann des Fiebers gebrochen. Franziskus lag fast die ganze Nacht wach und überlegte hin und her, was dieser neue Traum nun bedeuten sollte. Sein erster Traum schien ganz eindeutig gewesen zu sein. Er hatte ihm einen begeisternden Weg für seine weiteres Leben gewiesen, hatte ihn ungemein beflügelt. Er war sich sicher geworden, dass seine Zukunft zunächst einmal in Apulien liege, und von da an in einer Welt weit über Assisi hinaus. Doch dieser zweite Traum war rätselhaft. Was sollte das bedeuten: „Ein Fürst ganz besonderer Art"? Er wälzte sich ruhelos auf seinem Bett hin und her und versuchte die Botschaft zu ergründen, die dieser neue Traum enthielt. Franziskus hatte Träume nie auf die leichte Schulter genommen, sie immer als eine Äußerungsform der Wahrheit begriffen. Träumen folgte man besser, auch wenn andere dies für kindisch hielten.

Welche Wahl hatte er jetzt? Eindeutig waren jedenfalls die Zeichen, dass er doch nicht nach Apulien gehen sollte. Er hatte alles getan, um sich dafür zu rüsten, hatte bis zuletzt durchzuhalten versucht, aber das Fieber hatte ihn buchstäblich aus dem Sattel geworfen. Und jetzt die Stimme: Sie hatte ihm ohne jeden Zweifel einen für ihn peinlichen, ja blamablen Weg gewiesen: Zurück nach Assisi!

Und was sollte das bedeuten: „Geh dorthin zurück, woher du gekommen bist"? Wieder zurück in den Laden seines Vaters? Zurück, um für den Rest seines Lebens Kaufmann zu bleiben, Stoffhändler, Fachmann für Mode in einer kleinen Stadt? Das konnte es, durfte es nicht heißen. Es war ihm innerlich unmöglich, in die Vision, die sein Vater von ihm hatte, einzusteigen.

*

Und doch: Er musste zurück. Das fühlte er. Das war eindeutig. Andererseits: Das Versprechen der Stimme, er werde ein Fürst sein und die Waffen und der Palast seien für ihn und seine Ritter bestimmt, war ebenfalls ein Teil der Erscheinung. Es war rätselhaft. Und die Stimme hatte ihm versprochen: „Es wird dir dort gesagt werden, was du tun sollst." Es führte kein Weg daran vorbei: Zunächst einmal musste er nach Assisi zurück. Der Traum war von einer so merkwürdigen Klarheit und bestimmenden Kraft, dass er ihm kein stichhaltiges Argument entgegensetzen konnte.

*

Franziskus musste noch zwei Tage in der Herberge bleiben, bis er sich wieder stark genug fühlte, um sich auf den Heimweg begeben zu können. Aber die Klarheit blieb, die Klarheit, welcher Schritt der allernächste sei: Zurück nach Assisi. Alles andere blieb verschwommen, unvorstellbar. Aber es war ihm doch, als sollte er sich von den Dingen lenken lassen und kühn auf das Versprechen setzen: „Es wird dir dort gesagt werden, was du tun sollst."

*

Das Aufsehen in Assisi war gewaltig, als Franziskus über den Stadtplatz ritt und keine Auskunft geben wollte, weshalb er umgekehrt sei.

„Habt ihr es schon gehört? Franziskus ist wieder da!", verkündete Donna Peppone und rannte mit dieser Botschaft durch die steilen, engen Gassen an der Via Portica, um sich ja von keinem das Recht der Erstüberbringung nehmen zu lassen.

„Was ist denn da los? Ich dachte, der Bursche sei schon fast in Apulien! Na, das ist halt diese Generation!", winkte der alte Tancredi ab, der selbst als Reitersoldat in verschiedenen Heeren gefochten hatte. „Ich wusste, das wird nichts mit dem kleinen Bernardone! Habe ich es nicht immer gesagt? Er ist nicht aus dem Holz seines Vaters geschnitzt. Flausen, nichts als Flausen im Kopf. Mehr als das Geld seines Vaters verschleudern kann er nicht", pflichtete der stets mürrische Kanonikus Silvester bei und nippte an seinem Weinglas. „Da reitet er stolzer ausstaffiert als ein Pfau am Hof von Ferrara über den Markt, und dann ist alles doch nur Theater. Dieser junge Mensch hat kein Ehrgefühl im Leib." Tancredi spuckte demonstrativ auf den Boden. „Den armen Bernardone wird der Schlag treffen", prophezeite Muzio laut, wobei es den Umstehenden unklar blieb, ob seine Rede so ganz ohne Schadenfreude war.

Hinter allen Fenstern steckte ein Kopf, der mitbekommen wollte, was sich nun wohl im Hause Bernardone ereignen würde. Aber die Leute wurden enttäuscht.

Franziskus betrat das Haus, mied den Laden, ging direkt die Treppe hinauf und legte sich ins Bett. Pietro war gerade hinten im Kassenraum und merkte gar nicht, was draußen vorging. Wenig später konnte man sehen, wie Pica oben die Fensterläden schloss.

„Franziskus, was ist passiert?", fragte sie leise.

„Ich hatte einen Traum", erwiderte Franziskus ruhig. „Ich werde hier in Assisi gesagt bekommen, was ich tun soll."

Den Vater interessierten Träume nicht. Er nahm es mit erstaunlicher Fassung hin, dass er umgekehrt und plötzlich wieder da war. Vielleicht lag es am Zwiespalt in ihm, dass er einerseits wünschte, Franziskus wachse in die volle Verantwortung in sein Geschäft hinein, entlaste ihn und werde sein Nachfolger, und andererseits stolz gewesen wäre, wenn sein Sohn über das Kaufmannsdasein hinaus für die Familie Ruhm und Ehre erworben hätte. So fiel es ihm nicht allzu schwer, den Sohn wieder im Laden zu sehen.

Umso leichter wurde es ihm noch, als sich herausstellte, dass Franziskus jetzt willens schien, sich um das Geschäft zu kümmern. Er war mit einer merkwürdigen inneren Ruhe von seinem kurzen Ausflug zurückgekommen, hatte wieder anstandslos die Arbeit im Laden übernommen und redete lediglich etwas rätselhaft davon, es werde ihm gesagt werden, was er tun solle. Damit konnte man leben. Vielleicht war es sogar ein Zeichen dafür, dass er allmählich vernünftiger wurde.

*

Die Freunde von Franziskus waren nicht weniger verblüfft als die anderen Leute der Stadt, dass sich ihr heldenhafter Kumpan so unverhofft rasch und ohne Ruhm wieder bei ihnen eingefunden hatte. Aber sie kannten seine Neigung zu sprunghaften Einfällen und wussten, dass er gelegentlich gern in andere Rollen schlüpfte oder den Komödianten spielte. Es dauerte auch nicht lange, bis er wieder fast jeden Abend in ihrer Mitte war und mit ihnen zechte und feierte.

Allerdings fiel ihnen bald auf, dass er stiller und nachdenklicher als früher war. Manchmal schien er mitten im Trubel geradezu geistesabwesend zu sein.

*

Als er wieder einmal in ihrer Runde saß und so merkwürdig einsilbig und gedankenverloren war, dass er gar nicht mehr wusste, worüber die andern gerade geredet hatten, fragte ihn sein Freund Pietro, der junge Advokat, der ihm ganz besonders zugetan war: „Franziskus, etwas ist mit dir. An was denkst du dauernd? Raus mit der Sprache. In dir geht doch etwas vor. Hat dir etwa die Liebe den Kopf verdreht?"

„Ja, natürlich, unser Freund ist unglücklich verliebt!", stimmte ein anderer in die Rede von Pietro ein.

Franziskus musste lachen und sagte: „Vor euch kann man doch nichts verbergen. Ja, es scheint so, als habe mir jemand den Kopf verdreht. So genau weiß ich das noch nicht. Aber mehr kann ich euch nicht sagen." Damit war der Abend gerettet; die Runde erging sich in wilden Mutmaßungen und allerlei erotischen Anspielungen, zu denen Franziskus, indem er verschmitzt zwinkerte, nicht unerheblich beitrug.

„Sag endlich, wer es ist", bedrängte ihn Pietro ohne jeden Erfolg.

„Wahrscheinlich ist die Geschichte ungeheuer kompliziert und romantisch", warf Bernardo ein. „Da darf man die hohen Gefühle nicht auf der Straße ausbreiten." – „Er muss sie in Spoleto kennen gelernt haben. Natürlich, das ist die Lösung! Deshalb ist er wieder umgekehrt. Er will uns überraschen. Wahrscheinlich laufen schon die Heiratsverhandlungen", lautete die Hypothese von Pietro. Franziskus goss schelmisch Öl auf dieses Feuer mit seiner mehrdeutigen Auskunft: „Jedenfalls warte ich auf einen Bescheid." Er tat sein Bestes, das Gerede und Genecke der Freunde mit Humor zu erwidern, aber seine Gedanken schweiften immer wieder zu seinem Traum zurück. Wenn es doch nur eine Möglichkeit gäbe, die Stimme wieder zu hören! Aber offensichtlich konnte er nichts anderes tun, als warten und dafür bereit sein.

4. Kapitel

Was bitter ist, wird süß

In dieser Nacht ging Franziskus nicht direkt nach Hause, sondern wanderte allein kreuz und quer durch die finsteren, stillen Straßen Assisis. Schlafen konnte er jetzt ohnehin nicht. Er war in einem merkwürdigen Zustand. Äußerlich lebte er wieder wie früher: Tagsüber war er der fachmännische, geschätzte Stoffhändler, abends und nachts der fröhliche Zechkamerad und einfallsreiche Unterhalter. Innerlich aber wuchs sein Abstand zu diesem Dasein. Er wartete. Wartete, dass sich die merkwürdige Stimme wieder meldete, die ihm zeitweise so unwirklich vorkam – eben als Traum, denn im Traum hatte sie sich ja gemeldet – und zugleich doch so glasklar wirklich, eindeutig und bestimmt, dass sie gar keine Zweifel zuließ. Aber er hörte sie nicht mehr.

Es war, als habe er sich in zwei Menschen aufgeteilt, die sich langsam immer weiter voneinander entfernten: in den Franziskus, der seine Rollen weiterspielte, und den Franziskus, der ihm dabei zusah wie einem Fremden. Jetzt wanderte der Zuschauer durch die Nacht und hatte den Eindruck, der

Schauspieler verschwinde in immer weiterer Ferne. Und der Zuschauer stand in der Nacht, und kein Licht zeigte ihm den weiteren Weg. In wenigen Stunden musste der Schauspieler wieder zur Stelle sein und seine Rolle aufnehmen. Ein Bibelvers fiel ihm ein: „Windhauch, Windhauch, alles ist Windhauch." Ja, so empfand er es. War nicht alles, was er den ganzen Tag tat und lebte, ohne Gehalt, ohne etwas Bleibendes, wie der Wind? Wehte nicht ein Tag um den anderen vorbei, ohne viel mehr zu hinterlassen als Enttäuschung und die Sehnsucht nach etwas anderem, nach mehr? Aber was war dieses Andere, dieses Mehr? Wofür lohnte es sich wirklich zu leben? Bis vor kurzem hatte er gemeint, Ruhm, Ehre, Adel, Frauen könnten seinem Leben Inhalt, Farbe, Fülle geben – das Glück. Jetzt spürte er, dass auch darin nicht sehr viel mehr steckte als in seinem Dasein als reicher, beliebter Kaufmannssohn. Der Menge, dem Aufwand nach mochte das alles eindrucksvoller, gewaltiger sein – aber etwas wesentlich anderes war es auch nicht. „Windhauch, Windhauch, alles ist Windhauch." Und zudem: Wie hoch war der Preis dafür? Zu hoch! Collestrada, Matteo, der Junge, Perugia … Welcher Preis für Wind, Rauch, Staub …!

Lange war er mit solchen Gedanken und Gefühlen vor sich hingewandert. Da krähte der erste Hahn. Die Wachen öffneten das Stadttor für die ersten Landleute, die auf den Markt wollten. Er wollte heraus, heraus aus diesem ewig gleichen Kreislauf von Kaufen und Verkaufen, Gewinnen und Ausgeben, Genuss und Überdruss, Haschen nach Wind. Kurz entschlossen ging er mit einem freundlichen Gruß an den Wachen vorbei, hinaus vor die Stadt, auf den Berg Subasio zu.

*

Er kam am verfallenden Kirchlein San Damiano vorbei. Einem spontanen Impuls folgend trat er ein. Schmutzig, heruntergekommen präsentierte sich ihm der von Menschen verlassene heilige Raum. Seit Jahren hatte ihm niemand liebevolle Pflege angedeihen lassen. Vögel nisteten im heruntergebrochenen Gebälk. Kein Mensch kam mehr hierher. Assisi hatte genug Kirchen und Kapellen. San Damiano lag im Abseits. Als Kind war er oft hier gewesen. Seine Mutter hatte einst die Gewohnheit gehabt, an bestimmten Tagen zu fasten und zum Gebet hierher zu pilgern. Als er noch ein Kind gewesen war, hatte sie ihn oft mitgenommen.

Er stand in dem altvertrauten Raum und fühlte sich sofort berührt von einem längst vergessenen Duft. Und sofort stieg in ihm auch eine ganz starke Erinnerung an seine Kindheit auf, wurde wach und vollkommen lebendig. Ihn überfiel die unwiderstehliche Regung, einen Gestus zu wiederholen, der ihm als Kind vertraut war, den er weggelegt und in die Tiefe seiner Seele verbannt hatte. Unwillkürlich kniete er nieder, fühlte sich nicht einmal fremd in der Haltung, die er als Kind, angeleitet von der Mutter, so oft vollzogen hatte. Franziskus sprach das Gebet der Begrüßung, wie die Mutter und ihr Kind damals vor so vielen Jahren das Gebet der Begrüßung gesprochen hatten.

War denn da jemand? Er staunte, dass er es immer noch mühelos und ohne den Filter der Skepsis hersagen konnte: „Wir beten dich an, Herr Jesus Christus, hier und in allen deinen Kirchen auf dem Erdkreis, und wir preisen dich, denn durch dein heiliges Kreuz hast du die Welt erlöst."

Er blickte zu dem alten, auf eine Holztafel gemalten byzantinischen Kreuz empor, das über dem Altar hing. Die Gestalt des gekreuzigten Christus hatte keinen gequälten Ausdruck, sondern wirkte mitten im Leiden gelöst und frei. Statt einer Dornenkrone trug Christus eine Aura aus purem Gold. Besonders eindrucksvoll waren die Augen dieses Jesus. Sie schienen ihn persönlich anzublicken. Sie kamen aus einer anderen Welt, einer Welt jenseits und doch mitten in der Zeit. Augen der Gegenwart – Augen eines mit unendlicher Geduld wartenden Gegenübers. Lösende Augen, nicht richtende Augen. Dieser Christus hatte gefunden und verkörperte, was er, Franziskus, wissend-nichtwissend suchte: das, was bleibt.

Diese Augen in den Ruinen des Kirchleins von San Damiano. Sie strahlten das Bleibende in der Vergänglichkeit aus. Wahrheit, Sinn, Frieden. Es überfiel Franziskus geradezu. Da in der Stille eines scheinbar gottverlassenen, in Wahrheit magischen Ortes vibrierte ein Kern, loderte eine Glut, zitterte die Anwesenheit von etwas unendlich Heiligem. Würde er selbst diesen Kern je als das Eigene, ihm zutiefst Zustehende, finden, in sich entdecken? Würden diese Augen zu ihm sprechen, würde die Stimme ihn noch einmal erreichen?

Wie betäubt verließ er das Kirchlein und schlug irgendwie

den Weg in Richtung des kleinen Frauenklosters Sant'Angelo di Panzo ein. Die Zweige der Steineichen schwankten im Wind, spendeten ihm Schatten vor der inzwischen schon erstarkten Sonne und malten bizarre Muster auf den schmalen Fußweg. Kurz vor der Kirche von Sant'Angelo konnte er hören, dass die Schwestern gerade das Stundengebet sangen. Der Wind wehte die abgerissenen Klänge einer uneitlen, weltvergessenen Musik herüber an sein Ohr.

Mit seinen Kameraden hatte er sich oft lustig über diese „Betschwestern" gemacht. Jetzt war ihm jede Distanz verflogen. „Diese Frauen leben ganz anders als ich, sind herausgesprungen aus der Zeit, haben sich dem Geheimnis zugewandt", dachte er bei sich. „Haben sie den Frieden gefunden? Haben sie vielleicht gefunden, was bleibt?" Ein verwegener Gedanke durchzuckte ihn: „Sollte ich es machen wie sie? Sollte ich alles hinter mir lassen, Mönch werden und nur noch für Gott leben?"

Verrückt. Weg mit dem Gedanken! Er konnte es sich nicht vorstellen. Sich für immer hinter engen Mauern vergraben? Auf den Tanz, die Liebe von Frauen, Ruhm und Ansehen, die Annehmlichkeiten eines bürgerlichen Lebens verzichten? Leben wie ein Bettler? Allezeit sollt ihr beten. Beten, beten, beten? Sich von anderen Menschen ernähren lassen? Konnte das der Sinn des Lebens sein? Für ihn nicht. Das konnte niemand von ihm verlangen. Sollte er sich bis zum Tod einsperren lassen mit immer den gleichen paar Menschen?

Nein, er brauchte die Weite, die Natur, auch das Alleinsein. Hier in dieser Landschaft seiner Heimat Umbrien mit ihren alten Olivenbäumen, schroffen Abhängen und abgelegenen Höhlen, fühlte er sich wohl. Er atmete tief die Vormittagsluft ein und freute sich am leisen Spiel des Winds mit den taubedeckten Blättern der Olivenbäume. An dem kleinen Brunnen in der Nähe des Klosters blieb er kurz stehen, um sich die nach der durchwachten Nacht schweren Augenlider zu kühlen.

Das kalte Wasser erfrischte ihn. In einem verwucherten Distelfeld hüpften munter kleine Vögel umher und pickten nach Samen. Nein, nicht eingesperrt wollte er, konnte er leben. „Man müsste leben können wie diese Vögel", dachte er. Er sah ihnen eine Weile zu und dachte: „Ja, so wie sie müsste man leben können. Sie leben, sonst machen sie nichts. Sie säen nicht, sie ernten nicht, sie raffen keine Vorräte zusammen, sie führen keine Kriege, um in größerem Wohlstand leben zu können. Sie tun nichts anderes als leben, jeden Tag, und das geht. Sie finden heute ihre Nahrung und verschwenden keinen Gedanken auf die Sorge, ob sie morgen auch ihre Nahrung finden. Was für ein Leben im Vergleich zum ewigen Geraffe und Gesorge!" Er betrachtete den ruhig dahinplätschernden Brunnen und dachte: „Ganz von allein hat er ständig Wasser. Er gibt und gibt und kümmert sich nicht, wie lange es reicht. Es reicht immer."

Ganz nachdenklich, ja in großer Anspannung verließ er den Ort. Ihn beschäftigte diese Radikalität der Vögel, diese Botschaft der unerschöpflich gebenden Brunnen. Er fühlte in sich eine abseitige Versuchung, fühlte sich attackiert von einem unerhörten Gedanken: „Könnte ich es nicht einmal versuchen – könnte ich nicht versuchen, ganz einfach zu leben? Und wenn es keine menschlichen Muster dafür gibt – wäre es nicht denkbar, dass ein Mensch, nein, dass *ich* leben könnte nach dem Muster der Vögel und Brunnen? Was brauche ich? Einen Unterschlupf, die Kleider auf dem Leib, ein wenig zu essen, sonst nichts."

Er wanderte weiter, und der Gedanke ließ ihn nicht mehr los. Es käme auf einen Versuch an, wenigstens für Stunden oder einzelne Tage. Was gäbe es zu verlieren? Nichts. Aber wo? Ihm fielen die Höhlen am Berg Subasio ein. Unweit Sant'Angelo verließ er den ausgetretenen Fußweg, der nach einiger Zeit in die steile Bergstraße bis zum Kloster San Benedetto führte, und kämpfte sich durch verfilztes Brombeergebüsch. Ein kleiner braunweißer Vogel turnte ihm voraus; es sah fast aus, als wolle er ihm den Weg zeigen. Die Rückseite des Dickichts wurde von einer riesigen, steilen Klippe beherrscht, zu deren Füßen etliche Höhlen lagen. Er betrat eine davon, die sich bequem als Aufenthaltsort eignete, setzte sich hinein und sah sich um. Es war ganz still. Kein Mensch weit und breit. Nur das Gezwitscher der Vögel, aber das störte die Stille nicht. Er stellte sich vor, wie das wäre, hier zu leben, zu leben als eine Art Einsiedler.

In der Stille überkam ihn die Müdigkeit. Vor ein paar Stunden hätte er es als Impuls aufgefasst, nach Hause zu gehen und seine Kammer aufzusuchen. Aber jetzt war ihm danach, sich einer anderen Geborgenheit anzuvertrauen. Er breitete den Umhang auf den Boden, legte sich darauf nieder und fiel rasch in einen tiefen Schlaf.

*

Es war schon später Nachmittag, als er wieder aufwachte. Er fühlte sich nicht nur körperlich erholt, auch seine Seele kam ihm erfrischt vor. Er wusste immer noch nicht, wie sein Weg weitergehen sollte. Er wusste nur eines: In Assisi suchten sie ihn sicher bereits überall; seine Mutter würde sich zu Tode sorgen, ob ihm etwas zugestoßen sei, und sein Vater würde wütend sein, dass er einfach spurlos verschwunden war, ohne sich um den Laden zu kümmern. Aber das ließ ihn jetzt ruhig. Es war richtig gewesen, hierher zu kommen, heraus aus allem. Und mit großer Klarheit erkannte er: Er wollte, er musste diesen Versuch wiederholen. Er wusste, er würde aussteigen aus dem, was man tut in Assisi. Franziskus musste für sich und nur für sich wissen, ob er es fertig bringen würde, es ganz allein hier in der Höhle längere Zeit auszuhalten.

*

Es dauerte keine Woche, und Franziskus war wieder einmal das Stadtgespräch von ganz Assisi. Den Krach mit seinem Vater hatte er überstanden, und er hatte auch eingesehen, dass er sich vorerst weiter um den Laden kümmern musste. Aber soweit es ihm gerade möglich war, gab er seinem Leben eine spürbare Wendung. Er ging fast nie mehr abends mit seinen Freunden aus, verschwand an allen Sonn- und Feiertagen (Feiertage gab es zu seiner Zeit viele). Und selbst manche Abende und Nächte fehlte er, war er für die anderen spurlos verschwunden.

Zunächst ging das Gerücht, er habe eine Geliebte und suche

sie heimlich auf. Das wäre nicht der Rede wert gewesen. Aber Assisi war klein, und bald kam man ihm auf die Schliche: Neugierige fanden heraus, dass er sich regelmäßig am Subasioberg ins Gebüsch schlug und seine Zeit in einer Höhle zubrachte.

Sein Freund Muzio verbreitete, wo er stand und ging, die Behauptung: „Er hat sich einfach nicht mehr von Collestrada erholt. Seither ist er nicht mehr ganz richtig im Kopf." – „Ich weiß es genau. Er ist einem religiösen Wahn verfallen. Er hat Erscheinungen und spielt den Einsiedler", meinte Galbasia di Peccio, eine junge Frau, die nicht gerade als besonders tugendhaft galt, sich aber einer innigen Verbindung zu Franziskus rühmte. Donna Marangone verteidigte ihn: „Aber für einen religiösen Spinner ist er zu ernsthaft. Er ist im Laden ein ungemein umgänglicher und gewandter Mensch. Er äußert nie irgendwelche wirre religiöse Ideen. Außerdem ist er zu den Armen sehr großzügig." Kanonikus Silvester warf ein: „Eine echte Bekehrung kann es jedenfalls nicht sein. Sonst hätte er sich in der Stadt einen geistlichen Ratgeber gesucht oder würde sich für eines unserer Klöster interessieren. Schließlich findet sich dort für jeden, der gottgefällig leben will, eine passende Form." Donna Galbasia meinte: „Ach, lasst ihn doch endlich in Ruhe. Er tut keiner Seele etwas zu Leide. Das ist sein jugendliches Alter. Franziskus ist einfach noch zu sprunghaft. Jeden Augenblick baut er sich wieder ein anderes Luftschloss."

Am meisten bekümmerte es Pietro di Catania, dass sich Franziskus nach und nach ganz von ihm und den Freunden zurückgezogen hatte. Da er sich ihm freundschaftlich sehr verbunden fühlte, stimmte er nicht in die vorschnellen Urteile ein, sondern dachte lange nach. Hie und da warf er seine Argumente in die Waagschale: „Und wenn das echt ist, was er macht – könnte es nicht sein, dass ihm der Himmel einen Fingerzeig gegeben hat, als er vom Weg nach Spoleto umkehrte? Denn ist das nicht verwunderlich? Genau am selben Tag ist Walter von Brienne, dem sich unsere Männer in Apulien anschließen wollten, gestorben. Aber das konnte zu dem Zeitpunkt hier doch niemand wissen. Ist das wirklich reiner Zufall? Oder hat Franziskus das merkwürdigerweise gewusst? Und warum ist er so ruhig und sicher heimgekommen – so, als hätte er ein höheres Wissen? Und warum will er nicht recht sagen, was los war?"

Silvester war solches Gerede von himmlischen Fingerzeigen und höherem Wissen von Grund auf zuwider. Laiengeschwätz! Er murmelte etwas über ihren Unverstand und ging verächtlich seines Weges.

*

Franziskus wurden indes die Stunden und Tage in der Höhle immer kostbarer. Nach Jahren war er endlich zur Ruhe gekommen und spürte, wie ein eigenartiger Friede in ihn einzog. Es tat gut, stundenlang einfach in der Einsamkeit und Stille da zu sein und möglichst wenig an die Vergangenheit oder Zukunft zu denken. Dabei hatte er nicht das Gefühl, einsam zu sein. Es war eher so, dass er eine stille, unfassbare Gegenwart empfand – ja, eigenartigerweise fühlte er sich am wenigsten allein, wenn er allein war. Mitten unter den Menschen oder im Laden seines Vaters fühlte er sich viel einsamer. Dabei beobachtete er, dass er auch ausgeglichener oder zufriedener seine dortigen Pflichten wahrnahm. Sein Vater deutete diese Zufriedenheit als Anzeichen dafür, dass er „vernünftiger" zu werden beginne.

Dabei wusste Franziskus ganz klar, dass der Laden des Vaters nicht auf Dauer sein Ort und seine Bestimmung sein könne. Aber inzwischen wartete er mit einer merkwürdigen inneren Ruhe und Zuversicht, die ihn selbst erstaunte, darauf, dass sich, wie versprochen, die Stimme wieder melde und ihm sage, was er tun solle.

Natürlich hatte auch Franziskus erfahren, dass Walter von Brienne fast genau an dem Tag gestorben sein musste, an dem ihn in Foligno das Fieber niedergestreckt und die Stimme zu ihm gesprochen hatte. „Wer gibt den besseren Lohn: der Herr oder der Knecht?" Der Knecht war in der Tat überraschend schnell gestorben – ein überdeutlicher Hinweis darauf, wie schnell nicht nur der Lohn aller irdischen Knechte dahin sein konnte, sondern auch diese Knechte selbst vergehen konnten. Auf Menschen zu bauen war also fragwürdig, mochten sie im Augenblick noch so mächtig und einflussreich sein. Vor der Höhle spielte ein warmer Sommerwind mit dem gelben Gras. „Alles Sterbliche ist wie das Gras, und all seine Schönheit ist wie die Blume auf dem Feld. Das Gras verdorrt, die Blume verwelkt …"

Was aber blieb? Gab es das Unbedingte, letzte Wichtige, absolut Wertvolle auf Erden? Etwas, das der Wind nicht verwehte, das nicht verfaulte, verwelkte, verdorrte? Äußere Dinge konnten es nicht sein. War es ein innerer Weg? Eine Erkenntnis? Die geheimnisvolle Gegenwart, die er hier verspürte, der machtvolle Friede, den er empfand, wenn er nur längere Stunden hier in der Höhle verbrachte? Ließ ihn auf diese eigenartig ungreifbare und doch so deutliche Weise derjenige seine Nähe spüren, der zu ihm gesprochen hatte? Fragen über Fragen. Er wartete auf ein Zeichen. „Was willst du, dass ich tun soll?"

*

Die Stimme. Die Stimme. Die Stimme.

Franziskus wurde aufgeschreckt durch eine Stimme: „Verzeiht, um der Liebe Jesu Christi willen ..." Ach, nur eine Menschenstimme! Die Stimme eines dieser Räudigen. Franziskus wandte sich um und sah den ausgemergelten, hungrigen Krüppel vor sich stehen. „Um der Liebe Jesu Christi willen, eine milde Gabe bitte!", wiederholte der Mann und streckte ihm die Hände entgegen. Franziskus war enttäuscht, griff aber dennoch nach seiner Börse und leerte dem Bettler ihren ganzen Inhalt in die Hände. Der murmelte verwirrt ein „Vergelt's Euch Gott" und eilte hastig davon, vielleicht aus Angst, es könne sich um ein Missverständnis gehandelt haben.

*

Es hatte sich unter den Ausgestoßenen und Bettlern schnell herumgesprochen, wo der großzügige Almosengeber zu finden war. Bald stöberten ihn immer mehr Hilfe Suchende in seiner

Höhle auf. Franziskus hatte das vage Gefühl, sich dem nicht entziehen zu sollen. In den ersten Tagen nahm er immer eine bestimmte Summe mit, die er an sie verteilte, aber bald hatte es nicht mehr viel Sinn, in seiner Höhle Stille und Ruhe zu suchen. Er musste dort immer damit rechnen, dass jeden Augenblick ein Bettler auftauchte und ihm seine Not zu erklären versuchte.

Sollte er die Zeit der Zurückgezogenheit aufgeben? Oder war das vielleicht am Ende sogar das Zeichen, dass dieser Abschaum der Gesellschaft ihn nicht in Ruhe ließ? Franziskus wusste es nicht. Etwas anderes war nicht mit ihm geschehen, als dass diese abgerissenen Gestalten ihn erkannt hatten und er, Franziskus, nicht den Mut hatte, zu tun, was alle mit derlei Gesindel machten: Es sich mit Geschrei und notfalls mit Fußtritten vom Leibe zu halten.

Franziskus ließ es auf einen Versuch ankommen. Statt sich an einen anderen, noch verborgeneren Ort zurückzuziehen, verlegte er sich darauf, mit allen ihm verfügbaren Mitteln den Armen zu helfen. Er versuchte sich selbst einzuschränken, kleidete sich viel einfacher als früher, sparte sich viele Bissen vom Mund ab, verteilte einen Teil seiner Kleider an Bedürftige, verschenkte Geld und Nahrungsmittel.

Franziskus war es zuerst vorgekommen, als würde er Ballast abwerfen und immer leichter und freier werden, je mehr er verschenkte. Aber schließlich musste er sich sagen: So konnte er auf Dauer nicht weitermachen. Je mehr Menschen er half, desto mehr Bedürftige stellten sich bei ihm ein. Bald konnte er kaum mehr vor die Tür gehen, ohne nicht alsbald von einer ganzen

Schar Bettler verfolgt zu werden. Sie versuchten sich in der Schilderung ihrer Not gegenseitig zu überbieten, drängten sich vor, zerrten an seinen Kleidern, schrien auf ihn ein. Zuweilen musste er geradezu vor ihnen flüchten. Was sollte das? Seine Mittel erschöpften sich langsam, aber sicher. Die Bernardones mochten reich sein, aber Franziskus hatte nicht unbeschränkten Zugang zu diesen Mitteln. Und zudem war der Reichtum der Familie kein Fass ohne Boden.

Diese Gier nach Geld! Die da bettelten, waren in ihrer Zudringlichkeit abschreckend. Die meisten von ihnen taten das aus schierer Not; sie hatten keine andere Wahl, um zu überleben. Aber auch die, die nicht bettelten, denen keine Not die verzweifelte Suche nach Geld und Gold diktierte, die es im Überfluss hatten, sie waren auf ihre Art genauso abgöttisch auf die materiellen Mittel des Lebens versessen. Reiche wie Arme erschienen ihm als Sklaven des Geldes, als Unfreie, hoffnungslos Abhängige. Warum musste das Geld alle Menschen derart beherrschen, die Reichen wie die Armen? Warum kreiste das menschliche Sinnen und Trachten immer nur darum?

Schließlich murmelte Franziskus wieder diese eine Frage vor sich hin, die ihn seit Wochen umtrieb und verrückte Dinge tun ließ: „Was willst du, dass ich tun soll?"

*

Als er eines Mittags über die Piazza ging, fielen so viele hungrige Bettler über ihn her, dass er in seiner Not schließlich die Flucht vor ihnen ergreifen musste. Er rannte buchstäblich vor ihnen davon und nahm seine Zuflucht in der Kathedrale. Dort hinein wagten sie ihm nicht zu folgen, sondern sie warteten vor dem Portal laut zeternd und streitend, bis er wieder herauskam.

Es war still im Kirchenraum; nur das Portal knarrte immer wieder, und die Stimmen der Bettler drangen herein, wenn sie spähten, ob er noch dort war. Sie wollten sich ihr Opfer nicht entgehen lassen.

Franziskus begab sich in eine dunkle Ecke der Kathedrale, sank in sich zusammen und begrub sein Gesicht in die Hände. Er fühlte sich getrieben und gehetzt. Nicht allein von den Bettlern, die ihn wegen seiner plötzlichen Mildtätigkeit fast zerrissen. Von der Gewalt der Ereignisse, die ihn nach vorne schoben. Nach vorne, aber hinein in eine Sackgasse? Verzweifelt suchte er, indem er sich im Knien sammelte, zur Ruhe zu kommen. Langsam, sehr langsam fiel der Druck von ihm ab und neue Klarheit stellte sich ein. In seiner Tasche trug er einige wenige Münzen mit sich. Er kramte sie hervor und betrachtete ihre magische Ausstrahlung im Schein der Kerzen, die vom Altar herüberflackerten. Und da wusste er auf einmal: Solange ich auch nur eine einzige dieser Münzen besitze, komme ich nicht zur Ruhe.

Nichts haben. In der Höhle sein. Einsam sein. Das gelbe Gras vor der Höhle betrachten: „Alles Sterbliche ist wie das Gras ... das Gras verdorrt, die Blume verwelkt ..." Wesentlich werden. An die Vögel in den Büschen beim Nonnenkloster Sant'Angelo denken: „Sie säen nicht, sie ernten nicht ..." Sie betteln auch nicht. Die Freiheit der Vögel. Sie sind ohne Sorge, „… doch euer Vater im Himmel ernährt sie." Wie hieß es im Evangelium? „Lernt von den Lilien, die auf dem Feld wachsen: Sie arbeiten und spinnen nicht. Doch selbst Salomo in all seiner Pracht war nicht gekleidet wie eine von ihnen. Macht euch also keine Sorgen und fragt nicht: Was sollen wir essen? Was sollen wir trinken? Euer Vater im Himmel weiß, dass ihr das alles braucht." Konnte man diesen Worten trauen? Oder würde man darüber einfach verhungern?

Er, Franziskus, hatte an den Hof Walters von Brienne ziehen wollen. Der große Herr von Brienne! Wie schnell war es mit dem strahlenden Herrsein zu Ende. Als armer Knecht ging Walter den Weg aller Sterblichen. Wie schnell hatte sich der Traum als wahr erwiesen! Es tat Franziskus unendlich wohl, in der dämmrigen Stille der Kathedrale geborgen zu sein. Kyrie eleison, Herr, erbarme dich. Das konnte man zu keinem Walter von Brienne sagen.

*

Der Gedanke verdichtete sich und verfolgte Franziskus während der ganzen nächsten Tage: Frei bist du erst, wenn du freiwillig arm wie die Armen bist. Und doch nicht auf die Art arm wie sie, auf diese unfreie, versklavende, erniedrigende Art. Arm müsste man sein, und dabei frei sein wie ein Vogel. Arm aus dem Vertrauen heraus, dass dieser andere Herr, der nicht Hof hält und Kriege führt, der dafür die Vögel ernährt und die

Lilien kleidet, auch den ernährt und kleidet, der rückhaltlos auf ihn setzt. Kyrie eleison, Herr, erbarme dich. Arm ohne Angst, arm ohne Gier, arm in Würde und Freiheit. Arm nicht aus Not. Arm aus Vertrauen. Langsam kristallisierte sich in Franziskus ein Gedanke heraus, den es so vor ihm nicht gab.

*

Franziskus tat sich in den folgenden Tagen schwer, die Kunden im Laden des Vaters nicht merken zu lassen, an welcher Weggabelung er stand. Bettler werden. Das war es. Er vermochte sich beim besten Willen nicht vorzustellen, wie seine Familie und die Stadt darauf reagieren würden. Franziskus musste sich zwingen, diese Frage als Frage zweiter Ordnung zu begreifen. Was die Leute davon halten würden, musste verblassen vor den Fragen: Was ist meine Wahrheit, was ist mein Platz in der Welt, wofür bin ich da? Bettler werden. Dafür mochte es keine Vorbilder geben. Aber gab es dafür nicht das Evangelium? Zwischendurch überfielen ihn immer wieder Anfälle von Kleinmut. Er sah sich verhungernd oder erfrierend im Straßengraben liegen. Ihm graute vor der Vorstellung, im Schmutz und Dreck zu hausen und am ganzen Körper zu stinken, wie das so viele Arme taten, denen er tagtäglich begegnete. Würde er das aushalten, er, der verwöhnte, gepflegte Kaufmannssohn? Und das nicht nur einige Tage oder Wochen, sondern endgültig, für immer?

*

Er musste unbedingt mit jemandem sprechen. Aber mit wem?

Schließlich fiel ihm Don Pietro ein. Don Pietro war ein alter Priester, der sich in einer Unterkunft beim zerfallenden Kirchlein San Damiano einquartiert hatte und dort fast wie ein Einsiedler lebte. Im Alter sah er seine Aufgabe darin, das leer stehende Gotteshaus vor der Stadt zu betreuen und dort betend seine Tage zu verbringen. Er lebte in Bescheidenheit, ja Armut, von dem, was ihm die Leute gelegentlich brachten und was er sich in seinem Garten selbst heranzog. Im Laufe der letzten Jahre hatte er sich den Ruf erworben, ein abgeklärter, weiser Mensch zu sein, der über die Gabe der Kenntnis der Herzen verfüge. Fast alle, die ihn aufgesucht hatten – nicht allzu viele, denn er war zu unscheinbar und bescheiden, um die Massen anzuziehen –, waren getröstet und mit Licht für ihr weiteres Leben von ihm gegangen.

Franziskus fand den Priester damit beschäftigt, seinen Gemüsegarten zu gießen. Zunächst plauderte man über Belanglosigkeiten, bis es Franziskus wagte, ihn um geistlichen Beistand in einer wichtigen Frage seines Lebens zu bitten. Der abgehärmte greise Priester sagte nichts; er legte sein Gartengerät beiseite, nahm Franziskus bei der Hand und führte ihn in die Kirche. Nach einem kurzen Gebet setzten sie sich nebeneinander, und Franziskus begann zu erzählen.

Es wurde ein langes Gespräch. Die Dunkelheit brach herein, und beide konnten einander in der dunklen Kirche nur noch schemenhaft wahrnehmen. Der Alte hatte gebeten, „alles" zu erzählen. Und Franziskus kam dem Wunsch des still zuhörenden Priesters in einer Ausführlichkeit nach, dass nichts ungesagt blieb. Franziskus wunderte sich selbst über den Mut, mit dem er sogar die Abgründe seines Lebens zur Sprache bringen konnte. Es machte nichts. Der andere hörte mit äußerster Konzentration zu, aber er deutete nicht, kommentierte nicht, urteilte nicht. Franziskus schilderte, wie er seine Tage verbracht hatte, wie er darunter litt, ins Geschäft seines Vaters eingesperrt zu sein, was er bei der Schlacht von Collestrada und im Verlies von Perugia erlebt hatte, wie ihm der Tod Matteos und des kleinen Jungen nachging. Er erzählte von seinem Fieber und von der merkwürdigen Stimme, die ihn so deutlich angesprochen hatte, von seinem Erlebnis in Spoleto und vom zeitgleichen Tod Walters von Brienne, von seinem festen Willen, dem Fluch des Geldes zu entkommen und die wahre Freiheit zu finden, von seinen Versuchen, in der Höhle zu leben, von seinen Erlebnissen mit den Bettlern, vom verwelkenden Gras und den Vögeln des Himmels und von der immer stärker drängenden Einsicht, er müsse die radikale Armut leben, um ein wirklich freier Mensch zu werden, der sein Leben nur noch auf den Herrn baute, der denen alle Dinge besorgt, die alle Sorge auf ihn werfen.

Die letzten Worte von Franziskus waren verklungen, aber Don Pietro antwortete nicht darauf. Stille stand im Raum, nur der Atem zweier Menschen war da. Endlich fand der Priester seine Stimme wieder; sie klang rau und leise vom stundenlangen Schweigen: „Du rechnest mit Gott, Franziskus. An deiner Stelle würde ich die Rechnung ebenfalls von dieser Seite her aufmachen. Es ist erschreckend – und man wagt es kaum zu sagen –, aber es spricht vieles dafür, dass es seine Stimme ist. Nach allem, was du sagst, kann ich es mir vorstellen. Dann hast du keine Wahl. Dann musst du tun, worüber sie lachen, weswegen sie dich verfolgen, womit du dich scheinbar zu Grunde richtest. Du kennst die Folgen? Nein, du kennst sie nicht. Das ist auch nicht wichtig. Der Weg ist wichtig, dein Weg. Geh ihn in Treue, aber überstürze nichts. Sei klug." Noch eine Weile überließen die beiden sich der Stille und der Präsenz des Göttlichen. Dann verließen Franziskus und der greise Priester die Kirche.

Draußen in der sternhellen Nacht erläuterte ihm Don Pietro mancherlei, worüber in der Kirche zu sprechen nicht der Ort war. „Und nun, Franziskus, gebe ich dir einen Rat, mit dem du nicht rechnen wirst. Wenn du dir deiner Berufung sicher bist – geh zum Bischof!" – „Zum Bischof?" Franziskus empfand die Worte des alten Priesters fast als beleidigend. Was ging es den Bischof an, was ging es die Kirche an, wenn er, Franziskus, seinen ganz eigenen Weg ging? „Ich wusste, dass du so reagieren würdest", lächelte der alte Priester, „ich kenne den Bischof, und ich denke nicht anders über ihn als du. Aber darauf kommt es nicht an. Es ist eine Prüfung!" – „Was für eine Prüfung?", empörte sich Franziskus. „Nun, eine Prüfung, in der sich zeigt, ob du ein Spinner und Sektierer bist oder ein Mann in der Nachfolge Christi. Du hast die Armut im Evangelium der Kirche entdeckt, nun lebe sie nicht außerhalb ihrer Gemeinschaft."

Franziskus musste sich mit diesem Gedanken erst vertraut machen: „Kann man mit einer neuen Lebensweise nicht einfach anfangen…?" – „Natürlich kann man einfach anfangen und schauen, wohin es führt", belehrte ihn Don Pietro, „aber die Erfahrung zeigt: Wenn sich einer mit seinem Tun und Lassen keiner Beobachtung stellt, wenn er auf eigene Faust leben und kein anderes Urteil als sein eigenes über sich ergehen lassen möchte, so wird er sich möglicherweise sehr schnell in merkwürdige Vorstellungen und Praktiken hineinsteigern. Am Schluss sind dann die letzten Dinge eines solchen Menschen schlimmer als alles, was er besser und idealer machen wollte." – „Und ich soll dem Bischof all das erzählen, was ich Ihnen, Don Pietro, anvertraute?" – „Nun, vielleicht nicht alles, aber doch so viel, dass der Bischof erkennt, deine Gedanken sind nicht die Träume eines verrückten jungen Mannes. Wenn deine Vorhaben dir von Gott eingegeben wurden, wird derselbe Gott auch dem Bischof eingeben, dich zu unterstützen. Du wirst es brauchen können!"

Franziskus war erleichtert, einen Mitwisser gefunden zu haben, zumal einen Mitwisser, der nicht in Bausch und Bogen alles abtat. Auch schien ihm, je länger er darüber nachdachte, der Rat des alten Priesters klug. Franziskus bat den Priester um seinen Segen. Er wusste gar nicht, wie er ihm danken sollte, und begab sich zuversichtlichen Schrittes auf den nächtlichen Heimweg nach Assisi. Die Grillen zirpten in der Nacht, als wollten sie ihm Mut zurufen.

*

Von Bischof Guido von Assisi konnte man nicht gerade sagen, dass er ein spiritueller Mensch sei. Er verrichtete die den Klerikern vorgeschriebenen Gebete und hielt gern in dicht gefüllten Kirchen feierliche Gottesdienste, aber er sah sich vorwiegend als Kirchenpolitiker. Sein Amt verstand er so, dass er über Geistliche und Gläubige zu wachen und den Einfluss und Besitzstand der Kirche zu mehren habe. Die Kirche von Assisi war alles andere als arm; fast die Hälfte des Grundbesitzes der Stadt gehörte ihr, und der Bischof war einer der mächtigsten Männer der Stadt. Zur Erfüllung seiner Pflichten bedurfte es eher eines energischen Ellenbogens und diplomatischen Geschickes als geistlicher Weisheit. Er genoss sein Ansehen beim Adel, war ein Genussmensch, den schönen Seiten des Lebens und einer gewissen Prunkentfaltung durchaus zugetan. Er meinte diesen Lebensstil sogar seinem Stand schuldig zu sein. Nur wer etwas darstellte, wurde gebührend beachtet.

Als sich wenige Tage nach seiner Aussprache in San Damiano der Kaufmannssohn Franziskus Bernardone bei ihm einfand und ihm ausführlich seine Lebensgeschichte und Überlegungen schilderte, wunderte er sich sehr. Eine derartige Einstellung gegenüber dem Leben und namentlich gegenüber dem Geld war ihm neu und zutiefst fremd. Andererseits beeindruckte es ihn, dass ein junger Mensch – und nicht einmal ein Kleriker – sich um ein christliches Leben und ein anspruchsloses, bescheidenes Leben im Dienst der Armen bemühte. Was sollte man davon halten? Da ihm eine gewisse Weite des Denkens zu eigen war, hielt er sich mit einem vorschnellen Urteil zurück. Der Gnadengaben und Stände mochte es viele geben; Gott hatte in seiner Kirche schon oft auf krummen Zeilen gerade geschrieben. Es war unklug, sich seiner Wege und Absichten allzu sicher zu sein. Solange also dieser junge Idealist nichts dachte und tat, was gegen den Glauben und die Tradition der Kirche verstieß, war es besser, sein Vorhaben nicht rundweg infrage zu stellen. Wahrscheinlich war dieser Franziskus voll heiligen Eifers und hatte deshalb ziemlich unrealistische, übersteigerte Vorstellungen. So viel wusste der Bischof aus Erfahrung, dass es Menschen in dieser Situation kaum half, ihnen das zu sagen. Klüger war es, sie behutsam hinzuhalten. Überschwang und Flausen heilt nur die Zeit.

So geschah etwas, das Franziskus zuerst nicht recht fassen konnte. Der etwas ratlose Bischof Guido zeigte sich gütig und grundsätzlich aufgeschlossen für das Ideal, das er ihm vortrug. Der Bischof machte ihm sogar einen Vorschlag: „Es kann deinem Vorhaben nur nützen, wenn du das Grab des heiligen Petrus besuchst und dort um Gottes Segen für deinen weiteren Weg betest. Vielleicht wird dir dort auch gesagt, was du als Nächstes tun sollst. Wenn du von der Wallfahrt zurück bist, melde dich wieder bei mir. Dann können wir besprechen, wie es weitergehen soll."

Hoch erfreut, einen aufgeschlossenen Bischof und die Bestätigung seiner Überlegungen gefunden zu haben, verkündete Franziskus seinen Eltern, er wolle eine Wallfahrt nach Rom machen, zum Dank für seine glückliche Erholung von der Gefangenschaft in Perugia und seine Genesung vom Fieber und um den Segen Gottes für sein weiteres Leben und die ganze Familie zu erbitten. Das erschien Pica und Bernardone nicht unvernünftig, und so waren sie damit einverstanden. Franziskus aber schickte sich sofort an, die Vorbereitungen für eine Fußwallfahrt nach Rom zu treffen.

*

Schon eine knappe Woche später durchschritt Franziskus, in ein Pilgergewand gekleidet und mit dem Stab in der Hand, frühmorgens das Stadttor von Assisi mit dem Ziel Rom. Doch sein Weg führte ihn zunächst zum Kirchlein von San Damiano. Er suchte dort Don Pietro auf, berichtete ihm von seinem ermutigenden Gespräch mit dem Bischof und ließ sich von seinem geistlichen Berater den Reisesegen geben. Dann machte er sich voll Freude auf den Weg, zunächst auf der Straße Richtung Foligno und dann immer weiter nach Süden.

*

Es dauerte keine Woche, und der Pilger stand mitten in der Heiligen Stadt. Die überfüllten Straßen und das geschäftige Treiben Roms verwirrten ihn. Er fragte sich unverzüglich nach der Basilika von Sankt Peter durch, um das Apostelgrab zu besuchen. Er schob sich durch die Menge, die das Grab umgab, nach vorne, kniete sich nieder und verweilte längere Zeit im Gebet. Darin dankte er Gott, dass er ihn sicher bis hierher geführt habe, und bat ihn nicht nur, ihm weiter zu zeigen, was er tun solle, sondern auch um Kraft, seinem Willen ohne Abstrich zu folgen. Auch für seine Eltern betete er, dass sie sein weiteres Verhalten verstehen und nicht daran zerbrechen würden.

Eine ganze Zeit war er so in seinen Gedanken und Gebeten versunken, dass er gar nicht mehr wahrnahm, was um ihn vorging. Die vielen Pilger umdrängten nämlich lärmend und schreiend das Grab des heiligen Petrus. Sie riefen ihre Anliegen und Bitten lauthals hinaus und schoben einander grob zur Seite. Als Franziskus schließlich aufsah, beobachtete er, dass viele Pilger zwar wichtig und großtaten, aber allenfalls billige Münzen als Opfergaben am Apostelgrab zurückließen. Geradezu wütend über den Geiz der Menschen und ihr Kleben am Geld, griff er nach einer ganzen Hand voll Münzen in seiner Börse und warf sie durch das Gitter vor dem Altar des Heiligen. Die das Grab Umdrängenden reckten neugierig die Hälse und stießen verwunderte Schreie aus.

Auf den Stufen der Basilika saßen in Scharen Bettler, die die ständig kommenden und gehenden Pilger mit aufgehaltenen Händen um Münzen angingen. Franziskus begann, einige von ihnen anzusprechen. Er lernte einen jungen Mann mit verkrüppelten Beinen kennen und unterhielt sich eine Zeit lang mit ihm. Schließlich holte er einige Münzen hervor und fragte den Burschen, ob er bereit sei, bis Sonnenuntergang mit ihm die Kleider zu tauschen. Der Bettler war bereits an einige Verrücktheiten der Pilger gewöhnt und erklärte sich einverstanden. So zogen sich beide in einen Winkel zurück, wo Franziskus rasch sein Pilgerkleid ablegte und stattdessen die elenden Lumpen des Bettlers anzog. Der Bettler dagegen streifte das Pilgerkleid über, und weil er nicht weit zu Fuß gehen konnte, beschloss er, sich irgendwo in der Basilika einen Platz zu suchen. Franziskus versprach ihm für Sonnenuntergang, wenn sie wieder ihre Kleidung tauschen wollten, etliche weitere Münzen.

Franziskus hatte die Seiten getauscht. Jetzt wurde er nicht mehr angebettelt; er war selbst ein Bettler. In Rom war das möglich, denn hier kannte ihn niemand. So stand er jetzt zusammen mit vielen anderen Elendsgestalten auf den Kirchenstufen und bat die zahlreichen Vorbeikommenden um Almosen. Er tat es in gebrochenem Französisch, das er auf seinen Reisen zu den internationalen Stoffmärkten in der Champagne gelernt hatte. Französisch sprach er gern, auch wenn er die Sprache nicht besonders gut beherrschte. Die meisten Bettler kannten einander recht gut und betrachteten den Neuling, der da plötzlich in ihrem Revier aufgetaucht war, mit Argwohn. Franziskus versuchte mit ihnen ins Gespräch zu kommen, aber es gelang ihm nicht. Jeder weitere Bettler war ein unerwünschter Eindringling und verminderte ihre Einnahmen.

So gab Franziskus seine Versuche, mit ihnen Bekanntschaft zu schließen und sich als einer der Ihren zu fühlen, bald auf und verlegte sich ganz auf das Almosenbetteln, in der Absicht, am Ende alles, was er bekommen würde, an die mit ihm vor dem Eingang von Sankt Peter Bettelnden zu verteilen. Ihm ging es ja nur darum, einmal leibhaftig zu erfahren, wie man sich als Bettler fühlte.

Bei Sonnenuntergang händigte er das wenige, das er erhalten hatte, an die umstehenden Bettler aus, die sich über sein Tun sehr wunderten und gar nicht recht wussten, ob sie sich nun bedanken sollten. Er betrat die Basilika und tauschte in einer dunklen Ecke wiederum die Kleider mit dem echten Bettler. Hierauf erwarb er sich noch von einem Verkäufer auf den Stufen von Sankt Peter sein Pilgerabzeichen und fühlte sich nun bereit, wieder den Heimweg anzutreten. Das Bleiabzeichen trug das Bild des heiligen Petrus mit dem Schlüssel in der Hand und das des heiligen Paulus mit dem Schwert, mit dem man ihn enthauptet hatte.

*

Wieder in Assisi daheim, berichtete Franziskus Bischof Guido von seiner Pilgerfahrt. Der Bischof riet ihm, nichts zu überstürzen und Gott weiter im Gebet darum zu bitten, ihn seinen Willen wissen zu lassen.

So verlegte sich Franziskus wieder darauf, in seiner freien Zeit oder abends möglichst unbeobachtet eine der Höhlen am Berg Subasio aufzusuchen. Immer wieder sprach er im Gebet die Worte: „Herr, was willst du, dass ich tun soll?" Darüber vergingen etliche Wochen.

Eines Nachts, als er schon lange still in der Höhle verweilt und gewacht hatte, war es ihm, als vernehme er endlich wieder die Stimme. Die Stimme, auf die er so lange und sehnsüchtig gewartet hatte. Die Stimme des Meisters, die ihn zuletzt in der Herberge in Foligno direkt angesprochen hatte.

„Franziskus, wenn du meinen Willen kennen willst, musst du dich von allem abwenden, was dir bislang angenehm war und was du zu besitzen begehrt hast", erklärte ihm die Stimme. „Du wirst merken, dass dir alles, was dir früher süß und angenehm erschien, von nun an bitter und unerträglich vorkommt. Aber alles, was dich früher zurückschaudern ließ, wird dir für Leib und Seele Süßigkeit und Erfüllung bringen."

Franziskus zitterte vor innerer Erregung. Tausend Gefühle und Gedanken schossen ihm durch den Kopf. Wie hatte es geheißen: „Von dem, was ich jetzt als angenehm empfinde, soll ich mich also abwenden. Wenn ich das tue, wird mir alles Bittere süß und bringt mir Erfüllung und Frieden?" Was war mit diesen Worten gemeint? Hatte er sein Leben nicht bereits radikal geändert? Er ging nicht mehr mit seinen Freunden zum Zechen, kleidete sich einfach, fastete oft, gab alles, was er konnte, den Armen, widmete seine ganze Zeit dem Alleinsein und Gebet. Das Alleinsein empfand er als angenehm. Sollte er sich etwa davon abwenden? Oder gar vom Gebet? So konnte diese Aufforderung nicht gemeint sein. Er rief: „Meister, wie meinst du das?" Aber die Stimme war nicht mehr zu hören. Es kam keine Antwort, und er blieb mit dieser rätselhaften Anweisung sich selbst überlassen. Das Leben musste wieder die Führung übernehmen; das Leben musste ihm zeigen, wie zu leben war.

*

Einige Tage danach musste Franziskus zum Familienbesitz in San Pietro della Spina hinausreiten. Er verließ die Stadt durch das Moiano-Tor in der Nähe der Bischofsresidenz, nahm die Straße, die am Kloster von San Masseo vorbeiführte und wandte sich dem Hospital von San Lazzaro d'Arce bei der kleinen Kirche der heiligen Maria von den Engeln zu. Franziskus mochte das kleine Marienkirchlein besonders gern, mied den Ort jedoch, wenn irgend möglich. San Lazarro nämlich war das Aussätzigenhospital von Assisi.

San Lazzaro d'Arce war die Hölle, ein noch viel schrecklicherer Ort als jener, den Franziskus als das Verlies von Perugia erfahren hatte. Um eine Kapelle gruppierten sich eine Anzahl primitiver, aus Stein und Lehm gebauter Hütten. Hier hausten in unvorstellbarem Elend die Aussätzigen der Stadt. Die geheimnisvolle Krankheit versah wahllos Große und Kleine, Reiche und Arme, Gebildete und Ungebildete mit dem Siegel des sicheren Todes.

Die Gesunden stießen sie hinaus vor die Tore der Stadt, und die Neuankömmlinge wurden aufgenommen in die stinkende Bruderschaft derer, die am lebendigen Leib verfaulten. Wenn ein Neuer kam, wurden ihm seine Kleider abgenommen; er erhielt einen grauen Einheitskittel aus grobem, billigem Baumwoll- oder Wollstoff. Jeder Aussätzige musste eine Glocke bei sich tragen, um andere zu warnen, dass er in der Nähe sei. San Lazzaro war die Wartehalle eines langsamen, grausamen Todes. Die Bürger von Assisi wussten ihre Vorkehrungen zu treffen, dass man von den Aussätzigen nichts sah, hörte und vor allem roch.

Franziskus hatte diesen Ärmsten der Armen in letzter Zeit zwar schon häufiger Geld zukommen lassen und auch etliche seiner Kleider gespendet, aber sehen wollte auch er sie nicht. Schon bei der Vorstellung des Gestanks faulender Leiber wurde ihm übel. Am besten machte man um das Gelände einen großen Bogen. Sonst lief man Gefahr, dass man die Glocke eines der Elenden überhörte und in gefährliche Nähe der Ekel Erregenden geriet. Einige von ihnen galten als aggressiv und unberechenbar. Nicht auszudenken, von einem dieser verschmierten Gestalten belästigt, gar angesprungen und berührt zu werden!

Franziskus kam nicht umhin, an der Peripherie des Geländes vorbeireiten zu müssen. Obwohl er sich ein Tuch vor die Nase hielt, drang süßlicher Geruch durch den Stoff. Das erinnerte ihn an die Stimme, jene geheimnisvolle Stimme. Das Süße werde ihm bitter und das Bittere süß werden, hatte sie gesagt – eine in der Nähe von San Lazarro besonders provozierende Vorstellung.

Für eine Weile schloss Franziskus die Augen, als er plötzlich von einem jähen Scheuen seines Pferdes in die Wirklichkeit zurückgerissen wurde. Gerade noch konnte er sich im Sattel halten und das Pferd durch Schenkeldruck und angezogene Zügel beruhigen. Er hatte weder die Glocke noch eine Stimme gehört.

Mitten vor ihm stand stumm und regungslos ein Todgeweihter und versperrte die Straße: kein Mensch mehr, ein schrecklich entstelltes Geschöpf. Die Binden um die abgefressenen Reste der Hände des Aussätzigen waren gelblich und von Blut durchtränkt. Wankend stand er da auf seinen Beinstummeln, schwer gestützt auf seinen schmutzigen Krücken. Sein entstelltes Gesicht ließ kaum mehr Augen erkennen und war mit riesigen stinkenden Eiterbeulen übersät. Er stank nach Urin und verwesendem Fleisch.

Das Pferd warf nervös den Kopf und bäumte sich unwillig unter dem mächtigen Druck, den Franziskus auf das Tier ausübte. Er konnte dem Fluchtimpuls des Pferdes nicht stattgeben. Franziskus war unfähig, etwas anderes zu machen, als in der Starre äußerster innerer Anstrengung zu verharren. „Das Bittere wird dir süß werden, das Süße bitter", hämmerte es in ihm. Wieder und wieder dieser Satz. Der Aussätzige machte keinerlei Anstalten, fortzuhumpeln und den Weg freizumachen. Man hätte ihn mit der Peitsche vertreiben müssen. Was wollte er? Streit? Oder nur Essen? Geld?

Wenn er wenigstens eine Schale ausgestreckt hätte. Aber so stand er da – einfach quer im Weg, zitternd trotz der Hitze, und verharrte in gespenstischem Schweigen. Sein grauer Kittelstoff war mit Fliegen übersät, aber das schien er gar nicht zu merken. „Weg! Aus dem Weg!", brüllte Franziskus, denn ihn überkam ein starker Brechreiz, den er nur mühsam unterdrücken konnte. Aber der Aussätzige rührte sich nicht.

„Das Bittere wird süß, das Süße bitter", brüllte es jetzt in Franziskus, als wäre seine Seele taub. Wie von fremder Hand berührt, fühlte er sich plötzlich aus dem Sattel gestoßen. Er wusste selbst nicht, wie ihm geschah, als er sich vom Pferd steigen sah und auf den überraschten Aussätzigen zuging. War ihm zunächst noch, als sollte er seine Scheu überwinden, um dem Armen ein paar Münzen zu überreichen, so kam ihm mit jedem Schritt, den er näher an das verwesende Fleisch herantrat, eine Verwegenheit in den Sinn, die endlich keinen inneren Widerstand mehr zuließ. Franziskus nahm die Hände mit den gelben, eitergedrängten Binden, führte sie langsam zu seinem Mund und küsste sie. Und dann nahm er das stinkende Häuflein Aussatz, nein, den Menschen, der vor ihm stand, in seine Arme, um ihn lange und herzlich an seiner Brust zu bergen.

Franziskus bestieg rasch sein Pferd und ritt davon.

*

Die Begegnung mit dem Aussätzigen war ihm durch Mark und Bein gegangen. „Das Bittere wird süß, das Süße bitter." Er hatte das Bitterste als das Köstlichste geschmeckt, die Grenze überschritten, den Ekel überwunden, in der Liebe zum Niedrigsten das Schönste gefunden. Er wusste gar nicht, was über ihn gekommen war: Er hatte den abstoßendsten Menschen umarmt, und er bereute es nicht, im Gegenteil: Danach fühlte er sich mit innerem Feuer, grenzenloser Klarheit, bewegender Kraft beschenkt. „Das Bittere wird süß, das Süße bitter." Offensichtlich begann das in seinem Leben wahr zu werden.

In der Nacht aber befielen ihn doch wieder Ängste. Er lag im Dämmerzustand zwischen Halbschlaf und Wachen, und mit einem Mal war da wieder die Stimme, aber sie klang diesmal kalt und grausam: „Das Bittere wird süß, das Süße bitter. Franziskus, weiter so. Ich will diesem Menschen den Aussatz nehmen, und du sollst ihn tragen." Er schreckte entsetzt auf. Natürlich – er musste sich angesteckt haben. War das etwa die Verheißung der Stimme? Die Verheißung eines grausamen Gottes? Er sollte selbst ein Aussätziger werden?

Es war ihm, als flüstere diese Stimme jetzt: „Franziskus, wenn du dich Gott auslieferst, will er von dir alles. Hörst du? Alles! Du gibst ihm den kleinen Finger, er nimmt die ganze Hand. Er packt deinen Leib. Willst du das?" War das Gott? Oder war das eine teuflische Nachäffung seiner Stimme? Wollte ihn eine dämonische Macht von seinem Weg abbringen?

Schweiß rann ihm über sein Gesicht: „O Gott, so kannst du nicht sein. Ich will dir alles geben, aber bitte lass mir meine Gesundheit! Verlange doch nichts von mir, was über meine Kräfte geht!" Voller Skrupel und Befürchtungen warf sich Franzikus im Bett hin und her. Erst gegen Morgen schlief er erschöpft und verwirrt ein.

Beim Aufstehen kam ihm das Erlebnis rätselhaft, fast fremd vor. Was da zu ihm gesprochen hatte, das konnte doch nicht die Stimme Gottes gewesen sein. Er versuchte es zu vergessen.

*

Franziskus hatte sich entschlossen, nicht wieder hinter seine Tat zurückzugehen – gleich, welche Folgen daraus für ihn entstehen mochten. Wenige Tage danach nahm Franziskus eine größere Summe Geldes und ritt zum Aussätzigenhospital. Er lief zwischen den Elendshütten umher und rief die Insassen zusammen. Ihren Gestank empfand er nicht weniger entsetzlich als bisher, aber dieses Mal versuchte er, ihn nicht durch ein Tuch vor der Nase von sich fern zu halten.

Die Kunde „Francesco Bernardone ist hier!" lief in Windeseile von Hütte zu Hütte. Von allen Seiten humpelten sie, krochen sie herbei. Franziskus teilte Kleider, Essen, Geld aus und küsste verschiedenen Aussätzigen wiederum die verkrüppelten Hände. Die Aussätzigen rührte das zu Tränen, und sie dankten ihm überschwänglich für seine Liebe. Der Priester des Hospitals, ebenfalls eine Aussätziger, zog Franziskus zu sich heran und fasste sein Empfinden in ungewöhnliche Worte: „Herr Franziskus, ich weiß nicht, was ihr gesucht habt, als ihr hierher kamt, um uns Elenden die Hände zu küssen. Aber ich weiß, was ihr gefunden habt: Christus. Ob der Menschensohn in den Kathedralen wohnt, habe ich vergessen. Aber ich habe erfahren: Christus ist in die Haut der Armen geschlüpft. Heißt es nicht im Evangelium: ‚Was ihr einem dieser Geringsten getan habt, das habt ihr mir getan'? Unser Herr saß niemals auf einem Fürstenthron; er wurde geboren in einer Futterkrippe und ist gestorben am Verbrecherholz. Er kam als Armer unter Armen, und die Welt erkannte ihn nicht. Geht mit Gottes Frieden, Franziskus, aber kommt bald wieder."

Franziskus bestieg sein Pferd, winkte noch einmal den Aussätzigen und dem Priester zu und ritt langsam nach Assisi zurück. Sein Herz war von tiefem Frieden erfüllt.

5. Kapitel

Die Flucht

Am nächsten Tag musste Franziskus einem Adligen in Spello Stoff liefern. Er ritt schon früh los und hatte genügend Zeit, um einem inneren Impuls nachzugeben und noch etwas im Kirchlein von San Damiano zu verweilen.

Der lieb gewordene Raum umhüllte ihn, und Franziskus atmete in tiefem Vertrauen auf. Er sprach dieses eine Gebet, das ihm in der Kindheit geschenkt wurde und das er vor noch nicht allzu langer Zeit wiederentdeckt hatte:

„Wir beten dich an,

Herr Jesus Christus,

hier und in allen deinen Kirchen

auf dem ganzen Erdkreis,

und wir preisen dich,

denn durch dein heiliges Kreuz

hast du die Welt erlöst."

Wort für Wort wog er ab und hielt es vor Gott hin. Was bedeutete das eigentlich, wenn man dieses Gebet nicht als fromme Floskel, sondern buchstäblich nahm? Franziskus blickte sich im

Kirchenraum um. Die Anzeichen der Baufälligkeit waren nicht zu übersehen: Risse, ein undichtes Dach, herabgebrochene Balken. Und hieß es nicht, der Herr sei in dieser und allen Kirchen der Erde wirklich und wahrhaftig anwesend? Franziskus überkam ein Gefühl der Beschämung: „Wie kann man Gott in einem verfallenen Haus wohnen lassen? Ich würde in einem solch heruntergekommenen Haus wie diesem hier nicht leben wollen. Nicht einmal den Tieren würde man einen solchen Stall zumuten."

Franziskus ging in San Damiano herum, unterzog das Gebäude einer näheren Betrachtung, untersuchte den bröckelnden Putz, stieg in den Turm und machte sich auf diese Weise in kurzer Zeit ein genaues Bild vom Zustand des Bauwerks. Er begann sich auszumalen, wie er dieses Kirchlein, das er so sehr mochte, herrichten könnte. Sein Blick fiel auf die Stoffballen, die er am Seiteneingang der Kirche abgelegt hatte. So viel würde es gar nicht kosten, diesen Raum wieder in Stand zu setzen. Die Einnahmen aus dem Verkauf einiger Stücke dieser seltenen Ware, dazu noch der Erlös vom Verkauf seines Pferdes – das müsste fast schon dafür ausreichen.

Franziskus verließ das Kirchlein, und während er sich dem ruhigen Gang seines Reittieres anvertraute, dachte er daran, dass er es bald nicht mehr besitzen würde.

*

Franziskus kam nun häufiger nach San Damiano, denn der Gedanke, man müsse dieses Haus Gott zuliebe wiederherstellen, hatte von ihm Besitz ergriffen. Franziskus war kein Maurer;

er wusste nicht, wie man auseinander gebrochene Steine fachgerecht wieder zusammenfügte, wie man Risse ausbesserte und geborstene Balken ersetzte. Dazu brauchte es kluge Überlegung. Oft genug saß Franziskus an wechselnden Orten im Kirchenraum, blickte sich um und sann nach.

Wie er eines Tages wieder einmal die Augen im Raum herumgleiten ließ – über Pfeiler, Verstrebungen, spröde Wände –, blieben sie an dem Bild über dem Altar haften. Ein Gemälde auf einer Holztafel – kein Geniestreich, aber doch ein ausdrucksvolles Kunstwerk. Von der Tafel herab blickte ihn der Gekreuzigte an. Franziskus ließ sich eine Weile davon fesseln und wollte dann weiterwandern mit seinen Augen.

Es ging nicht. Es war einfach nicht möglich. Wie mit magischer Gewalt wurden seine Augen zurückgerissen auf die Holztafel. Auf das Gesicht. Auf die Augen. Es war, als hätten diese Augen jahrelang darauf gewartet, dass sich einer fände, der nicht über sie hinwegblickte. Einer, der in sie hinein, durch sie hindurch blickt. Franziskus schauderte. Es war ihm, als blickte das Leben selbst durch das Abbild des Lebendigen, des Gekreuzigten, als blickten ihn wirklich und wahrhaftig keine anderen Augen an als die des Mannes von Golgota. Eindeutig waren es zugleich die Augen seines Meisters aus dem Traum. Es war ihm mit einem Mal Gewissheit, dass dies kein Trugbild, keine Überspanntheit seiner Fantasie war. Der Gekreuzigte selbst schaute von der Holztafel über dem Altar ihn allein, ihn, Franziskus, an, schaute in die letzten Tiefen seines Wesens, durchbohrte ihn mit göttlicher Glut.

Franziskus sank in die Knie: „Herr, was willst du, dass ich tun soll?"

Es kam keine Antwort. Nur dieser Blick. Franziskus wiederholte seine Frage, wiederholte sie noch einmal, stammelte unablässig: „Herr, was willst du, dass ich tun soll?"

Als die Stille groß genug war, kam sie, die Antwort:

„Franziskus, gehe hin, baue mein Haus auf, denn du siehst, es ist ganz zerfallen."

Mit einem Mal schien die lebendige Anwesenheit lautlos aus dem Bild verschwunden zu sein. Es war das alte, gewohnte, auf die Holztafel gemalte Bild, auf das er blickte, mit dem herrscherlich am Kreuz hängenden Christus.

In Franziskus formte sich ein Gebet:

„Höchster, glorreicher Gott,

erleuchte die Finsternis meines Herzens

und gib mir rechten Glauben,

gefestigte Hoffnung und vollendete Liebe,

Gespür und Erkenntnis, Herr,

damit ich deinen heiligen

und wahrhaftigen Auftrag erfülle."*

*

Für Franziskus war die Zeit des Zögerns und Überlegens vorüber. Er fühlte sich von Stund an in Dienst genommen. Er hatte

---

* Leonard Lehmann, Wenn Leben Beten wird, S. 22, Dietrich-Coelde-Verlag, Werl.

Hand an den Pflug gelegt. Und er war entschlossen, niemals mehr zurückzuschauen. Er wollte das Gesetz des Handelns an sich reißen.

So betrat er am folgenden Morgen schon vor Tagesanbruch den Laden. Ohne einen einzigen Gedanken daran zu verschwenden, ob er das Eigentumsrecht des Vaters verletzen würde, packte er sich diesen und jenen der wertvollsten Stoffballen, verschnürte sie zu einem Packen und ritt mit der Ware in den Morgen hinein. Sein Ziel war die Stadt Foligno. Er wusste, in Foligno war großer Markttag. Diese Gelegenheit musste er nutzen, um die kostbaren Stoffe Gewinn bringend zu verkaufen. Die Sache in San Damiano duldete keinen Aufschub. Mittel mussten beschafft werden. Und dann musste angepackt werden.

Der Markt von Foligno verdankte seinen Ruf der äußerst kaufkräftigen adligen Kundschaft, und der Stoffhändler Bernardone war dort wegen der Qualität, die er bot, bestens eingeführt. Niemand dachte sich etwas dabei, als der junge Kaufmannssohn aus Assisi seine Stoffe mit besonderer Hingabe feilbot.

Franziskus wurde in seiner Hoffnung nicht enttäuscht, im Gegenteil, das Geschäft lief außerordentlich und sehr zu seinem ökonomischen Vorteil. Bereits am frühen Nachmittag wünschte er, er hätte noch mehr Ware mitgebracht. In einer Seitengasse fand er einen ruhigen Winkel, zählte seine Einnahmen nach und überschlug rasch, ob man damit die Instandsetzung des Kirchleins beginnen konnte. Aber der Betrag schien ihm bei genauerem Nachdenken noch als ziemlich gering. Wie konnte er die Summe noch spürbar vergrößern? Franziskus beschloss tatsächlich, auch sein Pferd zu verkaufen. Es war ein edles Tier, und die Aussicht würde gut sein, dafür einen hohen Preis zu erzielen. Die Vorstellung, sich von dem schönen, vertrauten Tier zu trennen, fiel ihm nicht leicht, aber er musste das jetzt tun. Da er das wertvolle Pferd nicht dem Erstbesten verkaufen wollte, ließ er sich Zeit, setzte den Preis ziemlich hoch an, verhandelte mit etlichen Interessenten und wurde erst gegen Abend mit einem Käufer handelseinig.

*

Am nächsten Morgen begab sich Franziskus zu Fuß nach Assisi zurück. Alle Reichen und Edlen pflegten zu reiten oder zu fahren, die Armen dagegen mussten laufen. Es war nicht nur beschämend, es war auch langwieriger und mühsamer, als sich von einem edlen Reittier in recht kurzer Zeit an sein Ziel tragen zu lassen. Aber Franziskus wurde von einem Gefühl der Leichtigkeit und des Glücks getragen. Es war, als habe er ein großes Stück Ballast abgeworfen. Wieder hatte er einen kleinen, aber wichtigen Schritt in Richtung seines Ideals getan.

Etliche Bürger Assisis, die zwischen Assisi und Foligno unterwegs waren, wunderten sich, Franziskus Bernardone zu Fuß gehen zu sehen. „He, kleiner Bernardone, was ist mit deinem Pferd?", fragte ihn der dicke Don Marescotto von seinem Wagen herunter. „Komm, steig auf, Junge!" – „Gehen tut der Seele gut", gab ihm Franziskus gut gelaunt zur Antwort. „Ah, Gehen ist etwas für Pferde und Dienstboten, und es nutzt die

Schuhsohlen ab", entgegnete Marescotto und nahm einen Schluck aus dem Weinschlauch. Er konnte sich um alles in der Welt nicht vorstellen, wie man eine größere Entfernung ohne Pferd zurücklegen konnte.

Nachdem Franziskus schon eine ganze Strecke des Heimwegs zurückgelegt hatte und sich Assisi näherte, veränderte sich seine Stimmung zusehends. Bis jetzt hatte er, ganz vom Gedanken der Erneuerung des Kirchleins von San Damiano besessen, nicht an seine Familie, den Laden, den Vater gedacht. Aber der Augenblick kam näher, wo er daheim würde erklären müssen, was er vorhatte. Wie würde sein Vater reagieren? In letzter Zeit waren sie leidlich gut miteinander ausgekommen. Er hatte seinem Vater wenig Anlass zum Ärger gegeben, im Gegenteil: Seit er die Nächte nicht mehr mit Trinkereien und Getändel verbrachte und sich im Laden von einer unverhofft gewissenhaften Seite zeigte, hatte sich in seinem Vater die Meinung herausgebildet, er werde allmählich „vernünftiger" (wie er es nannte), und so langsam könne man auf Franziskus bauen. Wenn er jetzt ohne Pferd heimkam und dem Vater eröffnete, was er als seine Berufung erkannt hatte, musste das wie Donner und Hagelschlag in einen Sommertag fahren.

Er verließ die Straße und fand in einer kleinen Senke hinter dichten Brombeerbüschen eine verborgene Stelle. Dort ließ er sich nieder und überdachte seine Lage. Genau genommen gehörte das Geld, das er mit den Stoffen erlöst hatte, in die Ladenkasse. Was das übrige Geld anging, das er für sein Pferd erhalten hatte, so konnte man darüber streiten. Aber natürlich brauchte der Sohn von Pietro Bernardone, wenn er so weiterleben wollte wie bisher, wieder ein Pferd, sowohl für sich privat als auch für seine geschäftlichen Aufträge. So konnte er auch dieses Geld nicht einfach als seinen Privatbesitz betrachten, über den er frei verfügen konnte. Streng genommen musste er also das ganze Geld daheim abliefern und konnte es nicht für die Wiederherstellung von San Damiano einsetzen. Es war eine überstürzte Aktion gewesen.

Aber wie sollte er überhaupt San Damiano wieder aufbauen, wenn er so weiterlebte wie bisher? Er hatte weder die Zeit, sich selbst als Arbeiter zu betätigen, noch das Geld, um Arbeiter zu bezahlen. Denn was er an verfügbarem Geld besessen hatte, war längst an die Armen weggegeben.

Je länger er nachdachte, desto deutlicher wurde ihm: Diesen Auftrag des Meisters, San Damiano wieder herzurichten, konnte er gar nicht erfüllen. Hatte Gott sich den falschen Mann ausgesucht? Dazu brauchte es einen, der sich Geld nicht erst über das Stehlen von Stoffballen besorgen musste. Dazu brauchte es einen Herrn mit gefüllten Kassen, einen Souverän über viele Knechte – einen, der mit einer kleinen Handbewegung eine Kolonne von Arbeitern dirigieren konnte. Nicht ihn, Franziskus. Und doch, die Augen hatten nicht vage geblickt, sondern ganz direkt. Sie hatten ihn angesehen und verpflichtet, ihn, Franziskus Bernardone.

In dem scheinbar so harmlosen Auftrag steckte mehr, als er zunächst gedacht hatte. Wenn er ihn wirklich ernst nahm, war eine radikale Entscheidung fällig: Entweder musste er darauf verzichten, ihn zu erfüllen, oder er musste sein ganzes Leben von Grund auf ändern. Es fiel ihm wie Schuppen von den Augen: Entweder – oder. Entweder bleibe ich der Sohn meines Vaters, führe das Geschäft fort und übernehme es später, oder ich schlage einen ganz anderen Weg ein ...

Er schauderte vor dem Gedanken, seinem Vater erklären zu sollen, seines Sohnes Zukunft sei eine göttliche Stimme und die Sorge für ein kaputtes Kirchlein draußen vor den Toren der Stadt. Die Enttäuschung des Vaters würde bodenlos sein. Er brauchte auch nicht auf einen Funken an Verständnis zu hoffen. Des Vaters verletzter Stolz würde sich in beißendem Spott äußern. Es würde endloses Geschrei geben, maßlose Vorwürfe und wüste Auseinandersetzungen, die Mutter würde in Tränen aufgelöst sein.

War es das wirklich wert? Sollte er nicht doch lieber ein Leben wie alle anderen führen, ein wohlhabender und angesehener Bürger werden? Auch im Stillen lässt sich ja manches Gute tun. Man könnte ja möglichst viel von den Einkünften an die Armen abgeben und auch so ein gottgefälliges Leben führen. Aber schon wenn er so dachte, spürte er, das konnte er nicht. Es kamen ihm die Worte des Meisters aus seinem Traum in den Sinn: „Warum verlässt du den Herrn um des Knechtes willen, den Reichen um des Armen willen?" und: „Wer, meinst du, kann dich am besten belohnen: der Herr oder der Knecht?" Die Antwort war eindeutig. Er würde den Trennungsstrich ziehen. Ohne Wenn und Aber. Er sagte zu sich: „Ich werde nach San Damiano gehen, zu Don Pietro. Ich gebe ihm das Geld für die Instandsetzung der Kirche und lege bei der Arbeit selbst Hand an. Ich bitte ihn, bei ihm wohnen zu dürfen, er wird mir Lehrer und Vater sein. Ich werde keinen Fuß mehr in mein Elternhaus setzen."

*

Als Franziskus San Damiano erreichte, war es fast finster. Er blieb am Fuße des Hügels stehen und schaute zu seiner neuen Heimstatt hinauf. Er war erschöpft, aber erleichtert. Die Entscheidung war gefallen. Er konnte sich jetzt an die Erfüllung seiner Aufgabe machen, das Kirchlein wieder in Stand zu setzen. Außerdem war er der Zuversicht, Don Pietro werde ihn bei sich aufnehmen, und er könne hier in Frieden und großer Einfachheit leben.

Der alte Priester wollte sich gerade zur Ruhe legen, als Franziskus bei ihm anklopfte. Er war nicht wenig überrascht, von Franziskus vor vollendete Tatsachen gestellt zu werden. Franziskus hielt sich nicht mit langen Vorreden auf, sondern machte Anstalten, unverzüglich seine gut gefüllte Börse auszuhändigen. „Wo hast du das her?", wollte Don Pietro wissen, dem der Übereifer seines Schützlings nicht ganz geheuer war. Franziskus erzählte ihm von dem erfolgreichen Verkauf in Foligno und dass er außerdem sein Pferd veräußert habe.

„Franziskus, deine Entscheidung in Ehren, aber über das Geld, das du der Kirche stiften willst, kannst du nicht ohne Zustimmung deines Vaters verfügen. Nach den Gesetzen der

Stadt ist dein Vater der Hüter des Familienvermögens. Er hat dir sein Geschäft noch nicht übergeben. Willst du das Geld deines Vaters veruntreuen? Weißt du, was dein Vater macht? Er wird dich unverzüglich beim Stadtgericht verklagen."

Franziskus verschlug es die Sprache. Das kleinliche Denken des Priesters erschütterte ihn zutiefst. Hatte er, Franziskus, nicht einen göttlichen Auftrag erhalten? Was zählten da ein paar Ballen dieses stinkreichen Stoffhändlers? Die Hand sollte er an den Pflug legen, die Toten ihre Toten beerdigen lassen, so schrieb es das Evangelium vor. Und dieser alte Diener Gottes verlangte von ihm, sich mit dem Vater zu arrangieren?

„... und bedenke dies, Franziskus", so hörte er wieder die Stimme von Don Pietro, „selbst wenn es nur um die Flucht vor deinem Vater ginge, so wäre San Damiano ein viel zu ungeschützter Ort. Wenn du wirklich meinst, dich nur auf diese Weise von ihm lösen zu können, dann wäre es besser, du würdest deine Zuflucht im Konvent von San Giacomo oder San Rufino suchen. Das sind wehrhafte Klöster, wohlhabend und mächtig genug, dich abschirmen zu können. Sobald du dich dort als Kandidat aufhältst, kann dich dein Vater auf dem Rechtsweg nicht mehr herausholen."

Franziskus verfiel in trotziges Schweigen. Er hatte erwartet, der Priester von San Damiano werde in Begeisterung ausbrechen und sich sowohl über seine großzügige Geldspende als auch über die Verstärkung durch einen zu allem entschlossenen Schüler freuen. Stattdessen diese langweiligen Klugheits- und Vorsichtsratschläge!

„Selbstverständlich kannst du bei mir übernachten", hörte er Don Pietro sagen. „Aber du musst das einsehen, Franziskus, deine Familie ist sehr einflussreich. Es wäre äußerst unklug, wenn ich dein Geld annehmen würde. Ich möchte es auf keinen Fall im Haus behalten."

In einem jähem Impuls, in den sich grenzenlose Verachtung mischte, schleuderte Franziskus die Börse einfach in Richtung Kirche in die Nacht hinaus. Draußen fiel sie in eine Vertiefung im Fels, sodass sie anderentags nicht mehr zu sehen war.

*

Franziskus ging am nächsten Morgen nicht heim. Er war fest entschlossen, nicht mehr in das Geschäft seines Vaters zurückzukehren. Don Pietro brachte es nicht übers Herz, ihn aus dem Haus zu weisen, und so nächtigte er auch in den folgenden Tagen bei ihm und hielt sich tagsüber meistens in der Umgebung oder bei den Aussätzigen von San Lazzaro auf.

*

Es dauerte nicht lange, und Assisi zerriss sich wieder den Mund. Schließlich war nicht unentdeckt geblieben, dass der reiche Herr Franziskus zu Fuß von Foligno heimgewandert war. Auch schwörten einige darauf, sie hätten beobachtet, dass er sich in Dreckkleidern in der Gegend von San Damiano und sogar bei den Aussätzigen herumtreibe, mit denen er es überhaupt habe, und, man wolle ja nichts Falsches sagen, aber man habe das schließlich mit eigenen Augen gesehen …

Auf der Via Portica, ganz in der Nähe von Bernardones Haus, setzte sich das Gezischel fort. Wusste doch Muzio zu berichten: „Er ist nicht einfach nur abgehauen, das Bürschlein! Hat ganz schön was mitgehen lassen! Ich weiß es sozusagen aus erster Hand, er hat hinter dem Rücken des Alten die wertvollsten Stoffe aus dem Laden geschleppt." – „Na klar, so hätte ich es auch gemacht. In Foligno lässt sich das in klingende Münze verwandeln", hetzte der nächste. Eine junge Frau wollte nicht in die allgemeine Hetze einstimmen: „Ich glaube nicht, dass er das Geld für sich selbst gestohlen hat. Wahrscheinlich hat er es wieder an irgendwelche Arme verschenkt." – „Diebstahl ist Diebstahl", mischte sich Kanonikus Silvester mit erhobenem Zeigefinger ein. „Jedenfalls hat er guten Grund, sich bei dem Alten nicht mehr blicken zu lassen!", rief einer. „Wo ist er denn? Was ist mit ihm los?", wollte jemand wissen. Galbasia di Peccio wusste nur so viel: „Es heißt, er sei bei den Aussätzigen und helfe, sie zu betreuen." Donna Peppone fühlte sich davon angewidert: „So weit ist es mit Pietro Bernardones Sohn gekommen, einem kultivierten, begabten Menschen, der alle Chancen gehabt hätte, es zu etwas zu bringen!" Einer kam mit der Erklärung daher, mit der man in Assisi vieles entschuldigte: „Das ist doch eine Folge der fatalen Geschichte in Perugia! Seit Collestrada ist der Junge einfach wirr im Kopf, auch wenn es eine Zeit lang so ausgesehen hat, als habe es sich gebessert." Die Umstehenden wollten das nicht gelten lassen, man könne ja schließlich nicht endlos alles darauf schieben. Kanonikus Silvester wandte sich zum Gehen, rief aber dem Grüpplein noch zu: „Wenn ich Bernardone wäre, ich wüsste, was ich täte. Packen würde ich mir das Bürschlein und so lange windelweich prügeln, bis er wieder zu Verstand käme."

*

Es war fast, als habe Pietro Bernardone diesen Rat gehört, denn kaum hatte der Kanonikus zu Ende gesprochen, da hörte man eine Tür schlagen. Alle sahen, wie ein sichtlich aus der Fassung geratener Pietro Bernardone die Via Portica hinunterpolterte, mit saurer Miene, niemand grüßend. Pietro Bernardone eilte schnurstracks zu seinen Nachbarn Marangone di Cristiano und zu Marangones Bruder Benvegnate. Einige handfeste Kerle mussten herbei! Ihr Auftrag: Franziskus aufspüren und nach Hause zu bringen. Vielleicht war der Herr Sohn ja tatsächlich nicht mehr ganz richtig im Kopf. Auf jeden Fall war es höchste Zeit, dass er einmal gestellt wurde. Er konnte sich ja nicht für dumm verkaufen lassen.

Das bekam Marangones Sohn Bongiovanni mit. Er schwang sich auf sein Pferd und ritt unverzüglich nach San Damiano hinaus. „Don Pietro, es heißt, Franziskus Bernardone sei bei Euch. Stimmt das? Ich muss ihn sofort sprechen!"

Tatsächlich war Franziskus gerade im Haus, und Giovanni schilderte ihm hastig die Lage. „Franziskus, ganz gleich, was los ist, du musst hier auf jeden Fall schleunigst weg. Dein Vater weiß, dass du hier bist. Er trommelt gerade Leute zusammen, die dich gefangen nehmen und mit Gewalt nach Hause bringen sollen. Du musst auf der Stelle weg und dich irgendwo verstecken!"

Davon wollte Franziskus zunächst gar nichts wissen, denn er lebte im Gefühl einer absoluten inneren Sicherheit. Hierhin hatte die Stimme ihn befohlen. Hier war sein Platz, nicht hinter irgendwelchen Verkaufstischen. Das war seine Aufgabe, arm und einfach in San Damiano zu leben, mit eigenen Händen die zerfallende Kirche wieder aufbauen. Da mochten sie mit ihren Reiterknechten ruhig kommen!

Don Pietro nahm die Sache nicht auf die leichte Schulter: „So viel du auch auf dein inneres Recht pochst – das äußere Recht spricht für sie. Wer bist du denn? Irgendein wild gewordener Kaufmannssprössling, der auf Grund von Visionen seinem Vater Stoffballen klaut. Wenn man von dir wenigstens sagen könnte, du seiest in ein Kloster eingetreten … Nein, nein, sie werden dich packen, und Recht und Augenschein ist auf ihrer Seite. Willst du dich nicht doch dem Bischof anvertrauen mit deiner Berufung und ihn fragen, ob er dich nicht unter seine Verantwortung nimmt? Schau, er muss nur deine Lebensweise billigen, dann unterstehst du rechtlich ihm. Du bist für das Stadtgericht nicht mehr greifbar."

Franziskus wurde nachdenklich. Don Pietro fuhr fort: „Ich mache das! Ich gehe für dich zum Bischof und bespreche deinen Fall mit ihm. Aber bis dahin musst du verschwinden! … Geh schon! Wenn es Gottes Wille ist, was du vorhast, wirst du es auch verwirklichen können." Franziskus folgte widerstrebend dem Rat seines geistlichen Vaters, raffte das Nötigste zusammen und suchte in einer schwer zugänglichen Höhle am Berg Subasio Zuflucht.

Für einen längeren Aufenthalt war die Höhle nicht ausgerüstet. Franziskus musste sicherstellen, dass er mit Nahrungsmitteln versorgt wurde. Deshalb wandte er sich an den Hüter des nahe gelegenen Landhauses seiner Familie in Stradette. Der war ihm von Kind an immer sehr zugetan gewesen, fragte nicht viel und brachte ihm die nötige Nahrung.

*

Franziskus verbrachte einen ganzen Monat versteckt in der Höhle. Er verließ sie nur selten, meist im Schutz der Dunkelheit. Den Schritt, den er getan hatte, bedauerte er nicht. Die Entbehrungen, die er auf sich nehmen musste, schreckten ihn nicht ab, im Gegenteil: In den langen Tagen und Nächten des Alleinseins wurde es ihm immer klarer, dass er so leben wollte: außerhalb der Welt, in der sich alles um das Geld drehte und die Menschen im Streiten darum ihre Seele verloren.

Franziskus befand sich in einer Art Gefangenschaft. Er hatte jetzt die Zeit, sich der Betrachtung hinzugeben. Seine Gedanken kreisten nicht um die Frage, wie sich die Seele erheben ließe oder wie man in den Zustand der Vollkommenheit gelangt – Franziskus schaute nur auf eines: auf die Person Jesu. Mit äußerster Aufmerksamkeit suchte er aus der Erinnerung einst gehörter Texte das zusammen, was den Herrn, seinen Herrn, ausmachte. Franziskus faszinierte vor allen anderen Momenten im Leben Jesu, dass *er*, der Vollkommene, sich aller Macht entäußerte und zum Geringsten der Menschen wurde. Was sollte das? Wofür gab es diesen Aspekt an Jesus? Das konnte doch kein Zufall sein. Und wenn es kein Zufall war, wozu war das da? Was gab es daraus zu lernen? Franziskus dachte sich als Schüler, dachte es sich für einen Augenblick so, als sei er der erste und einzige Schüler Jesu in der bislang übersehenen Kunst des Geringseins.

Franziskus war es, als ergebe sich daraus so etwas wie ein Weg, eine ungewöhnliche Art, mit dem Leben voranzukommen, sich zu verändern und zu verwandeln. Jesus erschien ihm als der freie Mensch. Seine Freiheit ruhte auf einer letzten inneren Sicherheit. Und diese Sicherheit trug den Namen Vertrauen. Rückhaltloses Vertrauen darauf, dass Gott sein Vater war und für alles sorgen würde, was er brauchte. Vertrauen, durchschoss es Franziskus. Ich muss vertrauen.

*

Zu Don Pietro gab es seit Wochen keine Verbindung mehr. Ob er inzwischen beim Bischof war, etwas erreicht hatte? Franziskus war es zunächst gleichgültig. Doch schließlich beschloss er eines Morgens, sein Versteck zu verlassen und möglichst ungesehen nach San Damiano zu gehen, um sich zu erkundigen, wie die Dinge standen.

121

Don Pietro musste ihm sagen, dass er noch keine Gelegenheit gefunden hatte, den Bischof zu sprechen. Wohl war er nach Assisi gegangen und hatte im Palais vorgesprochen, aber es hatte geheißen, der Bischof weile derzeit auswärts, und einen Termin für eine Unterredung könne man ihm nicht nennen. Inzwischen aber sei das Wetter so schlecht geworden, dass er nicht noch einmal nach Assisi habe gehen können. Franziskus musste schlucken. Was hatte er sich denn erhofft? Dass alle Welt nur auf ihn wartete?

Das war natürlich Unsinn. Doch der Vorrat an Geduld war aufgebraucht. Franziskus musste das Gesetz des Handelns an sich reißen. Die Zeit der Flucht war vorüber; jetzt brach eine andere Zeit an. Die Zeit, sich seinem Vater zu stellen, die Zeit zu seiner Berufung zu stehen, die für ihn selbst noch neu und namenlos war. Es würde eine schwere Auseinandersetzung werden. Er war bereit.

*

Kaum hatte er das Stadttor durchschritten, erkannten ihn die Ersten. Die Kinder schrien hinter ihm her: „Pazzo, Pazzo" – Narr, Verrückter! Die anderen erkannten ihn auch, aber sie schauten angestrengt weg, vielmehr: Sie versteckten sich hinter einem Fenster oder einem Mauervorsprung, um zu sehen, ohne gesehen zu werden. In der Deckung ließ sich gut tuscheln. Die Kälte, mit der er empfangen wurde, war schneidend.

Seinen Vater traf er im Laden an. Das Stück Stoff, das er in Händen hielt, wäre ihm fast entglitten. Aber nun gruben sich die Fäuste Pietro Bernardones so hart in das Tuch, dass die weißen Knöchel hervortraten. Dem Alten verschlug es die Sprache, den Verschwundenen so plötzlich als abgerissenen Landstreicher vor sich zu sehen. Von draußen klangen die Rufe der Kinder herein: „Pazzo, Pazzo!" Sein Zorn und sein Ärger waren in den langen Wochen, in denen Franziskus spurlos verschwunden war, einer kalten Entschlossenheit gewichen. Dem Theater mit Franziskus war – sollte er sich noch einmal in das Haus trauen – ein für alle Mal ein Ende zu bereiten. Tatsächlich, da war er also. Er besaß wirklich die Frechheit zu kommen. „Ihm werden die Mittel ausgegangen sein", triumphierte Pietro innerlich. „Wie ein Hund wird er ankommen. Um ein bisschen Geld wird er winseln. Nicht einmal Würde hat er in seinem Renegatentum!" In Pietro hatte nur für einen Moment Überraschung die Oberhand gewonnen. Ansonsten hatte er sich klar zurechtgelegt, wie mit diesem Bastard zu verfahren sei.

Wortlos schloss er den Laden, wortlos geleitete er seinen Sohn nach oben in die Wohnung, wortlos standen sie sich gegenüber. „Was hast du mir zu sagen?", eröffnete Pietro die Auseinandersetzung. Er hatte sich fest vorgenommen, dieses Mal nicht laut zu werden. Wer laut wird, begibt sich vor den Ohren an der Mauer und den Gaffern draußen ins Unrecht. Dieses Mal sollte es leise, kalt und klar abgehen. „Ich will dir sagen", begann Franziskus, „dass du, was das Geschäft angeht, mit mir nicht mehr rechnen kannst." – „Das sehe ich", spottete der Vater. „Das heißt", fuhr Franziskus fort, „ich werde auch nicht mehr bei dir und Mutter leben." – „Ah, sehr interessant", nickte Pietro, „und wovon gedenken der junge Herr zu leben?" – „Schauen, was kommt! Betteln! Die Vögel am Himmel, die Tiere auf dem Feld – für alle ist gesorgt. Warum sollte ich nicht leben können?" – „Er ist verrückt, komplett verrückt", dachte Pietro Bernardone, ein Gedanke, der ihn fast beruhigte und einen Rest von Mitleid in ihm aktivierte. „Gott will das von mir, das ist meine Berufung, Vater!"

Pietro Bernardone holte tief Luft, um sich zu beruhigen: „Pass auf, Francesco. Die Zeiten sind unruhig. Doch noch leben wir nicht in einer Welt, in der die Söhne ihren Vätern befehlen, was zu tun ist. Und mit dir und mir wird es in keiner Weise anders sein. Ich, dein Vater, sage dir jetzt, was du tun wirst. Und du, mein Sohn, wirst das machen. So höre zu: Für das Geschäft habe ich vergebens auf dich gehofft. Du willst es nicht und kannst es nicht. Jedenfalls bringst du nur Schaden und Schande über mich. Darum habe ich beschlossen, dich in ein Kloster zu geben. Es wird ein Kloster sein, weit genug von Assisi entfernt, in dem du dir bei Fastenbrot und Wassersuppe alle deine Träume von der Sorglosigkeit erfüllen kannst. Vor allem wird es ein Kloster sein, dessen Türen von innen nicht aufgehen – schon gar nicht in Richtung Assisi. Haben wir uns gut verstanden?" Franziskus blickte ihm offen ins Gesicht und sagte gar nichts. „Haben wir uns verstanden?", brüllte Pietro nun doch.

„Ich kann das nicht tun", sagte Franziskus leise, „ich darf es nicht." Die Augen von Pietro Bernardone zogen sich zu einem Schlitz zusammen, der Hals schwoll ihm an – sichere Zeichen, dass er kurz vor einem seiner gefürchteten Ausbrüche stand. Aber er beherrschte sich; dieses Mal hatte er sich in der Hand. Er ging zur Tür und rief zwei Bedienstete herein. Pietro schaute zum Fenster hinaus. Mit klarer, ruhiger Stimme gab er Befehl: „Schafft diesen Dieb in den Keller. Kettet ihn an. Versorgt ihn, wie man einen Dieb versorgt."

Franziskus ließ sich im Keller des Anwesens ohne Gegenwehr einsperren und an die eiserne Kette legen, die er von der Gefangenschaft in Perugia her kannte.

*

So verbrachte Franziskus eine Zeit in der Haft im Haus seiner Eltern. Es wurde ihm kein Engel gesandt, ihn aus dem Kerker herauszuführen; der Vater schien ihn vergessen zu haben. Nicht aber die Mutter. Pica konnte es schließlich nicht mehr mit ansehen, dass der eigene Sohn wie ein Häftling im Haus gehalten wurde, obschon sie ihn versorgte, so gut es nur ging. Auch sie versuchte immer wieder, mit ihm über seine merkwürdige Berufung zu sprechen, und auch sie konnte ihn nicht verstehen. Außerdem war auch ihr die Vorstellung unerträglich, der eigene Sohn könne als Landstreicher durch die Gegend ziehen und mittellos auf die Barmherzigkeit anderer Menschen angewiesen sein. Aber Pica verfügte nicht über die fraglose Sicherheit wie ihr Mann, dass Franziskus eindeutig wirr im Kopf sei. Sie kannte genug jener Legenden, die man sich damals erzählte, um sich vorstellen zu können, dass Gott manche Menschen zu sehr merkwürdigen Lebensweisen berief. Warum war sich Franziskus seiner Sache so unerschütterlich sicher? Warum ließ er sich lammfromm einsperren und äußerte fest und ruhig die Zuversicht, Gott werde ihn schon wieder zum richtigen Zeitpunkt freilassen? So verhielt sich kein Irrer oder von einem Wahn Besessener. War vielleicht doch der da oben im Spiel, hatte der Allmächtige, dessen Ratschlüsse den Menschen entzogen sind, mit ihm etwas Besonderes vor?

Von solchen Gedanken wurde Pica immer mehr geplagt. Schließlich, eines Tages, als ihr Mann auf einer Geschäftsreise war, holte sie den Schlüssel, öffnete die Tür und ließ Franziskus weinend frei. Der nahm das als von Gott gesandtes Zeichen, drückte sie fest an sich und verschwand in der einbrechenden Dunkelheit wieder nach San Damiano.

6. Kapitel

Die weggeworfenen Kleider

Als Pietro Bernardone nach Hause kam und ihm seine Frau eröffnete, sie habe Franziskus freigelassen, entlud sich über Pica ein wahrer Tobsuchtsanfall. In der Stadt sprach sich schnell herum, dass sich sein Sohn wieder in San Damiano aufhalte, und natürlich war seine Familie schon wieder der Gegenstand unsäglichen Klatsches in der Stadt. Wann sollte das jemals aufhören? Wie sollte er seinen Sohn wieder zur Vernunft bringen? Die Untaten der Kinder fallen auf die Eltern zurück. „Pietro Bernardone ist unfähig, seinen Sohn zur Vernunft zu bringen", hieß es in der Stadt.

Nach einigen schlaflosen Nächten, in denen Pietro einem Wechselbad von Gefühlen – er schwankte zwischen letzten Resten väterlicher Anhänglichkeit und Gefühlen von Feindschaft, Verachtung und blankem Hass – ausgesetzt war, rang er sich zu einem äußersten Schritt durch: „Ich werde Franziskus enterben. In einem öffentlichen Prozess. Mitten in der Stadt. Er hat mich vor allen Leuten zum Gespött gemacht. Führen wir das Schauspiel fort! Spielen wir den letzten Akt!"

Es war ein schwerer Gang, als sich Pietro Bernardone eines Januarmorgens im Jahre 1206 auf den Weg zum Palast der Konsuln begab. Wer hätte je daran gedacht, dass er, der erfolgreiche, angesehene Großkaufmann Pietro Bernardone, eines Tages vor Gericht seinen eigenen nichtsnutzigen Sohn würde anklagen müssen! Aber er, Pietro Bernardone, war es nicht, der dieses Spektakel heraufbeschwor. Er nicht. Der Herr Sohn wollte es so. Nun bitte, das konnte er haben!

Den Richter Egidio kannte er persönlich gut. Er schilderte ihm kurz den Sachverhalt, den dieser mit gleichgültiger Amtsmiene zur Kenntnis nahm. In demütigenden formellen Fragen musste noch einmal die leidige Geschichte zu Papier genommen werden, deren Details ohnehin schon jeder in der Stadt kannte. Aber es hatte seinen eigenen Reiz, den großmächtigen Herrn Bernardone so hilflos ausgesetzt zu sehen. Denn natürlich war es eine Blöße, hier vor Egidio zu treten und in dürren Worten das unerhörte Vorhaben vorzutragen – Enterbung, Verstoßung.

Egidio ersparte ihm keine Peinlichkeit. „Um Euren Sohn öffentlich zu enterben und aus der Familie auszustoßen, muss ein schweres Delikt seinerseits vorliegen", erläuterte er Pietro. Pietro gab an: „Nun, er fügt sich in keiner Weise mehr meiner väterlichen Autorität, weigert sich, seinen Lebensunterhalt redlich zu verdienen, und treibt sich als Landstreicher herum." – „Man kann Euch gut verstehen, Don Pietro, sehr gut sogar. Man ist ja selbst Vater, nicht wahr? Höchst bedauerlicherweise aber reicht das alles nicht für einen juristischen Schuldspruch.

Versteht mich recht, Bernardone! Es ist eine höchst bedenkliche, ja man möchte sogar sagen überaus anstößige Verhaltensweise, aber, nun ja – es ist halt kein Verbrechen. Oder …". Egidio legte den Kopf etwas zur Seite und formte den Mund zu einer besonderen Spitzfindigkeit. „Oder liegt etwa auch ein Verbrechen vor? Ich meine – nur für den Fall …"

Pietro Bernardone hätte den Richter für diese Finte erwürgen mögen. „Ein Verbrechen? Wie man's nimmt. Im Herbst hat er hinter meinem Rücken etliche der kostbarsten Stoffe zusammengepackt, sie in Foligno verkauft und den Erlös nie im Laden abgerechnet." – „Aber da haben wir es ja! Lange Finger, wer hätte das gedacht? Warum habt Ihr das nicht gleich gesagt?", frohlockte der Jurist. „Damit kann man etwas anfangen! Diebstahl! Na also! Ein hübsches kleines Verbrechen …"

So erklärte sich schließlich Richter Egidio einverstanden, Pietros Anklage des eigenen Sohnes seinem Schreiber zu Protokoll zu geben. Dienstbeflissen half er ihm, sie so zu formulieren, dass sie juristisch stichhaltig klang: eine Anklage wegen Veruntreuung und wiederholter schwerer Schädigung des Geschäfts und den Antrag, Franziskus deshalb enterben zu dürfen.

*

Schon am Tag danach ritt der Gerichtsbote Rainuccio di Palmerio durch den Schnee nach San Damiano hinab. Das warme Licht der Sonne ließ die weiß gezuckerten, knorrigen Eichen hell leuchten, aber die Luft war dennoch kalt und schneidend.

Kalt und schneidend klang auch die Stimme des Boten, der Don Pietro und Franziskus in ihrer Behausung aufgestöbert hatte und ihnen die Botschaft verlas: „Franziskus, Sohn des Pietro Bernardone! Euch und jedermann sei hiermit kundgetan, dass Ihr auf Befehl der Konsuln von Assisi angeklagt seid und Euch dem Gericht zu stellen habt!" Er nannte auch gleich den Termin, an dem sich Franziskus im Palast der Konsuln einzufinden habe.

Franziskus sah Don Pietro erschrocken an. Er hatte zwar vermutet, sein Vater werde irgendwelche gewaltsamen Maßnahmen gegen ihn ergreifen, aber dass er nun tatsächlich öffentlich als Verbrecher angeklagt würde, erschreckte ihn doch. Er war so sprachlos, dass Don Pietro für ihn das Wort ergreifen musste: „Der hier anwesende Franziskus Bernardone ist vor kurzem vom Bischof von Assisi offiziell in den Stand der Religiosen aufgenommen worden. Damit untersteht er nicht mehr dem Gericht der Stadt Assisi, sondern dem Gericht des Bischofs. Die Vorladung, die Ihr bringt, ist also bedauerlicherweise nicht gültig. Franziskus wird ihr deshalb nicht Folge leisten."

Der Gerichtsbote nahm diese Nachricht zur Kenntnis und zog unverrichteter Dinge wieder ab.

*

Es dauerte nur eine gute Woche, und wieder klopfte ein Bote an die Tür der Behausung in San Damiano. Das war nun der Bote des Bischofs, der Franziskus die Vorladung überbrachte, am

Montag nach der Terz in der Kirche Santa Maria Maggiore vor dem Bischof zu erscheinen. Pietro Bernardone hatte sich also unverzüglich an den Bischof gewandt und ihn bei diesem angeklagt. Diesmal war er gefasster und nahm die Vorladung ohne große Erregung an.

„Ich bin bereit, vor dem Herrn Bischof, dem Vater und Herrn der Seelen, zu erscheinen", erklärte er. Ja, genau genommen war er sogar froh, dass die Frage des Verhältnisses zu seinem Vater endgültig geklärt wurde. Er zog sich in die Kirche zurück und fühlte neuen Mut und Zuversicht in sich aufsteigen, als er dem gekreuzigten Christus in die Augen blickte.

*

An diesem Februartag des Jahres 1206 fiel immer noch leichter Schnee. Franziskus ließ sich von Don Pietro den Segen geben und stapfte auf dem verschneiten Pfad hinauf, Richtung Assisi. Das übliche geschäftige Treiben der Stadt hatte sich spürbar gelegt, denn wer nur halbwegs seine Geschäfte ruhen lassen konnte, wollte sich das Spektakel nicht entgehen lassen. Man hatte sich auf dem Platz vor der Kirche Santa Maria Maggiore eingefunden, um Zeugen der öffentlich angekündigten Verhandlung zu werden.

Das Bischofspalais war in die Stadtmauer eingefügt und lag am Hang unterhalb der zentralen Piazza in der Nähe des Tors von Moiano. Es stand neben der Kirche Santa Maria Maggiore, die bei den Ruinen eines dem römischen Gott Janus geweihten

Tempels errichtet worden war. Bischofsresidenz und Kirche und darüber der hohe Turm zeugten eindrucksvoll von der Anwesenheit und Macht des Bischofs in der Stadt. Wenn er Gericht über alle seiner Gerichtsbarkeit unterstellten Untertanen hielt – deren es viele gab, nicht nur Kleriker, sondern auch Laien auf den zahlreichen kirchlichen Gütern –, saß er dazu regelmäßig auf einer mit Zinnen eingesäumten Loggia davor, die eine schmale rechteckige Piazza beherrschte.

Zur Stunde des Gerichts, früh am Vormittag, trat der Bischof aus seinem Palais. Er trug einen langen blauen Samtmantel mit großen Goldschnallen. Sein Haupt zierte eine goldbestickte Mitra. Diener hatten die Cathedra, den Bischofsstuhl, aufgestellt. Auf ihm sitzend, vollzog Bischof Guido seine offiziellen Amtshandlungen. Die Glocken läuteten, die Menge verstummte erwartungsvoll.

Vor dem Bischof standen sich die beiden Parteien gegenüber. Pietro würdigte seinen Sohn keines Blickes. Der Bischof wandte sich an den verbitterten Vater, der in den letzten Wochen merklich gealtert schien. „Pietro Bernardone, welche Anklagen habt Ihr gegen den Beschuldigten vorzubringen?"

Pietro trat entschlossen nach vorn. Er sah direkt den Bischof an und mied den Augenkontakt mit der Zuschauermenge. In knappen Worten formulierte er seine Anklage gegen Franziskus, wie sie Richter Egidio für ihn formuliert hatte, und beantragte, seinen Sohn deshalb enterben zu dürfen.

Der Bischof erklärte darauf, soweit er sehe, sei der Kernpunkt der Klage das in Spoleto eingenommene veruntreute

Geld. Er hoffte, wenn diese Frage bereinigt sei, werde sich auch das Verhältnis von Vater und Sohn entspannen. So wandte er sich an Franziskus:

„Francesco Bernardone, habt Ihr die Anklage Eures Vaters gehört? Diebstahl, Veruntreuung. Was habt Ihr dazu zu sagen?"

Franziskus löste sich von den Umstehenden und trat ebenfalls nach vorne, in die Nähe seines Vaters. Dort ergriff er das Wort: „Herr Bischof, dieser Mann, der mein Vater ist, hat auf seine Weise Recht. Aber ich, der ich auch der Sohn eines anderen Vaters bin, habe auf meine Weise Recht." In der Menge breitete sich Heiterkeit aus.

Der Bischof ließ sich nicht auf die Unterscheidung ein: „Francesco, ich möchte wissen: Habt Ihr dem Vater Ware entwendet?" – „Ja." – „Habt Ihr diese Ware, wie es von Eurem Vater behauptet wird, zu Foligno verkauft?" – „Ja." – „Und Euer Pferd dazu?" – „Ja." – „Und was habt Ihr mit diesem Geld gemacht?" – „Noch nichts." – „Was heißt das? Noch nichts?" – „Ich will mit dem Geld die Kirche von San Damiano aufrichten, wie es mir durch Gottes Stimme aufgetragen wurde."

Die Menge tuschelte. Und auch der Bischof beriet sich mit seinen Gefolgsleuten, um sich schließlich wieder an Franziskus zu wenden: „Eure Absicht, Francesco, ist lauter und fromm. Aber die Mittel, mit denen Ihr sie zu erlangen sucht, können nicht die Billigung der Kirche finden. Es kann nicht Gottes Wille sein, dass Ihr sein Haus mit gestohlenem Geld wieder errichtet." Franziskus schüttelte den Kopf: „Das Geld ist nicht in der Welt, damit die Reichen ihren Reichtum mehren. Das

Geld ist dafür da, dass das Gute geschehe. Darum nehme ich Geld von dem, der im Überfluss hat, und leite es dorthin, wo es gebraucht wird."

Unruhe entstand auf dem Platz. Diskussionen entstanden. Stimmen wurden laut: „Hört, hört ... Bürger, verriegelt eure Häuser ... Der Mann ist ja gefährlich ..." Mit einer Handbewegung suchte der Bischof, wieder die Oberhand zu bekommen: „Dies, Francesco, ist nicht die Meinung des Evangeliums. Es lehrt die Reichen zu geben, aber es lehrt nicht, den Reichen mit List und Gewalt zu nehmen, was man glaubt nehmen zu dürfen. Darum hört, Francesco, was wir Euch zu tun heißen: Ihr behauptet, das veruntreute Geld noch zu besitzen. Also gebt es Eurem Vater auf der Stelle zurück. Dann ist die Sache geregelt." Wie würde Franziskus reagieren? Würde er sich geschlagen geben? Frei und stolz stand er da und schwieg. „Nun – wir warten auf eine Antwort", ließ sich der Bischof hören.

Was dann geschah, vergaß niemand, der Zeuge war, in Assisi, an jenem Februartag des Jahres 1206. Mit lauter, zugleich schlichter Stimme sprach Franziskus: „Mein Herr Bischof, ich will meinem Vater nicht nur sein Geld zurückgeben, sondern auch seine Kleider."

Ehe der Bischof darauf noch etwas erwidern konnte, zog Franziskus zunächst die Oberkleider aus, legte dann auch die Unterkleider ab, bis er völlig nackt auf dem winterlichen Platz und vor allen dastand. Die Zuschauer waren wie gelähmt. Keiner wagte, einzugreifen und Franziskus von seinem unerhörten Tun abzuhalten. In völliger Ruhe packte Franziskus seine Kleider zu einem Bündel zusammen, legte die Geldbörse, die er rechtzeitig in San Damiano wieder aus dem Felsspalt geholt hatte, obenauf. Die Menge schaute atemlos zu. Niemand hielt ihn auf, als er sich auf die Stufen der Vorhalle begab und sich dem Volk und der Gerichtsversammlung zuwandte. Was würde er zu verkünden haben? Franziskus hob den Arm und zeigte auf seinen Vater: „Bis zum heutigen Tag habe ich Pietro Bernardone meinen Vater genannt. Da ich entschieden habe, Gott zu dienen, gebe ich ihm sein Geld zurück. Ich gebe ihm auch die Kleider zurück, die ihm gehören. Von jetzt an werde ich nicht mehr Pietro Bernardone meinen Vater nennen. Von jetzt an werde ich sprechen: ‚Vater unser im Himmel …'"

Franziskus ging zu seinem Vater hinüber und legte das Bündel mit der Münzbörse sorgsam und ruhig vor seine Füße – ohne Bosheit, ohne Spott. Die Menge, der Bischof, Pietro Bernardone, sie standen wie gelähmt da. Alle erwarteten, dass ein Akt der Gewalt die Stille zerreißen würde – herbeistürmende Wachen, rasselnde Ketten, scharf bellende Befehle. Aber nichts dergleichen geschah. Der Bischof, der die Verhaftung hätte auslösen müssen, tat etwas, das die Menge zutiefst Staunen machte. Der Bischof verließ seine Cathedra, stieg hinunter zu der Menge, ging direkt auf den nackten Franziskus zu, nahm ihn in die Arme und küsste ihn mit dem Kuss des Friedens. Dann bedeckte er seine Nacktheit mit seinem weiten blauen Umhang, barg ihn in den Mantel der Kirche, nahm sein Streben für das Evangelium in Besitz. Bedeckte er die Blöße des Franziskus? Oder nahm er den Franziskus, um die Blöße der Kirche zu bedecken? Der Bischof handelte klüger, als er in jener Stunde begriff.

*

Auf dem Rückweg nach San Damiano begegnete Franziskus einem Jungen, der für die kalte Jahreszeit sehr unzureichend bekleidet war. Er nahm den Umhang ab, den er gerade vom Bischof erhalten hatte, und bestand darauf, dass der Junge ihn nehme und sich umlege. Der Junge war ganz verblüfft und sah seinem Wohltäter noch lange auf seinem Weg nach. Er konnte es gar nicht glauben, dass dieser, nur noch mit einer dünnen Tunika gegen den kalten, schneidenden Wind bekleidet, weiterzog.

*

Der Schneefall hielt an. Die Vorräte der beiden Bewohner am Kirchlein von San Damiano wurden knapp, das Lampenöl für das heilige Licht in der Kapelle unter dem Kruzifix ging zur Neige. Schließlich sah sich Franziskus gezwungen, loszuziehen und um Nahrungsmittel und Lampenöl zu betteln.

„Aber ich rate dir nicht, nach Assisi zurückzugehen", warnte ihn Don Pietro.

Franziskus wusste: Er hatte Recht. Assisi war über seine kühne Tat auf dem Platz vor Santa Maria Maggiore nicht weniger erregt als über seine unerhörten Ansichten. Die Jungfrauen entrüsteten sich über seine Schamlosigkeit und die heraufziehende Gefahr für die unverdorbene Jugend; die Väter diskutierten über die düpierende Zurückweisung des Vaters Bernardone, die städtischen Händler über seine Angriffe auf Geld und Besitz. So einer ließe sich besser ein paar Jahre nicht blicken in Assisi. Wenn er jetzt als Bettler mitten unter ihnen auftauchen würde, wäre das Lampenöl auf das Feuer der allgemeinen Aufregung. Nein, es war besser, einige Zeit auf Abstand zu bleiben. „Am besten gehst du zu den Benediktinern in Valfabbrica", schlug ihm Don Pietro vor. „Ihre Regel gebietet ihnen, allen Gastfreundschaft zu gewähren. Du könntest für sie arbeiten und dafür deine Kost erhalten."

Vor allem der Wunsch, die spärlichen Vorräte seines Gastgebers nicht weiter aufzuzehren, gab den Ausschlag, dass sich Franziskus in Richtung Norden, Richtung Gubbio, auf den Weg machte. Schnee, Matsch und Glätte ließen ihn nur mühsam vorankommen, und die Kälte drang ihm in die Knochen. Zwar schien die Sonne strahlend auf den schmelzenden Schnee, aber gleichzeitig ging ein eisiger Wind.

*

Nach einem guten halben Tagesmarsch erreichte Franziskus einen dichten Eichenwald in der Nähe des Flusses Chiagio. Trotz der Kälte und seines Hungers war er guter Dinge, denn er war mehr denn je der festen Überzeugung, das Richtige getan zu haben. Die Armut verlieh ihm eine ungeheure innere Freiheit. Schließlich begann er sogar zu tun, was er lange nicht mehr getan hatte: laut vor sich hinzusingen.

Das Gebiet, das er durchquerte, war in den Gefechten zwischen Assisi und Perugia immer wieder heiß umkämpft gewesen. Jetzt trieben sich darin streunende Marodeure aus beiden Lagern herum.

Plötzlich sah sich Franziskus von einer Bande solcher Strolche umzingelt. Wahrscheinlich hatte sie sein Singen angelockt. Einen Bettler zu überfallen – taten sie es aus Übermut und Langeweile, oder waren die Zeiten so schlecht, dass man den fälligen Tribut schon aus den Habenichtsen herausschlagen musste? Sie verhörten ihn: „Wer bist du? Wem gehörst du zu?"

Franziskus erkannte, dass es Männer aus Perugia waren. Ein Schauder fuhr ihm über den Rücken. Doch dann dachte er bei sich: „Ich bin nicht mehr der Sohn des Pietro Bernardone. Ich habe in dieser Welt kein Zuhause. So habe ich auch keinen Grund, mich zu fürchten. Aber was bin ich? Was soll ich sagen?" Einen Augenblick war er versucht, es mit der Standardantwort „… ein einfacher Bettler" bewenden zu lassen. Aber dann spielte sich in seinem Kopf in Sekundenschnelle ein Prozess ab, der diese Antwort ungenügend fand und ihn halb bewusst, halb unbewusst zu einer anderen Antwort nötigte: „Ich bin Gesandter, Herold des großen Königs."

Der Trupp der Wegelagerer sah sich viel sagend an. Einer zwinkerte mit dem Auge, und die Bande brach in schallendes Gelächter aus. Ein Mensch in zerschlissenen Fetzen zieht unbewaffnet und singend durch die Wälder – und behauptet freimütig, der Gesandte eines Königs zu sein. Das hatte Heiterkeitswert. Offensichtlich ein Irrer! Und da sie nichts sahen, das sie Franziskus hätten wegnehmen können, und auch keinen Grund erkannten, ihn als Feind zu betrachten, versetzten sie ihm einige Hiebe und Fußtritte und warfen ihn in eine tiefe Schneegrube. Einer von ihnen rief ihm zu: „Ehrerbietigsten Gruß, mein Herr Gesandter, an den werten Herrn König!"

Franziskus verharrte reglos in der Grube, bis sich das Getrappel ihrer Pferde in der Ferne verlor. Dann kroch er aus der Grube und klopfte sich den Schnee von den Kleidern. Der Schnee war nicht trocken, die Kleider hingen feucht und klamm an ihm herab. Die Finger waren ihm steif gefroren. Doch innerlich durchströmte ihn ein tiefes Glücksgefühl. Er war ein Niemand, einer, dem niemand etwas wegnehmen konnte. „Als der Sohn des Pietro Bernardone von Assisi hätte ich um diese Zeit überhaupt nicht durch diesen Wald gehen können, höchstens in Begleitung einer militärischen Eskorte. Und wenn ich mich allein auf den Weg gemacht hätte, wäre ich überfallen worden. Man hätte mich ausgeraubt und erschlagen oder verschleppt, um ein Lösegeld zu erpressen", überlegte er sich. „Aber jetzt bin ich niemand und habe nichts, und so kann ich mich frei durch die Welt bewegen." Den ganzen restlichen Weg zum großen Kloster Santa Maria di Valfabbrica legte er im Hochgefühl dieser wunderbaren Freiheit zurück.

Schließlich stand er vor den Toren des berühmten Klosters. Die feuchten Kleider hingen schwer an ihm herab, und vor der Pforte fegte ein eisiger Wind. Franziskus klopfte an. Niemand meldete sich. Er klopfte ein zweites und dann ein drittes Mal. Schließlich schlurfte ein Pförtner herbei. Wäre er der Regel seines Ordensvaters Benedikt gefolgt, hätte der den Fremden wie Christus selbst aufnehmen müssen. Als der Pfortenbruder den obdachlosen Bettler vor sich sah, öffnete er ihm grußlos das Tor, führte ihn ins Gästehaus des Klosters und wies ihm dort ein Quartier für die Nacht an.

*

Am nächsten Morgen wurde Franziskus zunächst dem Prior Ugo vorgestellt, und hierauf erhielt er Arbeit in der Gästeküche zugeteilt. Es musste Geschirr spülen, Holz spalten, Gemüse schneiden, den Boden schrubben und das Feuer unterhalten. Eine weitere Tunika oder sonst ein Kleidungsstück erhielt er von den Mönchen des heiligen Benedikt trotz der schlimmen Kälte nicht, und zum Essen gab man ihm nur etwas Brühe. Nach einer Woche sah er sich wegen Kälte und Hunger gezwungen, diesen Ort wieder zu verlassen.

Ihm war eingefallen, dass er in Gubbio von früher her einen guten Freund hatte, Federico Spadalungo. So kam ihm der Gedanke, er könne zu diesem gehen und ihn bitten, ihn für einige Zeit in seinem Haus aufzunehmen. Wie er ihn kannte, würde er nicht nein sagen.

*

So machte sich Franziskus auf den Weg nach Gubbio. Als er schließlich vor Federico stand, erkannte der wohl seine Stimme wieder, konnte es aber zunächst gar nicht glauben, dass dieser Mensch, der da vor ihm stand, sein früher so eleganter Kampf- und Trinkgefährte Franziskus sein sollte. Erst nach einiger Verlegenheit und einigem Zögern umarmte Federico seinen alten Freund und hieß ihn willkommen. Vor ihm stand kein kesser Galan; da stand ein Mensch, krank, ausgezehrt und halb erfroren. Federico war entsetzt darüber und leitete sofort alles in die Wege, dass er einen warmen Raum und eine heiße Suppe erhielt und dann Brot und Gemüse. Er war ein praktisch veranlagter Mensch und verlegte sich zunächst einmal darauf, seinen denkbar heruntergekommenen Freund mit allem Notwendigen zu versorgen. Nach dem Essen war Franziskus so erschöpft, dass Federico ihn gleich in ein Bett steckte. Seine Geschichte würde er sich später anhören. Schließlich legte er ihm noch einige seiner eigenen Kleider und einen Mantel bereit, denn die Fetzen, die Franziskus auf dem Leib hatte, empfand er als unter aller Würde, und zudem waren sie für den Winter viel zu dünn.

Federico brauchte eine Weile, um seinen anfänglichen Schrecken zu überwinden und die alten Fäden der Freundschaft mit Franziskus wieder aufzugreifen. Mit der Mühe, die man einem alten Freund schuldet, hörte er Franziskus zu und versuchte dessen neues Lebensideal zu verstehen. Federico schenkte Franziskus die Zeit, ihm ausführlich alle seine Erlebnisse und Einsichten zu schildern und darzulegen, welche Freiheit er jetzt empfinde.

Aber es erging ihm wie den meisten Menschen, die das Leben von der praktischen Seite her nehmen. Ihre erste Sorge gilt der Bewältigung ihres Alltags und Broterwerbs. Die zweite Sorge gilt der Stellung, die sie sich in der Gesellschaft sichern können. Und wenn dann noch etwas bleibt, wagt man gewisse gedankliche Ausflüge in die Freiheit: Für eine Weile hört man denen gerne zu, die das Verrückte wagen, die alle bürgerlichen Absicherungen hinter sich lassen. Findet es hinreißend.

Etwa so, wie man eine Theateraufführung hinreißend findet. Aber am nächsten Morgen ist die vermeintliche Wirklichkeit da. Und für Träume scheint der Preis zu hoch. So begnügte sich auch Federico damit, sich verlocken zu lassen und Franziskus in gewisser Hinsicht als etwas Seltenes, Fremdes zu bestaunen. Sein Weg war das nicht, wenngleich er sich eingestehen musste, eine Schwäche für exotische Tiere zu haben.

Franziskus seinerseits hatte bald das Gefühl, sein Weg sei es nicht, sich in der Wärme und Geborgenheit eines Bürgerhauses aushalten zu lassen. Kaum hatte er sich ein wenig erholt und war wieder zu Kräften bekommen, beschloss er, einen ihm gemäßeren Aufenthaltsort auszuwählen. Sehr zum Schrecken von Frederico teilte ihm Franziskus eines Tages mit, er werde ins Aussätzigenhospital von Gubbio umziehen, dort die Kranken versorgen und sich damit seine Kost verdienen.

*

Darüber zogen einige Monate ins Land. Das Frühjahr kam, und Franziskus beschäftigte immer öfter der Gedanke, dass die Stimme ihm den Auftrag gegeben hatte, das Kirchlein von San

142

Damiano wieder herzurichten. Seine Absicht, diese Arbeit mit dem Geld zu finanzieren, das er in Spoleto mit den Stoffen und seinem Pferd erlöst hatte, war nicht durchführbar gewesen. Aber löste sich damit der Auftrag in nichts auf?

*

Don Pietro traute seinen Augen kaum, als er eines Tages Franziskus in einer Einsiedlerkutte den Pfad zum Kirchlein herabkommen sah. „Ich bin wiedergekommen, um die Kirche wieder aufzubauen", verkündete Franziskus dem alten Mann und schaute ihn dabei mit froh entschlossener Miene an. Don Pietro zog den Kopf in die Schultern ein und wiegte bedenklich sein zahnloses Greisenhaupt: „Ich weiß nicht, ob es für dich in Assisi noch etwas aufzubauen gibt. Kannst du nicht Kirchen in Genua oder Neapel aufbauen? Warum muss es gerade dieses Kirchlein hier in San Damiano sein?" Mit entwaffnender Offenheit gab Franziskus zurück: „Weil ich für andere Kirchen keinen Auftrag habe. Morgen gehe ich nach Assisi auf alle Baustellen und bettle mir die nötigen Steine zusammen."

*

Tatsächlich lieh sich Franziskus am nächsten Tag von Don Pietro einen alten Handkarren und machte sich damit auf den Weg nach Assisi. Die Ersten, die ihm entgegensprangen, waren die Kinder. Einige größere stoben auseinander und verbreiteten rasch die Kunde: „Il Pazzo, der Verrückte, ist wieder da!" Die kleineren Kinder hingen ihm am Karren, und Franziskus machte sich ihr freundliches Zutrauen sofort zu Nutze: „Kinder, ihr müsst mir helfen, Steine für San Damiano zu sammeln." Das ließ sich die Kinderhorde nicht zweimal sagen. „Steine für San Damiano! Leute, gebt Steine für San Damiano!", riefen sie und zogen mit Franziskus und seinem laut polternden Karren über die Plätze und durch die Gassen von Assisi.

Aber wohin die Truppe auch kam, überall verschlossen sich Türen und Läden. Hin und wieder nahm eine besorgte Mutter ihr widerstrebendes Kind bei der Hand und zog es vom Bettelkarren weg, fort aus der schlechten Gesellschaft. Franziskus hatte zunächst keinen Erfolg. Wo gebaut wurde, trugen die Meister rasch Sorge, dass keine Materialien entwendet wurden. Und zu reden war mit den Leuten auch nicht.

An der Kathedrale von San Rufino traf es sich, dass Kanonikus Silvester den Weg kreuzte. Vielmehr schaffte es der behäbige Priester nicht rechtzeitig, dem rätselhaften Baumann Gottes auszuweichen. Franziskus packte ihn beim Arm. Silvester wollte sich dem Zugriff entwinden, aber Franziskus ließ nicht locker – und sich gleich auf ein Handgemenge mit einem stinkenden Bettelgesellen einzulassen stand einem Kleriker der Domkirche nicht sonderlich gut an.

Franziskus fragte in bestimmtem Ton: „Kanonikus, stimmt es, dass Ihr Befehlsgewalt über die Bauhütte am Dom habt?" – „Nun ja, das ist wohl richtig! Aber was geht dich das an?" – „Kanonikus, ich baue die Kirche von San Damiano wieder auf!

144

Ich habe einen Befehl dazu empfangen. Überlasst mir ein paar Steine dafür. Es ist zur Ehre Gottes." – „Zur Ehre Gottes! Zur Ehre Gottes!", äffte ihn der Kleriker nach. „Ja, zur Ehre Gottes", fuhr Franziskus unverzagt fort. „Ihr wisst doch: Alles, was man Gott schenkt, bekommt man hundertfach zurück. Also bitte, gebt mir ein paar Steine!"

Mystischen Rechenargumenten war der Kanonikus von jeher nicht sonderlich zugetan. Sie schienen ihm in Sachen kirchlicher Finanzverwaltung nicht hilfreich. Er sträubte und wand sich, aber Franziskus ließ ihn nicht los. Das zog Publikum an. „Herr Kanonikus, wer wird mir denn für das Gotteshaus Steine geben, wenn nicht einmal Ihr als Diener der Kirche es tut?" – „Fort, du zudringlicher Lump", zischte Silvester, gerade noch in einer Lautstärke, dass es die Umstehenden nicht mitbekamen. „Zur Ehre Gottes, Herr Kanonikus! Ihr seid doch dafür, dass wir mit allen Mitteln Gott die Ehre geben?" – „Gott schon, aber nicht einem Landstreicher", lag dem Kanonikus auf der Zunge.

Aber er verbiss sich das Wort. Es schwirrten zu viele Gerüchte in der Stadt über den kleinen Bernardone, die manche Leute veranlassten, seinen Verrücktheiten etwas abzugewinnen. Ja, es gab ein gewisses Lumpenpack, eine Sorte von Armen (solche von der rebellischen Sorte), die seinen Namen mit Hochachtung nannten. Anderen war seine Arbeit bei den Aussätzigen zu Ohren gekommen. Nun, für die braven, gottergebenen Leute war und blieb das ein nichtsnutziger Landstreicher. Aber es war doch besser, diese Meinung im Kreis anständiger Leute

zu äußern und nicht auf der Straße. Mehr, um sich nicht vor
aller Augen auf eine lange Diskussion einzulassen und um sich
geschickt aus der Affäre zu ziehen, als aus Überzeugung und
Verständnis, brummte der Kanonikus: „Also gut, geh zur
Bauhütte und sage ihnen von mir, man solle dir einige Steine
herausgeben, freilich nicht die größten. Die brauchen wir für
die Kathedrale, und die ist wichtiger als San Damiano."

Rasch war Franziskus bei der Hand und hatte bald die ersten
Steine auf dem Karren. Der Kanonikus hatte sich zwar mür-
risch abgewandt, aber die Zuschauer deuteten seine Spende als
eine Art Empfehlung seitens der Geistlichkeit.

So hatte Franziskus von da an keine allzu große Mühe mehr,
sich auch an anderen Baustellen der Stadt Steine zu erbetteln,
selbst wenn er meistens nur einige wenige erhielt. Aber gegen
Abend war sein Karren doch so voll, dass er einige Mühe hatte,
ihn bis San Damiano zu ziehen.

*

So begann Franziskus eigenhändig, so gut er es konnte, die
schadhaften Stellen am Mauerwerk von San Damiano auszu-
bessern. Vom ersten Augenblick an war dies keine normale
Arbeit für ihn, sondern ein mystisches Tun. Es verband ihn mit
seinem in Freiheit niedrig und gering gewordenen Herrn. Er
war glücklich, dies heilige Werk vollkommen allein und in tiefer Betrachtung vornehmen zu können. Jeder Stein, den er zur
Hand nahm, um ihn anzupassen, zu behauen und in das brüchi-

ge Mauerwerk einzufügen, verband ihn mit Jesus, der in drei Tagen den niedergerissenen Tempel wieder aufbauen wollte.

Don Pietro war übrigens auch zu alt und schwach, um bei dieser Arbeit mit Hand anlegen zu können. Stattdessen verlegte er sich darauf, dem merkwürdigen Arbeiter am Haus Gottes jeden Tag eine herzhafte Mahlzeit zu bieten, wenn er sich erschöpft und hungrig zu Tisch setzte. Sosehr sich Franziskus anfangs über die liebevolle Aufmerksamkeit des Alten freute, ihn peinigte bald die Vorstellung, dies könne nicht im Sinn der vollkommenen Armut sein, die er als Lebensideal vor Augen hatte. So meinte er eines Tages zu dem vollkommen überraschten Don Pietro: „Ihr versorgt mich viel zu gut. Das ist nicht mehr das Bettlerleben, für das ich mich entschieden habe." Don Pietro wandte ein, schließlich arbeite er, und es heiße schon in der Heiligen Schrift, dem dreschenden Ochsen solle man nicht das Maul verbinden und jeder Arbeiter habe ein Recht auf Lohn. Aber Franziskus wollte davon nichts wissen. „Nein, Pietro, im Versorgtwerden, und sei es noch so bescheiden, ist nicht wirkliche Armut. Wirkliche Armut ist, am Morgen nicht wissen, ob und wovon du am Abend satt sein wirst. Nicht wissen, wohin du den Kopf legen sollst. Nicht sichern, nicht sorgen, keinen Vorräte anlegen, sich nicht wappnen, nicht planen. Arm sein heißt: angewiesen sein. Darum, Don Pietro, möchte ich keine Essen mehr von dir haben; ich werde mit einer Schale in der Hand losziehen. Ich gehe von Tür zu Tür und sammle die Reste ein, die man mir gibt. Ich möchte so leben, wie Jesus gelebt hat. Er ist als Armer in die Welt gekommen und als Armer aus der Welt gegangen. Nackt ist er am Kreuz gestorben."

*

Am nächsten Tag nahm er sich einen Napf zur Hand, und Assisi erlebte seine nächste Überraschung mit Franziskus. Er wanderte durch die Straßen und sprach die Leute an: „Der Friede Gottes sei mit Euch! Wer schenkt, der wird beschenkt. Schenkt mir darum etwas zum Essen!" Einige dachten, es handle sich um eine neues Possenstück oder eine merkwürdige Provokation; und sie suchten das Zwinkern in den Augen Francescos. Aber sein Blick war vollkommen lauter, ohne jede Verstellung. Franziskus stand so naiv hinter seiner Rede wie ein Kind, ein Verrückter – oder ein Heiliger.

Ohne es recht zu merken, stellte Franziskus damit die Wertvorstellungen seiner Zeit direkt auf den Kopf. Die Menschen waren fasziniert vom Geld, das gerade ihre Tauschwirtschaft mit Naturalien abzulösen begann: Wer Geld hatte, schien sich alles kaufen zu können. Auf das Geld, das Bezahlenkönnen, schien es im Leben anzukommen. Und da redete nun Franziskus stattdessen vom Schenken. Immerhin, er selbst hatte tatsächlich seine Habe verschenkt, obwohl gerade er, als Sohn einer materiell rasant aufsteigenden Schicht, sich anscheinend fast alles hätte kaufen können.

Man fand den neuen Bettler aus freien Stücken skandalös, amüsant oder lästig, und nicht wenige legten ihm irgendetwas Essbares in die Schale, aus dem einzigen Grund, ihn wieder loszusein. Bei manchen waren das nur Speisereste, andere reichten ihm etwas Schmackhaftes. Einer warf wohl auch etwas Verdorbenes dazu, nur um diesem Provokateur den Appetit zu verderben.

Schließlich war sein Napf voll, und er kehrte nach San Damiano zurück. Als er genauer in Augenschein nahm, was er zusammenbekommen hatte, wurde ihm übel. Doch er holte tief Luft und begann, den Inhalt der Schüssel hinunterzuwürgen. Ihm fiel dazu wieder das Versprechen des Meisters ein: „Das Bittere wird dir süß werden, das Süße bitter." Sich künftig täglich auf diese Weise zu ernähren bedurfte noch der Gewöhnung. Aber die Erfahrung, sich von so vielen Menschen beschenken zu lassen und zu erleben, dass man tatsächlich vom Schenken und Beschenktwerden leben konnte, erfüllte ihn mit tiefer Genugtuung und Freude. Er fühlte sich auf dem richtigen Weg.

Und so erschien Franziskus von da an täglich mit seiner Bettelschüssel in den Straßen von Assisi. Allmählich wurde er zum vertrauten Anblick. Man gewöhnte sich an ihn als einen Bettler mehr, der in den Straßen von Assisi umherzog. Er kam auch häufiger in die Stadt, um weitere Steine und Baumaterialien zu sammeln und den mühsamen Weg nach San Damiano hinaus zu karren.

Die Bauarbeit machte langsam Fortschritte. Zunehmend kamen Neugierige hinaus, um zu sehen, was sich da tat. Manche brachten sogar selbst Steine mit, andere etwas zu essen, wieder andere legten, ohne dass sie Franziskus eigens dazu aufgefordert hatte, mit Hand an.

*

Schon vor einiger Zeit hatte Franziskus sich Lampenöl erbettelt, um in der Kirche von San Daminano vor dem Kruzifix das heilige Licht am Brennen halten zu können. Eines Tages stellte er fest, dass ihm dieses Öl ausgegangen war. So machte er sich auf den Weg nach Assisi, um neues Lampenöl zu beschaffen.

Aber an diesem Tag hatte er kein Glück. Als es Abend wurde, hatte niemand seiner Bitte entsprochen. Nun hatte er bisher beim Betteln immer die Gegend um die Via Portica vermieden, um nicht Verwandten und Nachbarn über den Weg zu laufen. Doch an diesem Abend kam ihm der Gedanke: „Warum gehe ich eigentlich meinen alten Freunden aus dem Weg? Ich könnte zum Beispiel zu Bongiovanni gehen, und ich kann mir gar nicht vorstellen, dass der mich von sich weist."

So begab er sich zum Haus der Familie Marangone. Er wollte gerade anklopfen, als er durch ein Fenster sah, wie Bongiovanni, Bernardo di Quintavalle und Pietro di Catania eifrig miteinander Würfel spielten. Beim Anblick seiner früheren Freunde schämte er sich, sie anzubetteln, und wandte sich, obwohl er die Hand noch immer zum Klopfen gehoben hatte, ab. Mit raschen Schritten ging er die Via Portica in Richtung der Piazza hinab. Doch mit jedem Schritt, der ihn vom Haus der Freunde forttrug, wurde er sich seiner Feigheit deutlicher bewusst. Es war Flucht. So drehte er um, ging wieder zu Marangones Haus, klopfte und wartete, dass jemand öffne.

Bongiovanni kam an die Tür. Natürlich konnte er nicht mit Franziskus rechnen. Entsprechend überrascht und betreten war er im ersten Augenblick. Aber dann wandelte sich die Überraschung in spontane Freude. Sie waren ja nicht im Streit auseinander gegangen. Dass Franziskus eine völlig neue Lebensart gewählt und sich von ihnen getrennt hatte, war ihm befremdlich und unverständlich vorgekommen. Doch nun bot sich unverhofft die Gelegenheit, von ihm selbst zu erfahren, was alles in ihm vorgegangen war. Bongiovanni bat ihn ins Haus, und die beiden anderen waren nicht weniger überrascht als er, plötzlich wieder Franziskus in ihrer Mitte zu haben.

Sie luden ihn ein, sich zu setzen und mit ihnen den Abend zu verbringen. Es wurde ein langer Abend.

Zwischen ihnen stand unausgesprochen die Frage, ob es eine Anknüpfung geben könnte an die alten Tage der Freundschaft oder ob der in ihrer Mitte, der sich so grundlegend verändert hatte, ein so ganz anderer, ein solch Fremder geworden war, dass man ihm aus angejahrter Anhänglichkeit ein letztes Mal, doch mit halbem Ohr, seine verrückten Geschichten abnimmt, während man immer tiefer der Einsicht verfällt: Es war einmal und wird nie wieder sein. Zu ihrer Freude stellten sie fest, dass Franziskus weder verrückt noch humorlos noch ein komischer Heiliger geworden war. Er kam ihnen stattdessen sehr frei, sehr konsequent, freilich auch ungeheuer radikal in seinen Ansichten vor. Aber es gefiel ihnen, dass er diese Strenge nur auf sich und seine Erfahrung bezog, dass er von niemand etwas verlangte, keinen zwingen und keinen missionieren wollte. Franziskus hatte überhaupt keinen Drang zu überzeugen. Die Freunde mussten sogar darauf drängen, dass er zu gewissen Fragen mit der Sprache herausrückte.

151

Als er sie schließlich spät in der Nacht verließ, mit einer großen Kanne des fehlenden Lampenöls versehen, ließ er drei Freunde zurück, bei denen der Funke geistiger Erregtheit in den nächsten Tagen in fortglühende Nachdenklichkeit umschlug.

*

Es verging keine ganze Woche, als in San Damiano unversehens ein mit Bausteinen und Werkzeug beladener Wagen vorfuhr, und staunend erkannte Franziskus, dass darauf Bongiovanni, Pietro und Bernardo saßen. Was ihnen ihr Freund, indem er von sich redete, alles dargelegt hatte, war ihnen nicht mehr aus dem Kopf gegangen. So hatten sie sich schließlich zusammengetan und beschlossen, beim Wiederaufbau von San Damiano mit Hand anzulegen.

Sie waren nicht die Letzten. Allmählich wanderten immer mehr Leute von Assisi den kurzen Weg von Assisi bis nach San Damiano hinaus, um in Augenschein zu nehmen, was sich da tat. Etliche wurden angeregt, selbst mit anzupacken, blieben ganze Nachmittage da oder kamen regelmäßig wieder.

Das ausgetauschte Leben

Bald war San Damiano kein stiller, einsamer Ort mehr, sondern eine Baustelle, auf der ein reges Treiben herrschte. Eine bunte Gruppe Begeisterter widmete sich mit Eifer der von Franziskus übernommenen Aufgabe. Die vielen Hände bewirkten, dass die Arbeiten zügig voranschritten, und es dauerte gar nicht lange, bis man zum ersten Mal im neu wiederhergestellten Kirchlein miteinander Gottesdienst feiern konnte.

Franziskus betrachtete mit Verwunderung die Dinge, die um ihn herum geschahen. Er ließ es geschehen und versuchte in der Betrachtung zu verstehen, was da vor sich ging. Der Auftrag der Stimme schien von oben her gesegnet zu sein, so wunderbar fügten sich die Ereignisse, so unerklärlich kam die Hilfe von Freunden und wildfremden Menschen, so schnell ging allen alles von der Hand. Don Pietro, dem er eines Abends, als sie im Schatten des Portals saßen, sein Erstaunen mitteilte, gab ihm die Deutung: „An dem, was hier geschehen ist, muss ein großes Lernen und Studium Gottes anfangen. Du bist in die Schule gegangen und hast mich alten Mann und all diese Leute da mitgenommen. Was haben wir zu lernen? Was wir längst hätten wissen können, denn es steht im Evangelium. Nämlich: Was völlige Armut und restloses Vertrauen bewirkt! Das: Der Herr übernimmt alle Sorgen und vollendet das Werk viel wunderbarer, als man es selbst je zu Stande gebracht hätte."

Die kleine Gruppe begeisterter Helfer war so auf den Geschmack gekommen, gemeinsam und aus reiner Freude am schöpferischen Tun ein Werk zu vollbringen, dass sie vorschlug, jetzt nicht auseinander zu gehen, sondern sich ein weiteres Kirchlein zum Wiederaufbau vorzunehmen. Daran war kein Mangel, denn in der Gegend standen einige kleinere Kirchen leer und waren am Zerfallen. Franziskus war über diesen Eifer seiner neuen Mitarbeiter hocherfreut. „Am Anfang hatte ich Angst, meine Mittel und Kräfte würden nicht ausreichen, dieses zerfallende Kirchlein wiederherzustellen. Jetzt schießt die Kraft über San Damiano hinaus." So viel hatte er verstanden von der Art Gottes, dass dies kein zufälliges Signal sein konnte. Diese überschüssige Kraft war für irgendetwas da.

Also wählte Franziskus ein ungefähr drei Kilometer von San Damiano entferntes Kirchlein, San Pietro della Spina, aus und dirigierte seine Gruppe von freiwilligen Enthusiasten dorthin. Auch dieses bauten sie in überraschend kurzer Zeit wieder auf, und immer noch war ihr Eifer nicht erschöpft. Auch dies konnte kein Zufall sein. So schlug Franziskus als Nächstes die Wiederherstellung der verlassenen Kirche der heiligen Maria von den Engeln vor, die im Volksmund als „Portiuncula", „kleine Portion", bekannt war. Sie lag in der Nähe des Aussätzigenhospitals von San Lazzaro L'Arce. Dieses Kirchlein in einem Hain aus knorrigen alten Eichen gehörte den Benediktinern von San Paolo. Inzwischen hatte sich in der Gegend herumgesprochen, welch exzellente Arbeit von der Idealistengruppe um Franziskus geleistet wurde, und so war der Abt nur zu gern bereit, sich von ihnen kostenlos auch diese Kirche wieder aufbauen zu lassen.

*

Die Bauarbeiten an der Portiuncula gingen ihrem Ende entgegen. Seit nun fast zwei Jahren befasste sich Franziskus vorwiegend mit Bauarbeiten und hatte darin große Geschicklichkeit erworben. Eine Reihe von Helfern aus der ersten Stunde hatte sich bereits zurückgezogen; auch einige andere deuteten an, dass sie anschließend nicht noch eine vierte Kirche aufbauen wollten. Auch Franziskus wurde zunehmend klar, dass es nicht die letzte Stufe seiner Berufung sein konnte, auf Jahre hinaus eine Kirche nach der anderen wiederherzustellen. Und doch fand sich Franziskus unfähig, seinem Leben aus eigenem Antrieb ein weitere Wendung zu geben. Mittlerweile hatte er die feste Zuversicht, im richtigen Moment werde ihm Gott schon zeigen, wie sein Weg weitergehen solle. Tatsächlich kam es auch so.

*

Zu Anfang des Jahres 1208 konnten sie das wiederhergestellte Kirchlein der heiligen Maria von den Engeln einweihen. Dazu schickte der Abt einen Priestermönch, um mit Franziskus und seinen Gefährten, darunter Bernardo di Quintavalle, Pietro di Catania und ein einfacher, frommer Bauernsohn namens Egidio, einen festlichen Gottesdienst zu halten. Wie immer verlas der Benediktiner das Evangelium in der lateinischen Sprache, was den Anwesenden nicht ohne weiteres verständlich war. Franziskus fiel dem Mönch in die Rede. Er möge den Text doch bitte übersetzen. Man wolle erklärt haben, was da geschrieben stehe.

Der gelehrte Mönch, solche Einmischung in die heiligen Handlungen nicht gewohnt, räusperte sich unwillig, kam aber schließlich doch der Aufforderung des ungebärdigen jungen Baumeisters nach und erläuterte der rauen Truppe den Sinn der lateinischen Perikope: „Nun, in diesem Evangelium wird beschrieben, wie unser Herr seine Jünger zum Predigen losschickt. Er sagt ihnen: ‚Geht ohne Geld, ohne Vorrat; nehmt keinen Stock.‘ Außerdem sagt er ihnen, sie sollten keine Schuhe und kein zweites Gewand mit sich tragen. So sollen sie das Reich Gottes und die Bekehrung predigen.“ Der Benediktiner wollte gerade zur Predigt ansetzen, als ihn Franziskus ein zweites Mal unterbrach: „Steht das wirklich so im Evangelium?“ – „Ja, so steht es geschrieben.“ – „Und warum macht das niemand?“ – „Nun, äh, es ist geistig zu verstehen!“ – „Und wenn man es nun nicht geistig versteht?“ – „Du meinst, wenn man es wortwörtlich so vollbringt, wie es da steht?“ – „Ja, ohne Schuhe, ohne zweites Gewand, ohne Geld, ohne Vorrat!“ Der Benediktiner lächelte spöttisch über den ungelehrten Eifer seines Zuhörers: „Nun, das ist natürlich nicht verboten, wenngleich..." Franziskus ließ ihn nicht ausreden. Die Worte aus dem Evangelium hatten ihn wie der Blitz getroffen. „Genau das ist es, was ich will, das ist es, was ich suche, das ist es, was ich von ganzem Herzen möchte!", rief er aus und sprang auf.

*

Franziskus kehrte nach San Damiano zurück und bestürmte Don Pietro mit seiner gerade erlebten Berufung. Franziskus wollte von ihm nur eines wissen: „Geht das tatsächlich, ein Wort aus dem Evangelium so zu nehmen, als sei es für keinen anderen Menschen, nur für mich gesprochen? Nur für mich, dass ich es wortwörtlich vollbringe, ohne jeden Abstrich, ohne jede geistige Deutung?" Don Pietro spürte instinktiv das Echte seiner Erfahrung und ermutigte ihn, die Anweisung genau so in die Tat umzusetzen, wie er sie aus den Worten des Evangeliums für sich herausgehört hatte.

So legte Franziskus seine Schuhe ab, tauschte sein Gewand gegen eine einfache Kutte und seinen Ledergürtel gegen einen Strick. Außerdem beschloss er, künftig allein beim Kirchlein von Portiuncula zu wohnen, denn sein Auftrag in San Damiano war endgültig erledigt, und in der Portiuncula hatte er erfahren, wie sein Neuanfang aussehen sollte.

*

Im Evangelium hieß es: Gehen! Nach einer letzten Nacht in San Damiano machte sich Franziskus in aller Morgenfrühe auf. Er fühlte in sich einen gewissen Zwiespalt: Das Wort aus dem Evangelium galt ihm, daran gab es keinen Zweifel. Aber wie sollte er predigen? Franziskus verfügte über keinerlei Studien. Er wusste nicht, wie man das macht – und musste es doch machen. Was ihm schließlich aus Herz und Mund strömte, waren keine klugen Auslegungen; es waren Erzählungen. Franziskus predigte nicht das Evangelium. Er erzählte es. Er erzählte den Menschen in Assisi und den umliegenden Ortschaften in einfachen Worten die beste Geschichte der Welt. Und indem er erzählte – am Rand eines Brunnens, auf einem öffentlichen Platz, in einer Taverne am Weg –, ging es den Menschen unter die Haut. Sie verstanden ihn, weil seine Rede so einfach und direkt war. Sie verstanden, dass sich der wahre Friede nur finden lässt, wenn man sein Vertrauen nicht auf Geld und Güter und Macht oder Einfluss setzt, sondern ganz auf Gott.

Franziskus redete auch von sich; er schilderte, was er selbst erfahren hatte: das Ablegen der ängstlichen Sorge, das rückhaltlose Setzen auf Gott, die Erfahrung, jeden Tag neu beschenkt zu werden. „Seht Euch doch die Vögel des Himmels an", übernahm er die Worte Jesu. „Sie säen nicht, sie ernten nicht, sie sammeln keine Vorräte in Scheunen, die sie bewachen und verteidigen müssen. Der Vater im Himmel ernährt sie. Oder seht Euch die Blumen auf den Wiesen und Felder an: Sie arbeiten und spinnen nicht, und der Vater im Himmel kleidet sie schöner und vornehmer, als selbst Salomo gekleidet war.

Wenn Ihr immer zuerst fragt, was Gott von Euch will, schenkt er Euch alles andere von allein dazu!"

*

An einigen Freunden, die mit Franziskus zusammen die zerfallenden Kirchen wieder aufgebaut hatten, war diese intensive gemeinsame Zeit nicht spurlos vorübergegangen. Sie hatten aus nächster Nähe miterlebt, mit welch elementarer Kühnheit Franziskus sein Vertrauen auf Gott setzte – auf Gott und sonst nichts – und wie Gott ihn tatsächlich deutlich führte. Das war nicht zu übersehen. Das war mit Händen zu greifen. Wie eng und kleinlich war im Vergleich mit seiner Wucht und inneren Freiheit ihr tägliches Rackern und Sorgen und ihre Angst, sie könnten im Leben zu kurz kommen oder jemand könne ihnen etwas wegnehmen.

Einer derjenigen, die sich damit am meisten beschäftigten, war Bernardo di Quintavalle. Eines Tages „predigte" Franziskus in Assisi. Das heißt: Er stellte sich einfach auf die Piazza vor San Gregorio, zufällig direkt unter dem Fenster Bernardos, und Bernardo konnte seine Worte mit anhören. Es war kein einziger Gedanke darunter, den Bernardo nicht hundertmal aus dem Mund seines Freundes gehört hatte. Trotzdem brachte er es nicht fertig, einfach den Laden zu schließen und sich ins Innere des Hauses zurückzuziehen.

Bernardo setzte sich auf die Fensterbank und ließ ein jedes der Worte in sich einfallen.

Sein Freund dort unten hielt den Leuten vor Augen, wie die Sucht nach Geld und Sicherheit sie gegeneinander aufbrachte, wie sich aus der kleinen Auseinandersetzung der große Streit, aus der harmlosen Lüge das Verhängnis, aus der Erpressung der Krieg und aus der Gewalt das Elend ergab. Dann schilderte er in leuchtenden Farben den anderen Weg, den des Evangeliums, und wohin der führe: zum Frieden im eigenen Herzen, woraus allein Friede zwischen den Menschen entstehen könne.

Die Worte des Franziskus berührten Menschen, die von den vielen Gewalttätigkeiten, in die die Stadt ständig verstrickt war, erschöpft waren. Es tat ihnen gut, einmal nicht mit Höllenstrafen bedroht und an all die Tugenden erinnert zu werden, an die sich die Prediger selbst nicht hielten. Da stand nun ein paar hundert Meter vom Palast des Bischofs entfernt einer und wies ihnen einen ganz anderen Weg, einen Weg der Freiheit und des inneren Friedens. Danach sehnten sich die Leute in Assisi, viele mit großen Schmerzen.

Da waren die zahlreichen Mütter in Assisi, die Männer und Söhne beweinen mussten, weil sie ihr Leben bei Überfällen durch die Perugianer verloren hatten. Oder die entsetzt mit ansehen mussten, wie Verräter Assisis an die Schwänze von Pferden gebunden, grausam durch die Straßen der Stadt geschleift und anschließend geviertelt wurden. Ihre zerstückelten Leichen wurden über den Stadttoren aufgehängt – ein grausiger, entsetzlicher Anblick, der alle abschrecken sollte, ebenfalls zum Verräter zu werden. Manche Männer wurden geblendet, für andere Verbrechen wurde ihnen die Zunge herausgeschnitten, oder man hieb ihnen Hände oder Füße ab. Wieder andere wurden auf dem Stadtplatz gehenkt und verspottet. Mit allen nur erdenklichen grausamen Methoden versuchte man, Recht und Ordnung herzustellen und die eigene Macht und das eigene Besitztum zu sichern.

Um die Geistlichen war es nicht viel besser bestellt. Die Kanoniker von San Rufino lagen ständig mit Bischof Guido in erbittertem öffentlichem Streit über zivile und kirchliche Privilegien. Viele niedere Kleriker waren in erster Linie hinter Pfründen und Einnahmen her. An den Menschen waren sie nicht interessiert.

Und da stand nun dieser Franziskus mitten unter ihnen auf dem Platz, dieser Franziskus, den sie vor kurzem noch alle verspottet hatten, und niemand konnte ihm etwas anhaben: Sie konnten ihm keine Ehre nehmen, keine Macht, keinen Besitz und kein Geld. Gerade weil er alles abgelegt hatte, war er unbändig stark. So machte die Botschaft des Franziskus immer mehr Menschen nachdenklich.

Bernardo aber traf sie an diesem Tag mitten ins Herz. Und noch etwas erschütterte ihn. Er beobachtete, dass sich nach dem Ende seiner Rede der Advokat Pietro di Catania äußerst angeregt mit Franziskus unterhielt. Eben jener Pietro di Catania, von dem er am Vortag mit einem verrückten Gedanken angesteckt wurde. Nachmachen! Mitmachen! Mitgehen! Mit Franziskus. Etwas in dieser Art. In diesem Augenblick stand Bernardos Entschluss fest.

*

Franziskus hatte sich bereits auf den Heimweg nach Portiuncula gemacht, als Bernardo ihm nachgerannt kam.

„Francesco, ich muss mit dir sprechen. Du kannst jetzt nicht
gehen!" Franziskus war erfreut, den alten Freund und Mitarbeiter bei der Wiederherstellung der Kirchen wieder zu treffen,
und war sofort bereit, sich von ihm einladen zu lassen. Bald
saßen sie am Fenster über dem Platz, im Licht der untergehen-
den Sonne, doch Bernardo fand nur mühsam Worte für seine
innersten Gedanken: „Francesco, mir lässt es keine Ruhe, wie
du lebst. Ich meine, es ist dein Leben. Aber ich habe das Gefühl,
als müsste mein Leben wie dein Leben sein. In mir wohnt seit
Tagen ein Gedanke, als könnte ich mein falsches Leben eintau-
schen gegen ein richtiges, wenn ich bei dir einstiege. Ich weiß
nicht, wie ich es dir sagen soll. Aber – kannst du dir vorstellen,
dass ich mit dir zusammenlebe?"

Franziskus trafen diese Worte sehr tief, machten ihn für
einen Moment sogar schwindlig. Wer war er denn, dass einer
anbot, die Karte seines Lebens auf ihn zu setzen? Als sei er ein
allwissender Lehrer, ein unumstößliches Gesetz, eine vollendete Weisheit. Er fühlte in sich kein Wissen, nur Wissenwollen.
Keine Lehre, nur unendliche Neugier. Kein Gesetz, nur Freiheit
im Hören auf die Stimme Gottes. Und doch hatte er oft davon
geträumt, Gefährten zu haben, denn seinem Wesen nach war er
ein geselliger Mensch, sosehr er immer wieder Zeiten für sich
allein brauchte. Er hatte auch schon zu Gott gebetet, ihm
Gefährten zu schicken. Und da saß jetzt plötzlich sein alter
Freund Bernardo di Quintavalle vor ihm, und seine Bitte schien

ihm erfüllt zu werden. Mit Bernardo zusammenzuleben konnte er sich gut vorstellen. Aber darum ging es nicht. „Bernardo, ob ich es mir vorstellen kann, das ist die eine Frage. Ja, ich kann es. Es wäre für mich ein großes Glück, dich zum Gefährten meiner Armut zu haben. Aber es gibt noch eine andere Frage. Die Frage ist: ob wir sollen, was wir wollen." Franziskus schlug drei Tage Bedenkzeit vor, in denen beide die Einsamkeit und die Nähe zu ihrem Herrn suchen wollten, um für die richtige Entscheidung zu beten.

*

Den Weg in der Nacht hinaus zur Portiuncula legte Franziskus in großer innerer Anspannung zurück. Zwei Jahre hatte er im Wesentlichen allein, ohne Gefährten, gelebt. Er hatte sie im Geheimen herbeigewünscht, die Gleichgesinnten, die Brüder eines gemeinsamen neuen Lebens, aber er hatte nicht das Geringste dazu in die Wege geleitet. Er hatte alles getan, um sich von allen anderen zu unterscheiden. Auf diese Art wird man zum Einsiedler. Jetzt sah es so aus, als würde das Schiff seines Lebens wieder einmal von anderer Hand gelenkt und in eine neues Gewässer geführt werden. Ohne sein Zutun trat dieser und jener an ihn heran. Obwohl er den ganzen Weg die innere Verbindung zu Gott gesucht hatte, sehnte er sich nach der kühlen Nachtstille in der Portiuncula. Dort angekommen, warf er sich auf die Knie, um im Angesicht Gottes die grenzenlose Bereitschaft einzuüben, die Armut des Wollens. Sollte Gott

Gefährten schicken, so würde er sie jubelnd begrüßen. Sollte Gott sie ihm verweigern, so würde er auch dies in Freude annehmen: „Herr, nicht mein Wille geschehe, sondern der deine …"

*

Drei Tage später trafen sich die beiden wieder. Bernardo hatte inzwischen mit Pietro di Catania gesprochen, und auch der hatte ihm im Geheimen anvertraut, er trage sich ernsthaft mit dem Gedanken, gemeinsame Sache mit Franziskus zu machen.

Franziskus nahm es als Zeichen, dass die Zeit tatsächlich reif sei, nicht mehr allein, sondern in Gemeinschaft zu leben. Er erklärte zunächst Bernardo seine Bereitschaft, ihn als Gefährten aufzunehmen – und zwar für immer. Bernardo hatte in der Zwischenzeit in sich gesucht und keinerlei Argumente gefunden, die ihn zum Rückzug veranlassten. Er war besessen von dem Gedanken eines gemeinsamen Lebens und konnte es kaum erwarten, den entscheidenden Schritt zu tun.

Aber was war dieser erste Schritt? Bernardo war kein unvermögender Mann, besaß ein Haus in der Stadt und einen großen Hausstand. Was sollte damit geschehen? Konnte er weiterhin in den ihm vertrauten Verhältnissen leben, oder musste hier ein Schnitt gemacht werden? Bernardo war durchaus bereit, seine Besitztümer zu verkaufen und den Erlös zu verschenken.

Franziskus sprang durchaus nicht sofort auf diesen Vorschlag an: „Wir wollen gar nicht erst damit anfangen, dass wir bestimmen, wie wir es anpacken. Wir gehen morgen früh in die Kirche und lassen uns direkt vom Evangelium sagen, was wir tun sollen." – „Wie soll das gehen?" – „Warte es ab. Übrigens, Pietro di Catania wird auch dort sein." – „Ich weiß", lächelte Bernardo di Quintavalle.

*

In aller Morgenfrühe trafen sich Franziskus und Bernardo vor der Kathedrale von San Rufino, um dort auf Pietro zu warten. Alle waren sie sich der Bedeutung des Treffens bewusst, aber sie machten kein Aufhebens darum. Als Pietro erschien, begrüßten sie sich mit kargen Worten und begaben sich in Richtung des Hauptplatzes von Assisi zur Kirche von San Nicolo. Sie betraten das noch leere Gotteshaus und knieten einige Zeit schweigend auf dem Boden.

Auf dem Lesepult lag das große Evangelienbuch. Solche Bücher waren so wertvoll, dass ihr stabiler hölzerner, mit Leder verkleideter Deckel ans Pult angekettet war, damit sie niemand stehlen konnte. Pietro als Advokat verstand genügend Latein, um den Text lesen und den anderen übersetzen zu können.

Nach einer Weile des Schweigens schritt Franziskus zum Evangeliar: „Brüder, lasst uns dieses Buch aufschlagen, im festen Glauben, dass Gott daraus zu uns spricht." Franziskus blätterte einige Seiten in dem Buch, dessen Text er nicht verstand, um und ließ schließlich den Zeigefinger auf einer bestimmten, zufällig sich ergebenden Stelle ruhen. Es war im Matthäusevangelium, Kapitel 19, der 21. Vers. „Was steht dort geschrieben, Pietro?" Pietro nahm sich den Text vor und übersetzte: „Willst du vollkommen sein, geh, verkaufe deine gesamte Habe und gib den Erlös den Armen. Dann hast du einen Schatz im Himmel."

Franziskus, Bernardo und Pietro trauten kaum ihren Ohren. Deutlicher hätte das Buch nicht zu ihnen sprechen können. Ein Urteil. Ein Befehl. Ein Programm. Alle drei fühlten sie in diesem Moment die Gegenwart Gottes in einer geradezu körperlichen Präsenz. Weder Franziskus noch Bernardo noch der kühle Rechtsgelehrte Pietro neigten zur Frömmelei. Aber die offenkundige Nähe des Allmächtigen zwang sie unabhängig voneinander in die Knie, um im Herzen eine Antwort auf den Ruf zu formulieren.

Franziskus war der Erste, der sich wieder den anderen zuwandte: „Brüder, lasst uns das Buch dreimal aufschlagen. Denn Gott ist drei – Vater, Sohn und Heiliger Geist."

Pietro und Bernardo waren einverstanden. Franziskus fasste ihre Gedanken in Worte: „Gnädiger Gott, wir danken dir dafür, dass du uns führst. Herr Jesus Christus, wir bitten dich jetzt, sag uns genauer, was wir tun sollen."

Er trat wieder ans Pult, blätterte einige Seiten um und legte den Finger auf eine Stelle. Dieses Mal war es im Markusevangelium, Kapitel 6, der 8. Vers. Pietro las vor: „Nehmt nichts auf den Weg mit." Wieder traf es sie in unverminderter Wucht.

Dann fuhr Franziskus fort: „Heiliger Geist Gottes, wir bitten jetzt dich, uns zu sagen, was wir weiter tun sollen."

Noch einmal trat er ans Pult, blätterte und zeigte auf eine Stelle. Es war der 24. Vers im 16. Kapitel des Matthäusevangeliums. Pietro übersetzte: „Wer immer mir nachfolgen will, der verleugne sich selbst."

Franziskus wandte sich an Pietro und Bernardo. „Brüder, das ist unser Leben und unsere Regel. Es ist das Leben und die Regel aller, die sich uns vielleicht noch anschließen wollen. Jetzt müssen wir gehen und tun, was wir gehört haben. Der Herr selbst hat uns gezeigt, wie wir nach dem heiligen Evangelium leben sollen!"

*

Der Fall des verrückten Tuchhändlersohnes ließ Assisi nicht zur Ruhe kommen. Ein Skandal folgte auf den nächsten. Diesmal betraf es nicht die übel heimgesuchte Familie und auch nicht die öffentliche Ordnung. Dieses Mal redeten die, welche ihm immer noch übel wollten, von Franziskus wie von einer ansteckenden Krankheit. Es ließ sich nicht mehr verheimlichen, dass sich Pietro di Catania und Bernardo di Quintavalle entschlossen hatten, Franziskus und seinem ausgefallenen Lebensstil zu folgen. Das waren nun nicht irgendwelche Dahergelaufenen! Das waren Bürger, auf die man in der Stadt mit Recht stolz war.

Der Richter Egidio schüttelte nur noch den Kopf: „In Bologna hat er studiert, der Dottore! Ein glänzender Advokat, keine Frage! Ihm steht die Laufbahn offen. Das glaube ich im Leben nicht, dass der sich von dem Lumpenburschen hat beschwatzen lassen ..." – „Doch, doch, doch", widersprach ihm Tancredi di Ugone. „Ich weiß aus sicherer Quelle, dass er – und übrigens auch der Kaufmann Bernardo – bereits Urkunden unterzeichnen und ihren ganzen Besitz verkaufen!" – „Bernardo di Quintavalle?", wollte jemand wissen. „Ja, der mit dem Haus an der Piazza!" – „Aber der ist doch stinkreich. Warum sollte er das tun?" Egidio war wie vor den Kopf gestoßen.

Don Celino meinte: „Er ist ein Demagoge, dieser Franziskus. Habt Ihr ihn schon einmal gehört? – Nun, seine Rede macht eigentlich nichts her. Aber sie packt. Man darf da nicht zu lange zuhören, sonst wird man am Ende noch konfus im Kopf!" – „Konfus!", protestierte ein anderer, „der redet doch nicht konfus. Nein, nein – ob's einem gefällt oder nicht, jedenfalls tut er, was er sagt." – „Aber was soll das!", rief Tancredis Sohn Angelo dazwischen. „Der Glaube kann doch nicht darin bestehen, dass jeder alles, was er hat, wegwirft und Bettler wird. Wo kämen wir denn hin, wenn das alle tun würden?"

Jetzt mischte sich sogar ein junger Bauer namens Egidio unter die Erwägungen der Stadtbürger: „Ihr Stadtbürger wollt alles in Regeln zwingen, sogar die Religion. Dieser Franziskus zwingt niemanden, sein Geld wegzuwerfen und seine Häuser zu verkaufen und seine Kleider mit einer Kutte zu vertauschen!" – „Hört, hört", rief sein Namensvetter, der Richter. „Woher weißt du das denn, Bäuerlein?" – „Ich war dort, bei ihm. Habe beim Wiederaufbau der Portiuncula mit Hand angelegt." – „Ah, ein ‚Franziskaner'!", spotteten die Umstehenden und machten Zeichen der Ehrerbietung gegenüber dem jungen Bauern, der sich errötend zurückzog. „Es ist unglaublich!", rief Don Monaldo Offreduccio. „Ich glaube, langsam verliert das ganze Land den Verstand!"

*

Wenige Tage später, am Mittwoch, dem 16. April, eine Woche vor dem Georgsfest, strömten auffallend viele Menschen in Richtung der Piazza vor der Kirche von San Giorgio, die zum Hospital von San Rufino gehörte. Es hatte sich nämlich das Unglaubliche herumgesprochen, dass Bernardo und Pietro an diesem Tag ihr Geld verschenken wollten. Einfach so.

„Verschenken!" und „Geld" – die beiden Worte drangen in Windeseile durch die Stadt und mobilisierten die Kräfte aller Armen und Bedürftigen. Die Bürger schüttelten den Kopf über all die begründet und unbegründet Daherhumpelnden, echten und sehenden Blinden, Ganz-, Halb- und Viertel-Invaliden. Assisi sah aus wie ein einziges Lazarett. So viele Arme auf einmal – das hatte man noch nie gesehen.

Das Geld – so hatten es sich die beiden gedacht – sollte den Armen im Hospital von San Rufino zugute kommen. Bei gutem Wetter pflegten die Insassen des Hospitals, die aufstehen konnten, die Gelegenheit zu nutzen, die düsteren, muffigen Räume zu verlassen und sich auf der Piazza San Giorgio in die warme Sonne zu setzen oder zu legen. Heute waren alle herausgekommen, die nur irgendwie gehen oder kriechen konnten.

Viele andere hatten sich heraustragen lassen. Aber es war schwer, noch einen Platz auf der Piazza zu ergattern, so viel armes und krankes Volk hatte sich versammelt.

Franziskus, Pietro und Bernardo waren entsetzt, dass das Werk, das sie unauffällig vollbringen wollten, jetzt vor dieser öffentlichen Kulisse stattfand. Kaum hatten sie den Platz betreten, zupfte und zerrte man sie hierhin und dorthin, beschrie sie und bettelte sie an. Bernardo klammerte seinen prall mit Münzen gefüllten Beutel an sich. Pietro hatte die gleiche Sorge.

Franziskus versuchte mit Mühe, die aufgeregt miteinander diskutierenden und schreienden Menschen zum Schweigen zu bringen. Etwas musste er sagen, sonst artete das Ganze in ein Handgemenge aus. Da man merkte, dass die Verteilung des Geldes nicht voranging, gelang es Franziskus schließlich, das Wort zu ergreifen. Er sprach von der Berufung, alles zu verlassen und Jesus nachzufolgen. Bernardo habe diese Berufung persönlich erfahren und wolle ihr jetzt folgen. „He", rief einer, „wir wollen jetzt keine Predigt. Wir haben Hunger!" Franziskus ließ sich in seiner Rede nicht beirren. Im Evangelium stehe, wer den Ruf vernehme, soll alle seine Habe verkaufen und den Erlös den Armen geben. „Jawohl! Bravo! Sehr gut!", tönte es ihm aus der Menge entgegen. Das genau, rief Franziskus, wollten Bernardo und Pietro nun tun. Klatschen. Begeisterte Rufe.

Franziskus musste noch einmal ansetzen. Bernardo und Pietro, rief er in die Menge, hätten sich ein Leben ausgewählt, das frei sei von der Gier nach Geld und Besitz. Damit werde auch aller Streit und alle Gewalttätigkeit hinfällig, diese Geißeln der Stadt Assisi. „Hunger!", rief einer dazwischen. Ein anderer: „Mensch, fangt endlich an mit dem Verteilen!" Franziskus wollte noch davon sprechen, was es mit der aus Liebe zu Gott freiwillig gewählten Armut auf sich habe, aber die Menge hatte kein Ohr für seine Botschaft, und er gab Bernardo und Pietro das Zeichen, mit der Verteilung des Geldes zu beginnen.

Bernardo und Pietro schoben sich zwischen die Kranken und begannen, jedem einige Münzen in die Hand zu drücken. Der Krüppel Broccardo konnte es nicht fassen; er biss unter dem Gelächter seiner Mitkranken auf eine Goldmünze. Sie war echt. Und so gingen Bernardo und Pietro der Reihe nach zu den Kranken. Eigentlich sollte jeder aus dem Hospital etwas erhalten, aber es drängten sich so viele Umstehende vor, dass bald nicht mehr zu entscheiden war, wer zu wem gehörte und wer den Obolus zu Recht verdiente. Alle riefen sie, auch sie seien in Not und bräuchten dringend Hilfe.

„Mein Kind hat einen verkrüppelten Fuß!", rief eine Mutter.

„Mein Mann hat ein Geschwür. Er kann nicht mehr arbeiten!", klagte eine andere Frau. „Mein Sohn ist im Krieg zum Invaliden geworden und kann nicht mehr arbeiten!", schrie ein Bauer. Pietro, dessen Börse leer war, half Bernardo, einigen der Vordersten einige Münzen zu reichen. Daraufhin entstand ein gewaltiges Gedränge und Geschrei. Jeder rief einen Grund, weshalb man auch ihn nicht übergehen dürfe. Doch es reichte nur noch für einige wenige.

Die beiden wären fast erdrückt worden, wenn sie nicht ihre

leeren Börsen hoch in der Luft geschwenkt hätten, zum sichtbaren Beweis, dass nichts mehr da war. Das löste Wut bei den zu kurz Gekommenen aus. Etliche Enttäuschte brüllten herum und schrien, die Verteilung sei ungerecht, ein abgekartetes Spiel, eine heuchlerische Übung. Die wirklich Armen hätte man nicht bedacht; es seien noch viel Ärmere da, an die man vor allen anderen hätte denken müssen.

Die drei Freunde verließen fluchtartig den Platz. „Mit Geld ist nie Gerechtigkeit herzustellen", musste Franziskus bei sich denken. „Und sobald Geld auftaucht, erwachen Neid, Eifersucht und Gier. Erst wenn das Geld ganz aus dem Spiel ist, kann sich dieser Zustand ändern." Er war froh, dass sie ohne eine einzige Münze nach Portiuncula zurückkehren konnten. Dort hatten sie die kleine Hütte, die bisher schon Franziskus als Obdach gedient hatte, so eingerichtet, dass sie alle drei darin unterkamen.

Von dem Tag an trugen sie alle drei einfache Kutten mit einem Strick um die Hüften.

*

Der Bauerssohn Egidio war dabei gewesen. Am Rand des Platzes hatte er sich auf einem Mauervorsprung postiert. Er hatte gesehen, wie Bernardo und Pietro, diese beiden angesehenen und reichen Männer, innerhalb einer knappen halben Stunde ein Vermögen unter die Leute brachten, an dem vielleicht Generationen gearbeitet hatten. Ein Vermögen, das er, der Bauer nicht erlangen würde, wenn er sein ganzes Leben vom Morgen bis in die Nacht schuften würde. Weg. Einfach weg, das Geld. Wie Schnee in der Sonne. Es packte ihn, dass es nicht nur einen Franziskus – dass es mehr gab von dieser Sorte der Verwegenen. Egidio schlug mit der Faust in die Fläche seiner linken Hand. Das war stark.

Egidio war ein praktischer Mensch. Am Morgen des Georgsfestes zog er sein bestes Gewand an, eigentlich, um die Festmesse zu besuchen. Egidio war fromm, kindlich fromm. Aber er konnte während dieser heiligen Handlung keinen klaren Gedanken fassen. „Ich muss *da* hin! Ich muss *da* hin!", hämmerte es in seinem Kopf. Er schaute dem Gekreuzigten ins Antlitz: „Ich muss *da* hin, hörst du!" Langsam löste sich seine Unruhe, und es war ihm plötzlich, als dürfe er gehen, als müsse er gehen, als sei es etwas ganz Einfaches, das Selbstverständlichste von der Welt. Also ging er. Unkompliziert wie er war, nahm Egidio nach der Messe den geraden Weg ins Tal hinab, zur Kirche der heiligen Maria von den Engeln.

Er kam an der Aussätzigensiedlung mit ihrer kleinen Kapelle und den Holzhütten der Leprosen vorbei. Es war bekannt, dass Franziskus immer noch regelmäßig dorthin ging und die Kranken versorgte und tröstete. Tatsächlich begegnete er dort Franziskus, der gerade nach Portiuncula heimgehen wollte. Er eilte auf ihn zu und rief: „Franziskus, aus Liebe zu Gott möchte ich so leben wie ihr drei!" – „Wer bist du?" – „Egidio, nur ein Bauer. Aber ich habe alles gesehen!" – „Was hast du gesehen?" – „Dich und Bernardo, den Kaufmann und den Advokat, auf der Piazza!

Ich komme geradewegs aus der Messe." Franziskus spürte alles, was den einfachen Mann bewegte. Wer ihn bewegte. Das erschütterte ihn, wie es ihn erschüttert hatte, als Bernardo kam, wie es ihn erschüttert hatte, als Pietro kam: „Komm mit!"

Sie waren noch nicht weit miteinander gegangen, da kam ihnen eine Bettlerin entgegen und rief schon von weitem: „Ein Almosen für eine unglückliche Frau! Um der Liebe Christi willen, ein Almosen!" Franziskus sah, dass die Kleider der Frau ganz zerschlissen waren: „Egidio, sieh dir die Kleider dieser Frau an!"

Egidio stutzte nur kurz. Dann begriff er. Er schälte sich fix aus seinem Festtagsgewand und reichte es lachend der Frau hinüber. Die Frau war schon lange außer Sichtweite, da lachten sie noch immer, Franziskus und sein Bruder Egidio.

*

Jetzt waren die Brüder also zu viert. Wenige Tage später saßen sie abends zusammen und besprachen, wie sie in Zukunft ihr Leben gestalten sollten. Als Franziskus allein gewesen war, hatte er seine Zeit zwischen dem Predigen in Assisi, dem Betteln um seine tägliche Nahrung und dem Dienst an den Aussätzigen aufteilen können. Aber sie konnten nicht mehr lange zu viert das Gleiche tun.

Sie überdachten noch einmal gemeinsam die drei Stellen aus dem Evangelium in der Kirche San Nicolo, in denen sie ihre

Berufung und die praktischen Anweisungen zu ihrer Verwirklichung erkannt hatten.

Schließlich sagte Bernardo: „Brüder, ihr entsinnt euch, dass uns mit dem zweiten Schriftwort gesagt wurde: Nehmt nichts mit auf den Weg. Das heißt doch, dass sich die Apostel auf den Weg gemacht haben. Sie sind gelaufen. Wir aber sitzen hier herum."

„Ja, richtig", stimmte Pietro zu, der das lateinische Evangelium ja zu lesen vermochte. „Und unmittelbar davor heißt es, der Herr habe seine Jünger jeweils zu zweit ausgesandt, um die Menschen zur Umkehr aufzurufen." – „Ja, sind wir nicht vier?" rief Egidio begeistert aus. „Doch, Egidio, wir sind in der Zahl, dass das Wort des Herrn an uns ergeht. Wir haben zu gehen. Zu zwei und zwei!"

*

Es war Franziskus' Art, eine neue Weisung unverzüglich in die Tat umzusetzen, und er steckte die anderen mit dieser Entschlossenheit an. Mehr brauchte es nicht. So dauerte es nur wenige Tage, und sie taten, was sie als neuen Auftrag erkannt hatten. Egidio und Franziskus sollten in die Mark Ancona gehen und in den dortigen Dörfern und Städten predigen, während Bernardo und Pietro sich weiterhin in Assisi und der umliegenden Gegend dieser Aufgabe widmen sollten.

*

Auf Grund seiner Kenntnisse war Pietro die Aufgabe zugefallen, das Evangelium zu studieren und nach genaueren Hinweisen abzufragen. Stand da noch mehr? Gab es etwas zu beachten? Oder war ihnen schon alles gesagt worden? Tatsächlich fand er im 10. Kapitel bei Matthäus noch weitere Worte, die in der Gruppe auf höchstes Interesse stießen: „Wer auf diese Weise arbeitet, hat ein Recht auf seinen Unterhalt. Wenn ihr in eine Stadt oder in ein Dorf kommt, erkundigt euch, wer bereit ist, euch aufzunehmen. Bei ihm bleibt, bis ihr den Ort wieder verlasst. Wenn ihr in ein Haus kommt, dann wünscht ihm zuerst den Frieden. Wenn das Haus für diesen Frieden aufgeschlossen ist, soll der Friede, den ihr ihm wünscht, in es einkehren. Wenn man euch aber in einem Haus oder in einer Stadt nicht aufnimmt und eure Worte nicht hören will, dann geht weg und schüttelt den Staub von euren Füßen." Egidio nahm alle Finger seiner Hand zur Hilfe, um sich nur ja die Dinge zu merken. Trotzdem fragte er unterwegs Franziskus unentwegt nach den Punkten.

Mit großer Aufmerksamkeit erfüllten sie diese Weisungen. Wohin sie kamen, wünschten sie den Menschen den Frieden. Sie erklärten ihnen in schlichten Worten das Evangelium und riefen sie auf, ihr Leben danach auszurichten. Sie beschrieben, wie sie selbst ihre Bekehrung erlebt hatten und zur Einsicht gekommen seien, nur wenn die Menschen sich von Grund auf von ihrer Habgier abkehrten und alles miteinander teilten, statt aufeinander neidisch zu sein, gebe es ein Entkommen aus dem ewigen Kreislauf von Streit und Vergeltung, Krieg und Hass.

Sie schilderten, wie sie es selbst erlebten, dass ihnen nichts zum Leben fehle, seit sie sich voll Vertrauen ganz den Plänen Gottes ausgeliefert hatten.

Da es im Evangelium hieß, wenn man sie nicht hören wolle, sollten sie einfach weggehen, drängten sie sich niemandem auf. Darin unterschieden sie sich von den fanatischen Bußpredigern, die immer wieder in die Städte kamen und die Leute in Angst und Schrecken versetzten, ja ihnen mit Blitz und Donner und Höllenstrafen drohten, wenn sie sich nicht unverzüglich bekehrten. Franziskus und seine Brüder wirkten eher wie heitere Sänger, wie Troubadoure der Freude und einer Freiheit, die sie selbst gefunden hatten. Das sprach einige wenige Menschen an; denn die Botschaft wirkte überzeugender als alle Drohpredigten.

Aber das Gros der Leute hielt sie für Verrückte und Landstreicher. „Das sind doch keine Prediger! Das sind doch betrunkene Narren!", mokierte sich ein Adliger. Ein Priester pflichtete ihm bei: „Ich stimme Ihnen zu, mein Bester. Sehr verdächtig, diese Leute. Man höre sich allein diese süße Rede an! Durch die enge Tür geht's ins Himmelreich. Durch die Beachtung der Gebote und die Zahl der frommen Werke. Sauer wird's, wenn man das ewige Leben gewinnen will. Sie tun so, als käme man mit Tanzen und Singen durch das große Gericht." – „Sie laufen barfuß, kleiden sich wie das Pack und essen den letzten Dreck." Unter beifälligem Nicken aller gab ein Stadtkonsul die Parole aus: „Halten wir unsere jungen Leute von ihnen fern. Sonst ist am Ende die halbe Stadt von dieser Albernheit angesteckt."

Bedrückt kehrten Franziskus und Egidio zurück. Nicht weniger bedrückend war es Bernardo und Pietro ergangen. Sie hatten erhofft, mit Gottes Hilfe einen Flächenbrand auszulösen. Aber es war ihnen anscheinend nicht einmal gelungen, hier und da ein Feuer in den Herzen zu entzünden.

*

Es war Mitte August, als Franziskus und Egidio nach der Portiuncula zurückkehrten. Als man in Assisi erfuhr, Franziskus sei wieder da, dauerte es nicht lange, und drei weitere Männer aus Assisi kamen und erklärten, sie wollten sich der kleinen Gruppe anschließen: Sabbatino, Morico und Giovanni della Cappella. Wenige Tage danach kam auch noch Filippo di Lungo dazu.

Das führte in Assisi zu neuer Aufregung. „Wenn das so weitergeht, laufen alle unsere jungen Männer weg und ziehen mit Franziskus durch die Gegend", sagten die Leute. „Man muss ja Angst haben, der eigene Sohn wird von dieser neuen Mode angesteckt und ist eines Tages fort." Wenn die Brüder jetzt durch die Stadt gingen, schien das mühselig erworbene Vertrauen schon wieder verspielt; sie begegneten immer öfter Äußerungen feindseliger Ablehnung.

Dass die Stimmung so umgeschlagen hatte, kam auch Bischof Guido zu Ohren. So ließ er eines Tages Franziskus kommen.

„Franziskus, die Bürger von Assisi haben Angst vor dir. Sie fürchten, du lockst immer mehr junge Männer fort. Ich glaube, es ist besser, ihr verlasst alle Assisi für einige Zeit. Wenn der Herr noch mehr Brüder zu eurer Lebensweise beruft, kann er sie auch in anderen Städten berufen."

Franziskus musste insgeheim über die geschickt vorgetragene Auffassung des Bischofs schmunzeln. Die Vorsehung Gottes ließ sich auf diese Weise ganz gewiss nicht von Assisi fern halten. Aber das mit dem Gehen mochte durchaus im Sinne dessen sein, der die junge Gemeinschaft führte.

So besprach er sich am Abend mit seinen Brüdern, wie und wohin sie sich alle auf den Weg machen könnten. Einigen fiel diese Entscheidung schwer. Giovanni della Cappella zum Beispiel sagte: „Ich hatte gehofft, ich könnte hier im Tal bleiben und im Aussätzigenhospital Dienst tun." Doch Franziskus versicherte seinen Brüdern: „Macht euch keine Sorge. Für Assisi und uns ist es das Beste, wenn wir eine Zeit lang von hier weggehen."

So teilte er seine wieder größer gewordene Gemeinschaft in neue Zweiergruppen auf und sandte sie in verschiedene Städte aus.

*

Die Brüder blieben mehrere Monate unterwegs. Sie hatten abgesprochen, sich alle wieder im Frühjahr des nächsten Jahres in der Portiuncula zu treffen. Das war das Jahr 1209; inzwischen waren schon fast drei Jahre vergangen, seit Franziskus alles Geld und sogar seine Kleider seinem Vater zurückgegeben und das Leben in völliger Armut gewählt hatte. Gott hatte ihn wunderbar geführt, und nicht nur ihn, sondern inzwischen bereits weitere sieben Männer.

Die acht waren kaum einige Tage wieder in Portiuncula vereint, als einige weitere junge Männer aus Assisi herunterkamen und erklärten, sie seien fest entschlossen, sich ihnen anzuschließen. Es waren Giovanni di San Costanzo, Barbaro, Bernardo, der Sohn von Vigilante di Bernardo di Bellettone sowie – zur allgemeinen Verwunderung – der Ritter Angelo Tancredi. Franziskus musste an das denken, was ihm der Bischof gesagt hatte: Würde das nicht wieder ganz Assisi gegen sie aufbringen?

Aber Egidio rief in seiner Unschuld begeistert aus: „Wunder, Wunder, Wunder! Gott wirkt Wunder für uns! Ihm sei der Lobpreis!" Egidio durfte das sagen. Franziskus ließ sich sogar davon anstecken. Der lautere Egidio sprach unverstellt aus, was andere in den verschwiegensten Kammern ihres Herzens dachten. Und war es nicht nüchterne Wahrheit? Hatte sich nicht alles höchst wunderbar zum Guten gefügt? Woher kamen all diese jungen Männer, während sie, die Leute der ersten Stunde, doch fort waren? Wer bewegte ihre Herzen? Wenn nicht er.

*

So waren es jetzt schon zwölf Männer, so viel wie der Herr Apostel hatte, die in der Portiuncula beieinander saßen, ihre kargen erbettelten Lebensmittel miteinander teilten, gemeinsam im Kirchlein Gottesdienst hielten und besprachen, wie sie ihr Leben in Zukunft gestalten sollten.

Die Neuen waren wissbegierig, was die bereits in dieser neuen Lebensart Erfahrenen zu erzählen wussten. Barbaro fragte: „Wie fühlt man sich, wenn man als Bettler durch die Welt zieht und zu den Leuten spricht?" Egidio begann: „Ich will euch eine interessante Geschichte erzählen, die Bruder Bernardo und ich in Florenz erlebt haben." – „Welche Geschichte meinst du, Egidio?", fragte Bernardo. „Na, die mit dem Backofen." Bernardo musste schmunzeln. So begann Egidio zu erzählen:

„Bruder Bernardo und ich zogen durch die Stadt Florenz und bettelten um eine Unterkunft, aber niemand wollte uns aufnehmen. Es war sehr kalt. Schließlich kamen wir an einen Innenhof, in dem sich ein Backhaus befand, das erst gerade benutzt worden war. Da sagte ich zu Bernardo: ‚Vielleicht können wir die Nacht hier verbringen.' Bernardo wandte sich an die Dame des Hauses und fragte sie, ob sie uns um der Liebe Gottes willen bei sich nächtigen lasse. Sie sagte, in ihr Haus könnten wir nicht kommen, aber als wir sagten, es würde uns reichen, im Backhaus schlafen zu dürfen, hatte sie nichts dagegen. So ließen wir uns darin nieder."

Nun griff Bernardo den Faden auf und fuhr fort: „Aber dann kam ihr Mann heim. Er merkte, dass wir im Backhaus waren und fragte seine Frau: ‚Wie kommst du dazu, diese Tunichtgute im Backhaus zu dulden?'" Bernardo ahmte dabei die verärgerte Stimme des Mannes so lustig nach, dass alle lachen mussten.

„Seine Frau meinte, im Backhaus könnten wir ja außer ein bisschen Holz nichts stehlen, und draußen sei es schließlich bitterkalt. Die Gute hätte uns sogar noch Decken gebracht, aber das untersagte ihr Mann", setzte Egidio hinzu.

„Diebe und Landstreicher! Ein solches Pack in meinem Backofen!", äffte Bernardo wieder die Stimme des Alten nach.

„Backofen hin oder her. In dieser Nacht froren wir wie die Schneider. Man hätte doch verlangen sollen, dass uns eingeheizt würde", erzählte Egidio weiter. „Am nächsten Morgen gingen Bernardo und ich schon in aller Frühe zum Beten in die Kirche." – „Ja, schon allein in der Hoffnung auf ein warmes Plätzchen", fügte Bernardo hinzu.

„An diesem Tag war es, dass ein guter Mensch aus der Stadt namens Guido an die Bedürftigen in der Kirche Almosen austeilte. Wir lehnten seine Gabe ab, weil wir noch genügend Zeit hatten, uns unser Essen mit unserer Hände Arbeit zu verdienen", berichtete Egidio.

Bernardo erinnerte sich weiter: „ ... Und dieser Mann namens Guido fragte uns nun: ‚Warum nehmt ihr denn kein Geld an wie die anderen Bettler auch; seid ihr zu fein dazu?' Ich erklärte ihm, zwar seien auch wir Arme, aber solche aus freien Stücken und aus der Gnade Gottes heraus. Der Mann musterte uns von oben bis unten und fragte uns, ob wir denn jemals etwas Nennenswertes besessen hätten. Natürlich hielt er uns für windige Aufschneider. Irgendwie ist es mir trotzdem gelungen, ihm glaubhaft zu machen, dass ich Adliger bin und ziemlich vermögend war. ‚Und ...?', fragte er. Ich antwortete:

‚Ich habe gespürt, dass ich meinen Besitz verkaufen und den Erlös weggeben muss.' – ‚Wohin?' – ‚An die Armen.' – ‚Warum?' –
‚Wegen ihm.' Ich deutete mit dem Finger nach oben. Das nun
bekam die Dame mit, die uns im Backhaus hatte schlafen lassen.
Sie lud uns ein, ja sie bestürmte uns geradezu, unbedingt ihre
Gastfreundschaft in Anspruch zu nehmen. Aber dieser Guido
bestand darauf, dass wir in sein Haus kämen. Und da standen
wir nun da. In der Nacht zuvor hatten wir fast gar nichts gefunden und uns zu Tode gefroren, und jetzt sollten wir gleich in
zwei Häusern auf einmal sein!" Egidio strahlte und wäre am
liebsten durch den Raum getanzt: „Gott ist gut! Gott ist gut!" So
war er eben in seiner überschwänglichen Freude.

*

Als Schlafraum für alle Brüder war die kleine Hütte neben dem
Kirchlein der heiligen Maria von den Engeln inzwischen viel
zu eng geworden. So mussten einige von ihnen in der Kirche
nächtigen.

In den darauf folgenden Tagen verschenkten auch die neuen
Kandidaten ihre Habe und ihr Geld an die Armen. Sie feierten
ein fröhliches Fest ihrer gerade gewonnenen Freiheit und ihrer
beginnenden Gefährtenschaft. Franziskus war mitten unter
ihnen. Er gab aber einen Teil seiner Einsamkeit nicht auf. Er
brauchte die Stunden der Stille und der Versenkung in Gott.

Wie sollte er sonst wissen, was der nächste Schritt war?

8. Kapitel

Der Bettler und der Papst

Den Sommer über blieben die Brüder wieder in Portiuncula beisammen. Tagsüber schwärmten sie aus und suchten sich Arbeit in der Stadt Assisi, auf den Felder und in den Olivenhainen und im Aussätzigenhospital. Sie nahmen grundsätzlich kein Geld an, sondern nur Nahrungsmittel. Erhielten sie dort, wo sie arbeiteten, für den betreffenden Tag nicht genügend Essen, so erbettelten sie sich das Notwendige und teilten alles miteinander. Während die Mönche in den Klöstern bestimmte Speisevorschriften einhielten, aßen sie, was immer sie bekamen, an manchen Tagen reichlich, an anderen äußerst knapp. Bei der Arbeit versuchten sie nach Kräften, im Geist des Gebets und der Achtsamkeit zu verharren, und zusätzlich zu ihren gemeinsamen Gebetszeiten am Morgen und am Abend standen sie alle täglich um Mitternacht zu einem gemeinsamen Gotteslob auf.

Angesichts dieser Lebensweise begann sich die Einstellung der Bürger Assisis gegenüber den Brüdern nach und nach zu ändern. Sie waren von ihrem Geist und ihrem Fleiß beeindruckt.

184

Scipione di Offreduccio hatte sich das Treiben eine Weile betrachtet und meinte: „Warum sie unbedingt in so schäbigen Kutten herumlaufen und so armselig hausen, verstehe ich nicht. Aber alle Achtung: Arbeiten können sie." Marangone di Cristiano, derzeit gerade das Oberhaupt der Konsuln von Assisi, wandte ein: „Ein Problem allerdings habe ich mit ihnen: Wenn du einen guten Arbeiter hast, möchtest du ihm nach einiger Zeit mehr Verantwortung übertragen. Das begreifen die Brüder von Franziskus nicht. Sie wollen immer bloß die niedrigste Arbeit. Ich habe ihnen schon alles Mögliche angeboten, aber sie lehnen das immer ab." – „Das stimmt", pflichtete Cristiano di Paride, ein anderer Stadtkonsul, bei. „Das war schon mit Franziskus selbst das Problem. Er hat im Aussätzigenhospital gearbeitet, Wunden gereinigt, Eiter ausgedrückt, die stinkende Haut der Aussätzigen gewaschen und ihnen jeden noch so verrückten Wunsch erfüllt. Der dortige Priester ist im Schreiben nicht recht bewandert und hat gedacht, er könne Franziskus die Buchführung des Hospitals übertragen. Aber Franziskus hat das rundweg abgelehnt und gesagt, er wolle sich lieber direkt mit den Aussätzigen befassen." Alle waren sich einig, dass das eine Vergeudung von Talenten war. Begabte Männer ließen ihre Anlagen einfach verkommen. Irgendeiner brachte ein merkwürdiges Wort in Umlauf: „Wisst ihr, was das ist, dort draußen in Portiuncula? Ein Kloster!" Er erntete zuerst Unglauben und Gelächter. Denn was ein Kloster ist, wussten die Menschen.

Dass jemand sich dem Stand der Mönche anschloss, also ins Kloster ging, das war schon jahrhundertelang üblich und wurde allgemein als Eintritt in einen angesehenen Stand geachtet. Aber zu einem Kloster gehörte als Erstes eine dicke Mauer, die es vor der Welt schützte. Dahinter lagen zumeist imposante Anlagen; die Klöster waren reich und verfügten oft über riesigen Grundbesitz.

Von all dem konnte bei Franziskus nicht die Rede sein. Er und seine Gefährten lebten mitten unter den Menschen. Sie mischten sich unter Bettler, Aussätzige, Landarbeiter, waren oft nicht von ihnen zu unterscheiden. Jeder konnte sehen, was sie den ganzen Tag taten und wovon sie lebten. Sie waren freundlich, hilfsbereit, verlässlich, erwarben sich bald einen Ruf als gute Arbeiter. Und doch waren sie auf eine merkwürdige Weise auch „Mönche". Sollte man sagen: „Bettelmönche"?

*

Franziskus merkte selbst, dass sich hier eine gewaltige Spannung aufbaute. Er und seine Brüder waren entschlossen aus dem Spiel um Macht, Geld, Ansehen ausgestiegen; sie waren armselig gekleidet, lebten anspruchslos, wollten kein Geld und erwiesen sich als verlässliche Arbeiter – und trotzdem, oder vielleicht sogar deshalb, liefen sie Gefahr, von der Welt auf eine heimtückische Art wieder vereinnahmt zu werden.

Da die Leute spürten, dass auf die Brüder zu bauen war, wollten sie ihnen mehr und anspruchsvollere Arbeit anvertrauen, ja sie sogar besser entlohnen, und es schien nur eine Frage der Zeit zu sein, wann der Erste der Brüder dieser Versuchung nicht mehr widerstand. Das aber war ganz gegen sein Ideal: niedrig mit dem niedrigen Christus und allen Erniedrigten dieser Erde zu sein, arm mit dem armen Christus und allen Verarmten dieser Erde zu werden, zu den Opfern, nicht zu den Tätern in der Gesellschaft zu gehören.

In seinen Betrachtungen hielt er sich immer wieder das Beispiel Jesu vor Augen, der von sich gesagt hatte, er habe keinen Stein, auf den er sein Haupt legen könne. Er sagte sich: „Unser Herr Jesus Christus wurde verspottet und verachtet. Wir aber erfahren Lob und Achtung." Immer mehr Vergleiche dieser Art fielen ihm ein.

Obwohl Franziskus Regeln gegenüber sehr skeptisch eingestellt war, kam er schließlich zur Überzeugung, dass die Brüder fester auf das Ideal der Nachfolge des armen Jesus festgelegt werden mussten. Bis jetzt hatten sie ganz spontan gelebt und sich darauf verlassen, dass Gott ihnen im richtigen Augenblick immer wieder zeigen werde, was sie tun sollten. Ein einzelner Mensch mochte auf Dauer vielleicht so leben können. Eine Gemeinschaft dagegen brauchte eine solidere Grundlage, zumal die Zahl der Brüder weiter wuchs und sie nicht mehr einige wenige gleich gesinnte Freunde waren, die alle Entscheidungen leicht untereinander absprechen konnten.

Hinzu kam ein weiteres Anliegen, das ihn beschäftigte: Er wusste, dass es viele Gruppen gab, die ein Leben wie die ersten Apostel führen wollten und in Armut lebten. Einige waren bloße Schwärmergruppen, undiszipliniert und wild, eine Plage für die Bevölkerung. Andere waren ernster zu nehmen. Und doch lag auch in den meisten von ihnen der Keim zum Fanatismus; man hielt sich allein für gut und gerecht. Manche fingen an, sich wie leibhaftige Heilige zu gebärden. Alles Übel der Welt suchten sie nie bei sich, immer bei den anderen, vornehmlich aber in den tatsächlich vorhandenen Missständen beim Klerus. Sie führten Gott im Mund, meinten sich und wetterten gegen die Kirche.

Zu diesen Leuten wollte Franziskus nicht gerechnet werden, und er wollte auch nicht, dass seine Brüder zu einer solchen Einschätzung Anlass gaben. In diesen Tagen setzte sich Franziskus hin, um gewisse Regeln des Zusammenlebens zu verfassen. Aber sosehr er auch nachdachte, keines seiner eigenen Worte schien ihm der Größe seines Anspruchs zu genügen. So nahm er das Evangelium zur Hand und schrieb die Verse heraus, die ihm wichtig waren. Mochte es eine Regel sein oder nicht.

*

An einem Frühlingsabend des Jahres 1209 versammelte Franziskus seine Brüder zu einer Besprechung, um seine Befürchtungen mit ihnen zu teilen. Franziskus hatte sich genau überlegt, was er sagen wollte, denn er spürte, dass er es war, der jetzt Verantwortung übernehmen musste.

„Brüder, ihr wisst es, und ich weiß es: Gott allein hat uns geführt. Wir haben nichts getan. Doch seine Güte hat immer neue Brüder zu uns gewiesen. Und so geht es noch immer fort. Allem Anschein nach ist es sein Wille, dass durch seine Güte unsere Gemeinschaft immer weiter wächst. Was sollen wir tun? Wir können und dürfen die Sache nicht in unsere eigenen Hände nehmen. Gott ist es, der uns führt. Aber wir müssen auch die menschlichen Dinge regeln: Essen, Schlafen, die Ordnung der Gebete und des gemeinschaftlichen Lebens. Ihr habt euch mir angeschlossen, weil ihr so leben wollt wie ich. Ich habe immer gesagt, was ich für richtig halte, aber ich habe mich nie als euer Oberhaupt verstanden. Ich wollte euch als Gefährten, nicht als Untergebene.

Doch eine größere Gemeinschaft braucht einen, der das letzte Wort hat. Ich spüre, dass ich das nicht sein kann. Es ist nicht mein Weg. Was ich für uns getan habe – ich habe einige Verse aus dem Evangelium herausgeschrieben, die ich euch vorlegen möchte. Denn es ist notwendig, dass wir die Elemente unseres Ideals aufschreiben und dass wir dann jemanden wählen, der darauf achtet, dass sie auch eingehalten werden. Außerdem möchte ich, dass wir nach Rom gehen ..." Gemurmel unterbrach ihn.

Sie hatten das nicht erwartet, wollten das nicht hören aus dem Mund von Franziskus. Die Brüder waren in vieler Hinsicht bestürzt über die Verhältnisse, in denen sich die Kirche befand. Alle sieben Todsünden hatte sie auf ihr Haupt geladen, zumal in Rom. Wenn die Brüder das Evangelium hörten, witterten sie Morgenluft, doch wenn sie an die Verwalter der Geheimnisse dachten, erfüllte sie Abscheu. „Außerdem möchte ich", setzte Franziskus mit festerer Stimme noch einmal an, „dass wir nach Rom gehen und dem Papst schildern, welches Werk der Herr durch uns begonnen hat. Ich weiß, liebe Brüder, dass ihr Mühe habt, unsere heilige Armut mit dem Hochmut und frevlerischen Glanz Roms in Verbindung zu bringen. Aber es war der Herr, der den Verräter Petrus zum Pfeiler und Prüfstein der Kirche machte. Er hat dies so eingerichtet, dass selbst der Erste in der Kirche nicht sagen kann, er sei mehr als ein schlechtes Werkzeug in der Hand seines Herrn. Und da ein jeder von uns in seiner Nacht den Herrn schon verraten hat, haben wir Grund zu schweigen. Lasst uns also in Demut zum Nachfolger des heiligen Verräters Petrus gehen und uns von ihm unsere Lebensart bestätigen und segnen lassen. Der Augenblick ist günstig, denn der Bischof weilt gerade in Rom. Er kann uns helfen, dass wir niedrigen Brüder vom Papst empfangen werden."

Die Brüder fanden diesen Vorschlag schließlich gut. Sie spürten, dass ihre Gemeinschaft nicht mehr länger nur als loser Freundeskreis leben konnte, in dem man alles durch spontane Absprachen regelte. Je größer ihre Zahl wurde, desto notwendiger wurde eine klare Ordnung und ein verantwortlicher Leiter. So schlug Franziskus vor: „Wählen wir nun einen von uns aus, der den Dienst der Leitung übernimmt. Ihn wollen wir so ansehen, als stehe er für uns an der Stelle unseres Herrn Jesus Christus. Bei allen unseren Entscheidungen soll er das letzte Wort haben."

Damit waren die Brüder einverstanden. Sie beschlossen, sich drei Tage lang zu überlegen, wer für diesen Dienst am geeignetsten sei, und dann die Wahl zu veranstalten. So taten sie es, und sie wählten einstimmig Bruder Bernardo, denn er war der erste Gefährte von Franziskus gewesen, war geschickt in praktischen Dingen und verstand es vortrefflich, mit den einzelnen Brüdern und auch mit Menschen außerhalb der Gemeinschaft zu sprechen.

*

Wenige Tage später machten sie sich auf den Weg in Richtung Rom. Ihrer Gewohnheit nach führten sie außer dem, was sie auf dem Leibe trugen, nichts mit sich. Was sie unterwegs an Nahrung brauchten, erbettelten sie sich. Sie lebten und schritten voran in einer Mischung aus tiefer Gewissheit und heiligem Nichtwissen. Sie wussten sich von Gott auf den Weg gesetzt. Das machte sie fröhlich, fast ausgelassen; es ließ sie Lieder singen, miteinander ohne Scheu Gebete sprechen. Sie hatten in der Armut um Christi willen inneren Frieden gekostet und waren als Friedensboten bestellt. Jetzt sollte es vor den Papst gehen. Es würde seine Richtigkeit haben.

*

Bischof Guido hielt sich bei seinem guten Freund, dem Kardinal Giovanni di San Paolo auf, der Bischof von Santa Sabina war. Die Brüder meldeten sich an der Pforte von Santa Sabina und baten darum, Bischof Guido sprechen zu dürfen. Der Bote hinterbrachte ihm diese Nachricht, und er empfing sie unverzüglich. Als er plötzlich die ganze Schar der Brüder vor sich stehen sah, wollte er seinen Augen nicht trauen. „So viele? Was macht ihr denn hier? Ihr wollt doch nicht etwa Assisi verlassen?", frag-te er sie verwundert und mit heimlicher Beklemmung.

Der Bischof wusste mittlerweile, dass Franziskus und die Brüder zwar ein Unruheherd und eine Provokation, aber auch ein Segen für Assisi waren. Man sah es an San Damiano, an Por-tiuncula. Man hörte es von den Armen, wusste, was diese muti-gen jungen Leute für die Aussätzigen taten. Sie führten die niedrigsten und schmutzigsten Arbeiten aus, ohne sich zu beschweren oder etwas zu verlangen. Noch wichtiger aber war dem Bischof ihre innere Einstellung. Sie begründeten ihr Ver-halten mit dem Evangelium. Guido beschlich nach und nach das Gefühl, dass er seine Auffassungen korrigieren musste; er hatte die Heilige Schrift für ausgeschöpft gehalten. Aber diese jungen Leute gewannen ihr etwas Taufrisches, radikal Neues ab. Und das steckte an. Es war deutlich spürbar, dass die Ein-wohner Assisis insgesamt friedlicher wurden; man konnte jetzt erleben, dass gewisse Versöhnungen stattfanden oder wenigs-tens zähe Verhandlungen, wo man sich gestern noch jähzornig in bewaffnete Händel stürzte.

Besonders nachdenklich machte Bischof Guido, dass Franzis-kus und seine Brüder nicht wie die vielen wilden Schwarmgeis-ter, die es gab, auf die heruntergekommene Kirche und den weithin degenerierten Klerus einschlugen. Sie hielten sich selbst konsequent an ihren armen, anspruchsvollen Lebensstil, verur-teilten jedoch die anderen nicht. Sie nahmen das Evangelium nicht her, um zu verlangen, alle müssten arm leben. Zum Widerstand gegen die Kirche aufzurufen war Franziskus fremd.

Jesus war Mensch geworden, er hatte sich mit den Sündern ein-gelassen und einen Sünder zu seinem Stellvertreter bestellt. Wer wollte sich da aus dem Kreis der Sünder herausstellen und mit dem Finger auf sie zeigen? Nein – der Platz des Franziskus war die Kirche, so unwürdig sie sich auch aufführte.

So war Bischof Guido beruhigt, als ihm Franziskus versicher-te: „Wir wollen Assisi keineswegs verlassen. Aber weil unsere Zahl immer größer wird, haben wir eine einfache Regel verfasst, die wir gern dem Herrn Papst vorlegen möchten, damit er sie gutheißt."

Guido war beeindruckt und versprach, Franziskus und sei-nen Brüdern mit Rat und Hilfe zur Seite zu stehen. In diesem Augenblick betrat Kardinal Giovanni di San Paolo den Raum. Er hatte soeben von den Bediensteten erfahren, dass sich aus Assisi „eine Gruppe von Landstreichern" eingestellt habe. Der Kardinal war neugierig und wollte Franziskus und die ande-ren, von denen Guido so rätselhafte Dinge berichtet hatte, ein-mal persönlich in Augenschein nehmen. Als der kluge Aristo-krat, der er war, ließ sich der Kardinal nicht anmerken, dass er die raue Truppe merkwürdig und bedenkenswert fand. Und das war viel.

*

In den Tagen danach trafen sich Bischof Guido und Kardinal Giovanni di San Paolo noch mehrmals mit Franziskus und sei-nen Brüdern. Kardinal Giovanni lebte in Rom in völlig anderen Verhältnissen als diese geradezu in ihre heilige Armut vernarrten Brüder, aber so fremd ihm persönlich ihr Lebensideal war, so spürte er von Mal zu Mal stärker, dass von diesem Franziskus Kraft ausging. War er anfangs skeptisch, was eine Audienz der Gruppe bei Innozenz III. betraf, so wuchs in ihm die Neigung, den Papst tatsächlich mit der krausen Brüderschaft zu konfrontieren. Er wusste nur noch nicht, mit welchen Argumenten er das anstellen sollte.

„Ich kann es nicht recht in Worte fassen", sagte er zu Bischof Guido. „Doch, doch, dieser Mensch hat Kraft. Solche Leute haben in der Geschichte manches Mal etwas bewegt. Ich bin Ihnen dankbar, mein lieber Freund, dass Sie mir die Gesellen beigeschafft haben. Man sollte den Papst einmal …" – „Aber der Papst wird sich nicht für verrückte junge Leute interessieren, wenn es nicht von Belang für die Kirche ist", wandte Guido ein. „Ja, das meine ich ja gerade", sinnierte der Kardinal. „Was dieser Mensch vertritt, hat irgendwie den Geschmack des Evangeliums an sich, wenn es auch ganz ohne Theologie und höheren Verstand ist." Der Kardinal musste schmunzeln und nahm einen Schluck aus dem Weinglas: „Wie meinte dieser Franziskus doch gleich? ‚Herr Kardinal, wir möchten ganz direkt so leben, wie es im heiligen Evangelium steht' – ja, heilige Einfalt, wenn dies so einfach wäre! Natürlich möchten sie die Gutheißung des Papstes für ihre Regel …" – „Nun, es steht nichts Verkehrtes darin", verteidigte Bischof Guido seine Schützlinge, „fast nur Sätze aus den Evangelien. Gut, es fehlt jede Erfahrung mit dem Machbaren in einer Gemeinschaft, eben das, was man bei Benedikt so schätzt. Aber falsch ist es

194

nicht!" – „Mein Lieber", gab der Kardinal zu bedenken, „in letzter Zeit klopft täglich ein anderer an der Laterantür an. Neue Gemeinschaften schießen wie Pilze aus dem Boden. Alle entwerfen sie ihre ganz eigene Regel. Der Papst sieht das mit einiger Skepsis – zu Recht, muss ich sagen. Er möchte diesem Wildwuchs Einhalt gebieten. Die Kirche hat doch schon viele Formen des Lebens nach dem Evangelium und viele Regeln gutgeheißen. Braucht dieser Franziskus wirklich denn wieder eine ganz neue? Kann er nicht eine der Mönchs- oder Einsiedlerregeln übernehmen, die es schon gibt?"

*

Guido berichtete Franziskus und seinen Leuten von dem Gespräch mit dem Kardinal. Bernardo di Quintavalle schüttelte den Kopf: „Wir kennen die anderen Regeln. Sie passen nicht für das, was wir wollen. Wir möchten predigend umherziehen. Das möchten wir nach dem Beispiel Jesu als ganz arme Menschen tun." Dem Bischof war die Schwierigkeit bewusst. Bisher hatte der Grundsatz bestanden, eine neue Gemeinschaft könne erst dann anerkannt werden, wenn sie über genügend Gebäude und Liegenschaften verfügte, dass ihr Lebensunterhalt gewährleistet war. Das aber wollten diese Männer gerade nicht. Sie wollten ganz aus dem Gedanken leben, dass Gott schon für sie sorgen würde.

Andererseits konnte der Bischof den Kardinal verstehen. Das mit der Besitzlosigkeit und der freiwilligen Armut klang ganz danach, als ob sich die Kirche da eine reichlich illusionäre Bettelbande an den Hals schaffen würde. Die Kirche wusste, warum sie auf bewährte Regeln bestand.

Franziskus argumentierte entwaffnend: „Unser Herr Jesus Christus hat uns das heilige Evangelium gegeben, damit wir danach leben. Wer ist ein Christ und behauptet, man könne dieses Evangelium nicht buchstäblich leben?"

*

Einige Tage danach erhielt der Kardinal im Lateranpalast bei Papst Innozenz III. wegen einer anderen Angelegenheit eine Audienz. Dabei versäumte er es nicht, dem Papst von Franziskus und seinen Brüdern zu erzählen, die gerade bei ihm weilten. „Sie vertreten ihr Ideal, ganz nach dem Evangelium zu leben, auf radikale Weise." Der Papst hob missbilligend die Augenbrauen. „Doch, doch", entgegnete der Kardinal, „Ihr kennt mich als nüchternen Menschen. Und ich sage Euch: Es ist durchaus eindrucksvoll, wenn auch höchst problematisch. Natürlich." – „Und ich soll sie mir also anschauen, diese Leute da aus Assisi? Das wollt Ihr doch sagen?", fragte der Papst beiläufig, während er in seinen Schriftstücken nach etwas suchte. „Zu was wäre es nütze?" – „Damit Ihr die Zeit versteht, Heiliger Vater", bemerkte der Kardinal klug. Papst Innozenz III. ließ das Bündel mit Schriftstücken in den Schoß sinken und schaute den Kardinal durchdringend an.

*

Am nächsten Morgen, es war der 16. April 1209, empfing Papst Innozenz III. Franziskus und seine Brüder in Begleitung von Bischof Guido und Kardinal Giovanni di San Paolo in einem großen Saal des Lateranspalastes. „Was ist das für ein unschicklicher Aufzug?", murmelte Innozenz zu dem Zeremonienmeister an seiner Seite. Der zuckte bedauernd mit den Schultern: „Sie haben keine anderen Kleidern und nehmen auch keine anderen an!" Der prunkvoll ausgeschmückte Audienzraum bildete schon einen merkwürdigen Kontrast zu der Gruppe armselig gekleideter Habenichtse.

Nach der Vorstellung und etlichen erläuternden Worten kam Franziskus ziemlich rasch auf sein Anliegen zu sprechen:

„Wir erbitten Eure Zustimmung und Führung beim Befolgen des heiligen Evangeliums unseres Herrn Jesus Christus, damit wir auch in Zukunft viele Männer und Frauen ermutigen können, sich zu bekehren und ein Leben nach den Worten des Evangeliums zu führen."

Der Papst fragte Franziskus: „Wie sieht diese Lebensform aus, die ihr euch vorgenommen habt?" Bernardo di Quintavalle und Pietro di Catania traten aus der Gruppe hervor und überreichten ihm ein Stück Pergament, auf dem in sorgfältiger Schrift die kurze „Lebensform" stand, die Franziskus mit ihrer Unterstützung verfasst hatte. Der Papst überflog sie rasch und Franziskus versuchte, sein Ideal noch zu verdeutlichen: „Herr Papst, wir haben nichts erfunden und uns keine Lebensweise ausgedacht, wir möchten nur dem heiligen Evangelium unseres Herrn Jesus Christus folgen, das uns sagt: ‚Willst du vollkommen sein, geh, verkaufe deine gesamte Habe und gib den Erlös den Armen. Dann hast du einen Schatz im Himmel … Nehmt nichts auf den Weg mit … Wer immer mir nachfolgen will, soll sich selbst verleugnen.' Das möchten wir zuvor selbst und ohne alle Zugeständnisse leben. Darum möchten wir auf Häuser und Grundbesitz verzichten. Ja, wir wollen gar kein Eigentum haben, sondern als Prediger unterwegs zu Hause sein. Freie wollen wir sein und die Menschen in der Freiheit unterweisen. Wir glauben, das Evangelium lässt sich am besten ohne Geld und Macht und Zwang verbreiten, einfach durch das Beispiel."

Der Papst grub den Kopf in seine Hände. Das hörte sich ideal an. Eine Kirche ohne Geld. Einen Augenblick dachte er darüber nach, wie weit man in der Kirche wohl käme – ohne Geld. Geld korrumpierte. Geld war Besitz, war Macht. Für Geld wurde selbst in den Mauern der heiligen Kirche gelogen, betrogen, bestochen und Blut vergossen. Aber deshalb gleich eine arme, besitzlose Kirche veranstalten? Unvorstellbar. Menschenunmöglich. Andererseits: Wer wusste schon, was Gott noch mit seiner Kirche vorhatte? Hatte *er* nicht oft genug aus dem Mund der Kinder und Unmündigen gesprochen? Der Papst wandte sich an den Kardinal Giovanni di San Paolo, der in seiner Nähe stand und raunte ihm zu: „Denkwürdig, was Sie mir hereinkomplimentiert haben, Herr Kardinal! Sehr denkwürdig!"

Dann wandte er sich wieder Franziskus und seinen Brüdern zu: „Meine Söhne, so, wie ihr zu leben vorhabt, kommt mir das sehr hart und rau vor. Wir wollen euren Eifer nicht in Abrede

198

stellen, aber können alle Generationen, die dem Gründer einer Gemeinschaft folgen, auch wirklich vollbringen, was jener in der Glut der ersten Liebe ihnen abverlangt?"

Das war der allbekannte Einwand, zuletzt erst von Bischof Guido und Kardinal Giovanni vorgetragen. Franziskus sah seine Brüder an. Er selbst hatte für sich eine „Regel"; er wusste sicher und klar, dass er berufen war, ein Leben zu führen, das ganz auf Gottes Pläne baute und auf jede menschliche Absicherung verzichtete. „Aber", so fragte er sich jetzt, „was ist mit den Brüdern?"

Franziskus hielt den Kopf gesenkt. Der Papst merkte, dass Franziskus nachdenklich geworden war. Das sprach für ihn, denn verbohrte Fanatiker lassen sich nicht zur Nachdenklichkeit bewegen. Franziskus hob die Augen und sprach: „Aber es ist das Evangelium. Ich verlange nicht. Das Evangelium verlangt. Der Herr will gewisse Dinge."

Der Zeremonienmeister drängte schon. Auch der Papst hatte sich eine leichtere Abwicklung dieser kuriosen Angelegenheit versprochen. Zur nicht geringen Verwunderung der zahlreich anwesenden Kurie zögerte er den Fall nicht nur über Gebühr hinaus; er ließ sich von diesen Kuttenleuten zu weiteren Beratungen hinreißen: „Wir können die Sache diesen Tag noch nicht abschließen. Sie ist nicht fertig. Es muss gedacht und gebetet werden. Mein Sohn, ich schlage vor, wir lassen uns einige Tage Zeit. Verwende sie dafür, zu Gott zu beten, er möge dir zeigen, ob die Lebensform für deine Brüder, die du bestätigt haben willst, wirklich sein Wille ist. Bete auch für uns um die Klarheit, ob wir Gottes Willen erfüllen, wenn wir dir deine Bitte gewähren."

*

Franziskus und seine Brüder waren wie betäubt von der Begegnung mit dem Nachfolger Petri. Bischof Guido hatte ihnen vorab gesagt, schon die Gewährung der Audienz sei ein kleines Wunder. Und jetzt war es ihnen gelungen, den Papst so tief mit ihrer Sache zu befassen, dass er weitere Gespräche wünschte.

Wie immer, wenn die Wünsche und das Sehnen, etwas Bestimmtes zu erlangen, überstark wurden, wurde Franziskus wie gelähmt. Erst Beten befreite ihn aus der Anspannung, befreite ihn zur Gelassenheit. Franziskus schlief danach tief und ruhig und war bereit, dem Papst unter die Augen zu treten. Es würde keine Frage geben, der er nicht gewachsen war.

Als er einige Tage danach wieder vor dem Papst stand, fühlte er sich sicher: Ja, dies war der Weg, auf den er und seine Brüder gerufen waren. „Was hast du getan, seit dem letzten Mal?", fragte ihn der Papst. „Ich habe gebetet und geträumt", sprach Franziskus zum Papst. „Ich habe gebetet, wie Ihr mich angewiesen habt. Aber erst in der Nacht, im Traum, ist mir die Wahrheit als Gleichnis gezeigt worden." – „Nun", ließ sich der Papst hören, „in Träumen ist manche Erkenntnis verborgen. Rede, was du geschaut hast!"

Franziskus sprach: „Ein Mädchen lebte in Armut und Ödnis. Da kam ein König und sah das Mädchen. Es wurde schön in seinen Augen und er freite um sie. Sie war bereit, ihn zu heiraten, und sie feierten Hochzeit. Im Laufe der Jahre brachte sie ihm so viele Kinder zur Welt, dass man sie gar nicht mehr zählen konnte. Sie wurden größer, und ihre Mutter sagte zu ihnen: ‚Kinder, seid ohne Furcht, seid ohne Sorge, denn euer Vater ist ein König. Wann immer ihr etwas braucht, kommt an seinen Hof, und er gibt euch alles, was ihr nötig habt.‘ Als der König diese Kinder sah, staunte er über ihre Schönheit und merkte, dass sie ihm glichen. Da fragte er sie: ‚Wessen Kinder seid ihr?‘ Sie gaben ihm zur Antwort, ihre Mutter sei das Mädchen aus Armut und Ödnis, das in seinem Ansehen schön und seine Frau geworden sei. Da nahm der König die Kinder voller Freude in die Arme und sagte zu ihnen: ‚Habt keine Angst, ihr seid meine Kinder. Ihr seht ja, an meinem Tisch speisen sogar viele Fremde. Ihr als meine rechtmäßigen Kinder habt erst recht einen Anspruch darauf.‘ Und er ordnete an, alle seine Kinder von dieser Frau aus der Ödnis sollten an seinem Hof versammelt und mit allem wohl versorgt werden.“ Die Umstehenden schauten sich betreten an, als Franziskus mit seinem Traum geendet hatte. Bischof Guido wurde es höchst unwohl in seiner Haut. Wie würde der Papst auf diesen freimütig vorgetragenen Traum reagieren.

Der Papst ließ sich nicht das Geringste anmerken; er hatte sich die Geschichte scheinbar mit der größten Offenheit und Geduld angehört. „Nun, ich werde dir deine Geschichte deuten, Franziskus. Du denkst: Die arme Frau, das bin ich. Und der König, das ist Gott. Und du bist nichts wert und lebst irgendwo, sagen wir: in Assisi. Und Gott sieht dich an. Und du wirst schön im Anblick seiner Güte. Und die Kinder, das sind die Brüder, wie sie hier stehen. Und Gott wird für sie sorgen, denn wenn er seine Gnade schon an die Unwürdigen austeilt, um wie viel mehr wird er für die sorgen, die das heilige Evangelium befolgen und andere darin unterweisen. Ist es so Franziskus? Habe ich dir deinen Traum richtig gedeutet?" – „Ihr habt ihn so gedeutet, wie ich ihn verstanden habe", antwortete Franziskus im Ton großer Bescheidenheit. Die Spannung im Raum war mit Händen zu greifen.

„Nun, Franziskus", sprach der Papst, „ich werde dir auf deinen Traum eine Antwort erteilen. Denn ich habe eine Antwort! Nicht nur du hast geträumt! Auch mir wurde in der Nacht ein Traum zuteil. Mir träumte, die Kirche des heiligen Johannes vom Lateran sei gerade dabei einzustürzen. Das Gebälk krachte, die Decke bröckelte, die Mauern wollten auseinander brechen. Da sah ich, wie ein kleiner, unscheinbarer Mann hinzutrat und seine Schultern unter die wankenden Gewölbe schob. Und siehe, die Kirche stürzte nicht ein, und sie wurde aufgerichtet durch die Kraft des unscheinbaren Mannes." Gemurmel brach aus, doch vom Papst kam kein Zeichen, es zu beenden. Der Papst schaute wie in weite Fernen. „Genug der Träume!", rief er schließlich, „wir sind wegen anderer Dinge zusammengekommen. Also lasst uns sprechen über die Zulassung dieser neuen Gemeinschaft der Brüder vom niedrigen Leben."

Franziskus war noch immer von dem Traum des Papstes bewegt. Schon während der Rede Innozenz' III. war ihm San

Damiano in den Sinn gekommen, hatte er die Stimme gehört: „Baue meine Kirche wieder auf!" Es war nicht bei San Damiano geblieben. Es durfte auch nicht bei Steinen bleiben. Franziskus zitterte am ganzen Leib, so durchfuhr ihn das Wort von neuem: „Baue meine Kirche wieder auf!"

Papst Innozenz hob die Hand zum Segen. Wie durch einen Schleier hörte Franziskus den Bescheid des Papstes: „Franziskus, du und deine Brüder, Ihr habt unsere Erlaubnis, alle Menschen im Leben nach dem Evangelium zu unterweisen. Und ich billige bis auf weiteres die Lebensform, die ihr mir vorgelegt habt." Unverzüglich trat Kardinal Giovanni nach vorn und sprach: „Bruder Franziskus, versprichst du dem Herrn Papst Innozenz III. Gehorsam und Ehrfurcht?" – „Ja, aus ganzem Herzen." Und der Papst erklärte feierlich: „Franziskus, alle, die dir folgen, sollen auf gleiche Weise dir Gehorsam und Ehrfurcht geloben." Er hob wieder die Hand und machte das Zeichen des Kreuzes. „Geht mit unserem Segen, im Namen des Vaters und des Sohnes und des Heiligen Geistes. Amen."

9. Kapitel

Klara

Zwei Wochen später gab Bischof Guido die Neuigkeit im Sonntagsgottesdienst von der Kanzel in San Rufino aus bekannt: „Unsere Heiligkeit, Papst Innozenz III., hat Franziskus und seinen Brüdern die Erlaubnis zum Predigen erteilt."

Die Reaktionen, die anschließend auf der Piazza vor San Rufino laut wurden, reichten von schierer Verwunderung bis deutlichem Missfallen. Elias di Bonbarone schüttelte den Kopf: „Wie haben es diese Leute geschafft, bis zum Papst vorzudringen?" Darauf meinte Don Marescotto: „Du kannst sicher sein, da hat unser Bischof nachgeholfen." Ein gewisser Angelo ließ sich mit der Meinung vernehmen: „Das sind alles nur politische Spielchen. Ihr kennt doch den Bischof! Der alte Fuchs will die Stadt unter Kontrolle behalten. Diese religiösen Unruhestifter hat er geschickt an die Kette gelegt. Und sonst ist ihm doch alles recht, wenn es die Leute nur mit der Kirche halten."

Scipiones Sohn Rufino räumte ein: „Auch mich hat die Anerkennung des Papstes überrascht. Doch ehrlich gesagt, höre ich Franziskus recht gern zu, wenn er zu den Leuten spricht. Er hat so eine Gabe, einem die göttlichen Dinge aufregend zu erklären." – „Wenn er noch wüßte, wovon er redet!", schnaubte ein verdrossener Kanonikus von San Rufino. „Denn eines steht fest: Von Theologie hat der Sohn des Bernardone nicht den Schimmer einer Ahnung. Vom Lateinischen kennt er nicht einmal die Grundzüge ..." – „Wie unser Herr Jesus ...", rief ein frecher Jugendlicher – „... nicht einmal die Grundzüge, sage ich! Und da will er studierten Priestern predigen, und der Papst – Gott habe den alten Mann selig! – lässt einen solchen Unsinn zu, billigt ihn auch noch. Das soll einer begreifen! Übrigens, Silvester ist auch im Tal." – „Nein im Ernst? Silvester!", rief Don Marescotto aus. „Meint Ihr Kanonikus Silvester?" – „Genau den. Der hat schon immer gewusst, wo der Wind pfeift." Elias schaute seinen Nachbarn schmunzelnd an: „Wann sind wir dran?" Marescotto lachte spöttisch: „Da sehe ich keine große Gefahr!"

*

Jeden Tag gab es neue Nachrichten, die in allen Kreisen der Stadt herumgereicht wurden: „Wisst ihr schon, dass sie umgezogen sind?" – „Wohin denn?" – „Von Portiuncula in das alte Gebäude in Rivo Torto." – „Wie, etwa in den alten Schuppen unten im Tal? Aber doch wohl nicht alle miteinander? Da ist gerade einmal Platz für eine Hand voll Leute!" – „Du würdest dich wundern, für wie viele Leute dort Platz ist. Ich habe es mir mit eigenen Augen angeschaut." – „Aber dann geht es da wohl drunter und drüber?" – „Oh, keineswegs! Es geht höchst emsig, ansonsten aber ruhig, freundlich und überaus friedlich zu, wie in einem wohl organisierten Ameisenhaufen. Franziskus achtet sehr darauf, dass keinerlei Unordnung entsteht. Jeder der Brüder hat einen Platz. Franziskus hat ihn bezeichnet und den Namen der einzelnen Brüder mit Kohle an den Deckenbalken gemalt. Ich habe das selbst gesehen." – „Habt ihr gehört, wie Franziskus den Otto von Braunschweig begrüßt hat, als er auf dem Weg zur Kaiserkrönung in Rivo Torto vorbeikam?" – „Nein. Aber ich kann mir nicht vorstellen, dass er sich unter die jubelnde Menge am Straßenrand gemischt hat." – „Nun, er befahl allen Brüdern, im Haus zu bleiben; nur Bruder Masseo nahm er davon aus. Den schickte er dem kommenden Kaiser mit seinem prunkvollen Gefolge entgegen, damit er unablässig rufen sollte: ‚Wie schnell ist deine Pracht dahin! Wie schnell ist deine Pracht dahin!'" – „Und – hat er das tatsächlich gewagt?" – „Natürlich, diese Brüder gehen doch vor Fürstenthronen nicht in die Knie! Schon gar nicht Masseo; er ist eine edle Gestalt, ein sehr ernster Mann, den niemand versehentlich für einen Narren hält." – „Und was hat Otto mit Masseo gemacht?" – „Nichts."

*

Bald wusste man wieder eine Neuigkeit zu berichten: „Gestern sind sie von Rivo Torto wieder weggezogen. Bei Santa Maria degli Angeli wollen sie neuen Unterschlupf finden." – „Na, das war aber ein kurzes Gastspiel. Wurde es ihnen doch zu eng? Oder was hat sie vertrieben?" – „Ein Bauer aus der Umgebung mit seinem Esel." – „Oh, ein Bauer mit seinem Esel hat ihnen Beine gemacht? Der hat ihnen wahrscheinlich große Furcht eingejagt?" – „Nun, er hat ihnen jedenfalls handfest deutlich gemacht, dass sie an diesem Ort nicht erwünscht sind. Der Bauer riss die Tür des Hauses auf, trieb seinen Esel hinein und schrie dabei: ‚Hinein mit dir! Hinein mit dir! Das ist gerade die richtige Unterkunft für uns!'" – „Na, mit dem wären die Brüder doch handelseinig geworden! Unter ihnen sind doch etliche, die eine grobe Handschrift verstehen." – „Das ist nicht die Art eines Franziskus. Ich glaube, er hat an die Schriftstelle gedacht: ‚Wo man euch nicht aufnimmt, da schüttelt den Staub von den Füßen'. Er gab kurzerhand das Zeichen zum Aufbruch – zu packen war ja buchstäblich nichts – und ließ Bauer und Esel mit Freundlichkeit in Rivo Torto zurück."

*

Franziskus standen nun nicht mehr nur die Gassen und Plätze Assisis offen. Das Wohlwollen des Papstes hatte ihm die Kirchen, ja sogar die Kathedrale von Assisi geöffnet. Und die Leute strömten herbei, nicht mehr um sich von Kühnheiten schockieren zu lassen, sondern um sich ergreifen zu lassen von einem, der das Evangelium neu las und es las wie kein anderer. Die den Skandal suchten, blieben jetzt fern. Die für Vertiefung, Erschütterung, Veränderung bereit waren, kamen umso treuer. Unter den Zuhörern dieser Art befanden sich eines Tages Bona und Pacifica di Guelfuccio sowie Ortolana Offreduccio und ihre Tochter Klara.

Die Familie Offreduccio war nicht irgendwer in Assisi. Favarone Offreduccio, seine Frau Ortolana und die vier außerordentlich hübschen erwachsenen Töchter Penanda, Klara, Agnes und Beatrice waren vornehmer alter Adel. Wie ihre Schwestern, so hatte auch Klara als Kind die Zerstörung des Stadtpalasts und die zeitweise Vertreibung ihrer Familie aus Assisi nach Perugia miterlebt. Schließlich hatte die Familie Offreduccio wieder nach Assisi zurückkehren und ihren Wohnsitz neu aufbauen können. Die Offreduccios galten als reich, kultiviert und fromm. Ortolana war – ein kühnes Unterfangen für eine Frau in dieser Zeit – im Heiligen Land gewesen, hatte das Grab Christi und die anderen großen Stätten besucht.

Natürlich hatte Klara Offreducio aus der Ferne mitverfolgt, wie aus dem bürgerlichen Nichtsnutz Franziskus ein Mann von scharfem geistigem Profil wurde. Sie redete nicht davon, aber die Geschichte beschäftigte sie bei Tag und Nacht.

Ihr eigenes Dasein fand sie bis ins Einzelne vorgezeichnet und eingezwängt in eine nicht enden wollende Fülle konventioneller Verpflichtungen. Bestimmte Ordnungen mussten beachtet, bestimmte Verhaltensweisen eingeübt, ein bestimmter Bildungskanon absolviert werden, damit sie, Klara, die Voraussetzungen für eine standesgemäße Ehe erfüllte. Sorgen mussten Klara und ihre Schwestern nicht haben. Nach dem Abklingen der revolutionären Wirren hatte man sich wieder arrangiert und in einigem Wohlstand eingerichtet. Man konnte seine Tage und Jahre mit Muße und Kurzweil verbringen.

Was anderes konnte eine adlige Frau tun, als im Schutz ihres Wohnhauses ihren Alltagsverrichtungen nachzugehen und gelegentlich in schützender, abschirmender Begleitung kurze Ausgänge zu unternehmen? Sogar der Glaube gehörte zu diesen Beschäftigungen; er war eine feste Gewohnheit, hatte seine Zeiten und Übungen, war eine jener subtilen Verzierungen, deren ihr im Grunde langweiliges Dasein so reich war.

Je länger Klara Franziskus beobachtete, desto brennender nahm sie das Feuer war. In Klara verdichtete sich alles. Äußerlich bewahrte sie vollkommene Ruhe. In ihr brodelte ein Flammenmeer. Ja, auch in ihr war Feuer, heftiges Feuer sogar, und sie suchte die Nähe zu Franziskus, um ihr Feuer mit dem seinen zu vergleichen.

Noch etwas schürte die Flammen in ihr. Ranieri di Bernardo, ein junger und reicher Adliger, bemühte sich in den letzten Tagen auffällig um sie, offenbar mit Billigung beider Familien. Don Ranieri wäre eine großartige Partie; als seine Frau würde sie ein sorgloses Leben führen. Aber gerade diese Vorstellung schreckte sie: mit einem reichen Adeligen verheiratet, versorgt, behütet zu sein, verurteilt zu einem angenehmen, aber langweiligen Leben. Sie würde Kinder haben und sie großziehen für genau das gleiche müßige Dasein, zumal die Mädchen.

Gab es sie, Klara, dazu? War das ihr Bestimmung: diesem Raniero oder irgendeinem anderen Raniero die repräsentative Gattin zu sein? Und waren die Gebete dazu da, einen fernen Gott täglich daran zu erinnern, er möge Macht und Wohlstand der Familie erhalten, ja mehren, er möge die Feinde zum Teufel jagen und sie bei bester Gesundheit erhalten? Die Religion, die auszuüben man sie gelehrt hatte, kam ihr wie die kleine Münze vor, die man beim Ausgang aus der Kathedrale verschämt dem Bettler in die Hand drückt. Kleine Münze, kleine Münze, dachte sie. Kleine Münze für das ewige Leben.

Franziskus hatte mit der kleinen Münze nichts zu schaffen.

Als Klara an diesem Abend ganz aus der Nähe Franziskus erlebte; als sie hörte, wie er vom Glauben erzählte als einer Leidenschaft für Gott; als er schilderte, wie Gott ihm alle seine Pläne und Wege durchkreuzt und ihm keine Ruhe gelassen hatte; als er beschrieb, wie das Evangelium die Menschen herausreißt aus ihrem Kreisen um sich selbst; wie es ihnen zumutet, sich einzig auf Gott zu verlassen, und wie der Mut dazu Freiheit schenkt, und wie er immer wieder erfahre, dass die Versprechungen des Evangeliums stimmten und ihm nie etwas fehle, was er brauche – da wusste sie: „Das ist Feuer. Dasselbe Feuer, das auch in mir brennt. Das will auch ich. Das ist mein Weg."

*

In der Folge versuchte Klara mit allen Mitteln, mit Franziskus Kontakt aufzunehmen. Es gelang ihr, ihm über ihren Vetter, Bruder Rufino, eine Botschaft zukommen zu lassen. Schließlich wurde es sogar möglich, dass sie und ihre Freundin Bona sich mit Franziskus und Bruder Filippo heimlich treffen konnten.

Franziskus hatte erwartet, eine naive Schwärmerin suche den Kontakt mit ihm; das hatte er verschiedentlich erlebt. Aber die junge Frau, die ihm gegenübertrat, war nicht zaghaft und nicht unsicher und schon gar keine Schwärmerin. Vor ihm stand zwar ein zauberhaft anzuschauendes Geschöpf, mit prächtig leuchtendem goldenem Haar, doch zugleich ein Mensch von unglaublicher geistiger Präsenz und einer solch kraftvollen Ausstrahlung, dass Franziskus erschrak. Der Schrecken war der Schrecken der Erkenntnis. Franziskus erkannte Klara, wie Klara Franziskus vor Tagen schon erkannt hatte, als er in San Rufino von Gott sprach. Was zwischen ihnen zu sprechen war, war nur die gegenseitige Eröffnung. Es war das gleiche Feuer. Der gleiche Weg. Die gleiche Berufung.

Ihre Absicht, so wie Franziskus zu leben, wurde immer stärker, wurde bedrängende Gewissheit. Jetzt mussten Mittel und Wege gefunden werden, wie sie das in die Tat umsetzen konnte. Klara gelang es, bei Bischof Guido „wegen einer dringenden Gewissensangelegenheit" eine Audienz zu erhalten. Sie schilderte dem Bischof ihre Überlegungen und Absichten und fragte ihn, ob er sie in den Stand der Ordensleute aufnehmen und ihr erlauben könne, die vom Papst genehmigte Lebensform von Franziskus zu übernehmen. Bischof Guido reagierte zurückhaltend. Der Papst hatte seine Genehmigung nur vorübergehend und nur mündlich erteilt, und von der Genehmigung eines weiblichen Zweiges war überhaupt keine Rede gewesen. Das war jetzt zwei Jahre her. Inzwischen hatte Franziskus die rasch wachsende Schar seiner Brüder über ganz Italien hin zum

Predigen ausgesandt. Die Lebensform der Brüder war auf diese Predigttätigkeit zugeschnitten. Deshalb waren sie immer unterwegs, deshalb verzichteten sie auf eigene Grundstücke und Häuser, deshalb waren sie arm. Frauen aber durften nicht predigen. Folglich sah er nicht, weshalb diese Lebensform für Frauen geeignet sein sollte. Sollten jetzt auch noch Frauen wild über die Straßen ziehen? Nein, das nicht. Frauen gehörten hinter schützende Klausurmauern.

So verließ Klara den Bischof ohne große Hoffnung, er werde ihr helfen. Aber ihr eiserner Wille, es Franziskus nachzutun, war damit nicht gebrochen. Im Gegenteil, sie spürte, jetzt wurde es spannend: Gott hatte sie berufen. Nun war *er* an der Reihe. Nun musste *er* ihr die verschlossenen Türen öffnen.

*

In ihrer Familie hatte Klara noch nicht offen von ihrer Berufung und ihren Plänen gesprochen. Aber natürlich war nicht verborgen geblieben, dass sie zunehmend mit innerer Teilnahmslosigkeit, ja Kritik am gesellschaftlichen Leben teilnahm und sich daheim zurückzog. Ihr Onkel Monaldo machte sich deshalb in letzter Zeit Sorgen um sie. Schließlich kam er zur Überzeugung, er müsse energisch einschreiten. Und er wusste, was er tun wollte.

Die Offreduccios waren infolge der Wirren in Assisi und ihrer zeitweisen Vertreibung vorübergehend verarmt und hatten einige Jahre gebraucht, um sich von ihrem Schaden zu erholen. So hatten sie auch mit dem Verheiraten der Töchter ihrer Familie einige Jahre zugewartet, damit diese wieder für angemessene Partien interessant würden.

Doch jetzt verfügte die Familie wieder über den angemessenen Wohlstand, um in gut gestellten Kreisen familiäre Bindungen anknüpfen zu können. Und da Don Ranieri bereits mehrere Male sein Interesse für seine Nichte Klara bekundet hatte, lag nichts näher, als diese Entwicklung etwas zu beschleunigen.

So lud Monaldo eines Abends Don Ranieri zusammen mit Don Pietro di Damiano, einem Nachbarn der Offreduccios, zum Abendessen ein. Nach einiger Zeit verstand man sich in der Runde auch zunehmend gut, es wurde erzählt und gescherzt und diskutiert und dabei reichlich dem Wein und den üppigen Speisen zugesprochen. Allerdings merkte Donna Ortolana, dass sich Monaldo zunehmend über Klaras reserviertes, ja abweisendes Benehmen ärgerte.

Schließlich lenkte Scipione das Gespräch in die Richtung, um derentwillen man eigentlich dieses Essen veranstaltet hatte.

Er lächelte Klara und Caterina zu und sagte: „Dass zwei so wunderhübsche junge Frauen immer noch nicht verheiratet sind, ist eigentlich ein Wunder." Don Ranieri suchte Klaras Blick, aber sie entzog ihm diesen beharrlich. Sie verschluckte sich, wollte sich rasch den Mund zuhalten und stieß dabei mit der Hand ihr Weinglas um. Sein Inhalt ergoss sich über den Tisch und ihr Kleid. Daraufhin eilte sie erschrocken hinaus und ließ sich den ganzen Abend nicht mehr sehen.

Als sich die Gäste zu später Stunde verabschiedet hatten, ließ Monaldo seiner Wut freien Lauf: „Was denkt sich dieses Mädchen eigentlich? Will sie als alte, fromme Jungfer vertrocknen?"

*

Klara wusste, dass bald etwas Konkretes geschehen musste. So bemühte sie sich unter einem neuen Vorwand um ein weiteres Gespräch mit Bischof Guido. Der Bischof hatte bereits gerüchteweise gehört, Monaldo wolle sie mit Don Ranieri verheiraten, und zwar schon bald.

„Herr Bischof", sagte Klara, „Ihr erinnert Euch an unser letztes Gespräch. Sooft ich darum bete, den Willen Gottes für mein Leben zu erkennen, kommt mir immer deutlicher der Wunsch, ein Leben nach dem Evangelium zu führen, wie Franziskus es tut. Das ändert sich nicht. Es wird nur immer stärker."

Bischof Guido atmete tief durch: „Nun, nun, meine Tochter, was sind das für Dinge! Man darf bei seinen Überlegungen nicht nur auf das, was du ‚innere Stimme' nennst, bauen. Auch die äußeren Umstände sind Hinweise, wie es Gott mit uns meint. Monaldo will gewiss das Beste für Euch. Und soviel ich weiß, ist Don Ranieri sehr daran interessiert, Euch zur Frau zu bekommen. Ein aufrichtiger, tadelloser Mensch! Außerdem großzügig. Er lässt Euch bestimmt die Freiheit, Euch Werken der christlichen Nächstenliebe zu widmen. So hindert Euch nichts, auf Eure Weise das Evangelium zu erfüllen."

„Nein, Herr Bischof …" – „Nein?" – „Nein, dieser Gedanke

ist mir unvorstellbar. Das Evangelium verlangt mehr als hie und da eine kleine Münze – von mir jedenfalls. Unser Herr hat Menschen berufen, ihm nachzufolgen und so zu leben wie er. Er hat nicht gesagt, jeder solle dort bleiben, wo er ist, und ein wenig Gutes tun. Die Apostel und unzählige andere haben alles verlassen, um seine Lebensweise zu führen. Franziskus und seine Brüder zeigen uns, dass das möglich ist. Noch keiner von ihnen ist verhungert. Warum soll das für Frauen nicht auch möglich sein?"

„Klara, darüber sprachen wir bereits", versuchte der Bischof seine Geduld zu wahren. „Der Papst hat diese Lebensform nur für Franziskus und seine Brüdergemeinschaft erlaubt, nicht für Frauen. Er hielt diese Lebensweise für richtig, weil die Brüder ganz frei für die Predigt sein wollten. Als Frau könnt Ihr aber doch gar nicht predigen, und dann ist auch diese Lebensform hinfällig, die um der Predigt willen eingerichtet ist." Doch Klara gab nicht so schnell nach. „Von den Brüdern predigen nicht alle. Manche haben dazu gar nicht Gabe. Nicht wenige sorgen durch andere Arbeit für den Lebensunterhalt derer, die predigen. Das wäre doch auch für mich eine Möglichkeit. Oder ich könnte als Einsiedlerin leben und allen, die zu mir kommen, von der Liebe Gottes predigen und sie in einem Leben nach dem Evangelium unterweisen."

„Das geht nicht, Klara", beharrte der Bischof. „Ihr könnt nicht als einzige Frau einer Gemeinschaft von Männern angehören. Es gibt bei den Häretikern genügend Beispiele für Gruppen, in denen Männer und Frauen zusammen sind und ein zügelloses Leben führen. Wenn Ihr für die Prediger beten wollt, wäre eher daran zu denken, dass Ihr bei den Nonnen von San Paolo eintretet. Da hättet Ihr genügend Raum für das Gebet und den nötigen schützenden Rahmen dafür."

„Herr Bischof", wandte Klara hartnäckig ein, „ich will und ich werde nicht bei den Nonnen von San Paolo eintreten. Sie haben großen Besitz, den sie ständig verteidigen müssen. Sie führen selbst zwar keinen Streit, aber sie müssen immer wieder andere losschicken: Advokaten, die um ihre Einkünfte und Liegenschaften schachern und streiten. Das will ich nicht. Ich will aus diesem endlosen Streit und Krieg um Besitz und Eigentum herauskommen, so wie Franziskus und seine Brüder. Sie haben nichts, und folglich brauchen sie um nichts zu streiten. Sie geben alles und bekommen alles. So will auch ich leben."

Der Bischof schüttelte den Kopf und sagte nichts mehr. Klara war eine neunzehnjährige, ungemein selbstständig denkende junge Frau, und was sie sagte, war nicht einfach von der Hand zu weisen. Es war genau genommen nicht einzusehen, weshalb grundsätzlich nicht auch Frauen zu einer ähnlichen Lebensweise wie Franziskus berufen sein könnten.

„Ihr werdet frieren, Klara, und allein sein…" – „Allein werde ich nicht sein", wandte Klara ein. „Caterina wird mit mir gehen." – „Deine Schwester?", entfuhr es dem Bischof. Klara nickte. „Bitte, Herr Bischof" – Klaras Stimme wurde drängend – „unsere Familie ist mächtig, aber nicht mächtig genug, Euch die Stirn zu bieten. Um des Herrn und seines Evangeliums willen erlaubt mir, mich Franziskus anzuschließen."

„Ihr wollt also in voller Freiheit statt irdischen Reichtums die Armut wählen?", fragte sie der Bischof noch einmal, aus Sorge, sie überblicke immer noch nicht die volle Tragweite ihrer Bitte. „Ja, ich will", gab Klara zur Antwort. „Ihr wollt statt der Vermählung das ehelose Leben wählen?", fragte er weiter. „Ich wähle die Vermählung mit meinem Herrn Jesus Christus", gab Klara zur Antwort. „Ihr wollt statt der Ehre die Verachtung der Welt und die Verachtung Eurer Familie wählen?" – „Ich wähle lieber die Verachtung der Welt als ihre Ehre, lieber die Armut als ihren Reichtum."

„Wo werdet Ihr leben?" – „In San Damiano!" – „In San Damiano? San Damiano gehört mir … Nun ja, grundsätzlich wäre das möglich", entfuhr es dem Bischof. Dafür gab es Beispiele. Auch andere kleine Gemeinschaften von Frauen lebten in ähnlichen Verhältnissen. Don Pietro war alt und krank, aber die Messe könnte er den Frauen schon noch lesen. Damit wären sie priesterlich betreut. Klara und Caterina würden ja wohl ihre Mitgift mitbringen, und die könnte als bescheidenes Grundkapital für die Versorgung der Frauen mit dem Nötigsten dienen. Aber der Bischof zögerte immer noch. Die Familie Offreduccio würde es nie und nimmer zulassen, dass sich sowohl Klara wie Caterina nicht verheiraten ließen, sondern eine derart merkwürdige Lebensart wählten. Er kannte Klaras Onkel Monaldo gut genug, um zu wissen, dass er notfalls beide mit Gewalt daran hindern oder sie notfalls wieder aus ihrem „Kloster" zurückholen würde. In San Damiano würden sie ihm jedenfalls wehrlos ausgeliefert sein.

„Doch, es wäre eine Möglichkeit, dass Ihr Euch im Tal ansiedelt. Ich könnte Euch unter meine Verantwortung nehmen und Euch Franziskus unterstellen. Aber dann müsstet Ihr vorerst im Kloster der Nonnen von San Paolo Zuflucht nehmen. Ich bin mir sicher, dass Euch sonst Euer Onkel mit Gewalt zurückholen und einsperren wird."

„Gewissheiten gibt es keine, Klara." Der Bischof runzelte die Stirn, als er die junge Frau verabschiedete. „Selbst von Franziskus und seinen Brüdern her nicht. Die Leute werden über Euch lästern, weil Ihr über Eure Familie Schande gebracht habt." – „Es ist eine Frage des Glaubens", lächelte Klara. Bischof Guido schwieg.

10. Kapitel

Der Kampf um die Freiheit

Die Hufe von sieben Pferden wirbelten eine hohe Staubwolke auf, als die Ritter Offreduccio in Richtung Moinano-Tor sprengten. In Assisi kochte eine neue Aufregung hoch.

„Klara Offreduccio ist verschwunden", erzählte keuchend Muzio und rannte wichtigtuerisch zwischen den Leuten auf dem Stadtplatz umher. „Abgehauen oder entführt?", wollte jemand wissen. Celino wusste es: „Sie ist von daheim fortgelaufen, ins Tal, um sich Franziskus Bernardone anzuschließen." – „Das wird immer verrückter mit dieser Gruppe, jetzt machen sie uns auch noch die schönsten Frauen abspenstig. Möchte nicht wissen, wie es da drunten zugeht. Ein lustiges Kloster." Muzio schaute verständnisinnig in die Runde. „Wie die da leben", beschwichtigte Alduccio, „das hält sie nicht aus. Eine Frau kann unmöglich die Lebensbedingungen der Brüder teilen. Das überlebt sie nicht." Filippo di Giacomo wusste bereits mehr: „Ach, das ist doch Unsinn. Klara lebt nicht mit den Brüdern zusammen. Sie ist inzwischen bei den Nonnen von San Paolo. Also wird sie Benediktinerin. Das ist doch standesgemäß." – „Nein, die Gerüchte stimmen", entgegnete Filippo di Giacomo, „sie wird nicht Benediktinerin. Sie will sich dort nur darauf vorbereiten, nach der Weise des Franziskus zu leben. Wenn Ihr mich fragt: Da steckt der Bischof dahinter."

*

Im Licht des Vollmonds schlug sich Klara durch die Felder. Das Herz schlug ihr bis zum Hals. Sie spürte eine Freiheit wie noch nie, eine rauschhafte Bereitschaft, allem, was kommen würde, mit fliegenden Fahnen entgegenzugehen. Vom Laufen ganz erhitzt, wollte sie das Tempo ihrer Flucht ein wenig vermindern. Da blitzten Fackeln durch das Unterholz. Waren es Verfolger? Ein Schrecken durchfuhr sie, doch bald erkannte sie schemenhaft die Umrisse der Brüder Franziskus, Bernardo, Filippo sowie ihres Vetters Rufino. Die erwarteten sie, wie abgemacht, an einer bestimmten Stelle am Waldrand, umarmten und begrüßten sie überschwänglich und nahmen sie in ihre Mitte. Schweigend wurde Klara von Franziskus und den Brüdern durch den Wald geleitet. Umgeben von ihnen fühlte sie sich vollkommen sicher und geborgen. Sie verschwendete keinen Gedanken mehr darauf, dass ihre Flucht wohl längst entdeckt war und ihr Vater alle Hebel in Bewegung gesetzt haben musste, sie aufzuspüren. Der bereits frühlingslaue Wind raschelte leise in den Blättern der hohen Eichen. Es war, als breiteten sie ihre ausladenden Zweige wie einen Schutzmantel über sie und die Brüder.

Schließlich erreichten sie das Kirchlein Santa Maria degli Angeli. Dort waren die anderen zum Stundengebet der Matutin versammelt. Sie verrichteten es in der warmen Jahreszeit gegen Morgen hin in der Nacht. Die Gruppe trat ein, doch die Brüder unterbrachen das Gebet nicht, sondern nahmen Klara und die anderen mit hinein in den Raum ihres Sprechens zu Gott. Nach den Psalmen trug Bruder Leo den Text der Lesung aus den Kirchenvätern vor. Er stammte aus einer Homilie des heiligen Augustinus. Darin war von Maria Magdalena die Rede, die ein kostbares Pfund Nardenöl dazu verwendet hatte, die Füße Jesu zu salben. Über diese Verschwendung hatten sich einige Umstehende aufgeregt. Der heilige Augustinus erklärte, in der Bezeichnung pisticus für diese Salbe stecke „pistis", das griechische Wort für „Glauben". Folglich sei mit dieser Erzählung gemeint, Maria Magdalena habe Jesus grenzenlosen, verschwenderischen Glauben geschenkt. Ein lebendiger Glaube habe immer etwas Verschwenderisches an sich. Er weigere sich, zu rechnen und zu zählen. Wer glaube, werde immer zum Verschwender dessen, was andere krampfhaft festhielten. Kleingläubige Menschen würden unvermeidlich daran Anstoß nehmen.

Klara war es, als habe der Heilige diese vor hunderten von Jahren erdachten Worte für sie ganz persönlich niedergeschrieben. Ein tiefes Glücksgefühl überkam sie, derweil die Brüder kurze Zeit still verharrten, bis Bruder Angelo den Antwortgesang anstimmte: „Meine Feinde richten sich mit Vorwürfen gegen mich. Sie sehen mich an und schütteln den Kopf. Hilf mir, o Herr, du mein Gott!"

Die Brüder wiederholten den Kehrvers einstimmig: „Hilf mir, o Herr, du mein Gott!" – „Ja", stimmte Klara bei sich ein, „den entscheidenden Schritt habe ich getan, und ich spüre: Er war richtig. Jetzt aber musst du, o Gott, mir helfen, dass ich den Weg weitergehen kann!" Bruder Angelo sang weiter vor: „Mit lügnerischer Zunge reden sie über mich. Sie verfolgen mich mit Worten voller Hass." Und mit lauter Stimme rief Klara im Chor mit den Brüdern wiederum: „Hilf mir, o Herr, du mein Gott!"

Nach dem Ende der Matutin geleiteten Franziskus, Bernardo, Rufino und Filippo Klara nach vorn. Sie kniete nieder, nahm ihren Umhang und ihre wenigen Schmuckstücke ab und legte alles auf den Marienaltar. Franziskus zog ihr die gleiche grobe Kutte über, die die Brüder trugen. Dann kniete sie wieder auf den Boden. Klaras goldgelbe Haare leuchteten in den ersten Strahlen der gerade aufgehenden Sonne, die sich im Fenster der Kapelle brachen.

Franziskus griff nach einer Schere, fasste eine Strähne dieser so schönen Haare und schnitt sie ihr ab. Bernardo trat hinzu und tat das Gleiche, und ihnen schlossen sich Rufino und Filippo an, bis ihr Kopf kunstlos und grob geschoren war. Dann gaben ihr diese vier Brüder im Namen aller anderen den Friedenskuss und geleiteten sie zur Kirche hinaus.

Rufino und Franziskus brachten Klara noch in derselben Stunde zum Kloster San Paolo, wo man auf ihr Kommen vorbereitet war. Denn wie der Bischof geraten hatte, sollte sie im sicheren Schutz von San Paolo abwarten, bis die unvermeidliche Empörung und Wut über sie ausbrechen und dann allmählich verrauchen würde.

*

„Hilf mir, o Herr, du mein Gott!", wiederholte Klara bei sich immer wieder den Antwortruf aus dem nächtlichen Gottesdienst in Santa Maria degli Angeli. Sie fand sich in einer höchst gewöhnlichen Umgebung wieder, beim Gemüseputzen in der Klosterküche von San Paolo. Einer solchen Arbeit hatte sich Klara zeit ihres Lebens nie unterzogen. Die Äbtissin hatte sie kurz und kühl begrüßt und ihr gleich am nächsten Morgen einen Platz als Küchenhilfe zugewiesen. Offensichtlich war sie nicht begeistert, Klara unter ihren Schutz nehmen zu sollen; sie hatte es nur um des guten Einvernehmens mit Bischof Guido willen getan. Sie wusste, die geballte Wut der Familie Offreduccio würde sich auf ihr Kloster richten.

An diese Wut ihrer Verwandten musste Klara jetzt auch denken. Zum Glück war sie in San Paolo vor ihnen vorerst in Sicherheit. Das Kloster war mächtig und einflussreich, wurde von Bewaffneten beschützt und durch zahlreiche päpstliche Privilegien gesichert. Der Papst hatte den Nonnen das Recht gewährt, auch Frauen bei sich aufzunehmen, die ohne lebenslängliche Gelübde nach der Benediktsregel leben wollten. Jedem, der diese Frauen irgendwie behelligen sollte, drohte die Strafe des Interdikts und der Exkommunikation. Das wusste Klara; doch sie spürte auch, dass ihre neue Umgebung, die

Schwestern, mit denen sie zusammenarbeitete, sie nicht mit offenen Armen empfing. Es fielen bissige Bemerkungen über die Leute, die irgendwelche neuartigen Vorstellungen vom Leben nach dem Evangelium im Kopf hatten, als sei das Klosterleben, wie man es schon immer gelebt habe, nicht mehr gut genug.

*

Jemand legte ihr die Hand auf die Schulter. Sie wandte sich um und erblickte die Äbtissin. Diese gab ihr einen Wink mitzukommen. Sie geleitete sie in ein Besuchszimmer. Es war durch ein Gitter zweigeteilt. Eine Tür führte aus der Klausur hinein, von der anderen Seite konnten die Besucher vom Gästehaus her eintreten. Offenkundig sollte es zu einer Begegnung kommen, doch die Äbtissin hielt es nicht für notwendig, Klara darauf einzustimmen. Es dauerte nicht lange, und sie hörte, wie schwere Stiefelschritte nahten. Die Besuchertür wurde aufgerissen, und herein stürmten ihre Verwandten.

Die abgesandten Männer ihrer Familie blieben einen Augenblick wie vom Donner gerührt stehen. Ihre bildhübsche Klara war kaum wiederzuerkennen. Statt eines ihrer üblichen kostbaren Kleider und ihres Schmucks trug sie die raue, schäbige Kutte der Armen von Portiuncula. Klara sah im Gesicht ihres Onkels Monaldo die Zornesröte schwellen. Scipione spürte den bevorstehenden Wutausbruch und brach schnell das gefährliche Schweigen.

224

Er rief: „Klara, komm mit! Einfach wegzulaufen, das ist keine Lösung. Wir sorgen dafür, dass die Sache wieder in Ordnung kommt. Alles wird wieder gut." Klara entgegnete: „Die Sache ist bereits in Ordnung. Ich habe entschieden, mich dem Dienst Jesu Christi zu weihen. Ich gehöre nicht mehr zu euch. Ich bin keine Offreduccio mehr."

„Was redest du da, Klara", erwiderte Hugolino. „Du bist nicht bei Sinnen. Eine Offreduccio springt nicht einfach so aus dem Leben hinaus. Wenn du wieder klar bei Verstand bist, wirst du heiraten, Kindern das Leben schenken und deinem Mann und deiner Familie zur Ehre gereichen – und du wirst sehen, du wirst dein Glück darin finden."

„Ich bin bereits mit unserem Herrn Jesus Christus vermählt, und ich finde mein Glück bei ihm", entgegnete Klara mit klarer und fester Stimme.

Der Fall gestaltete sich schwieriger als angenommen. Hugolino zog die Augenbrauen hoch und sah die Äbtissin an, die zu Klaras Aussage nur mit den Schultern zuckte. Er war ratlos. Das war ja gar nicht möglich: Klara konnte doch nicht von einem Tag auf den anderen hier im Kloster die Gelübde ablegen. Die Äbtissin machte keine Anstalten, das genauer zu erklären, und Hugolino wusste nicht weiter.

Scipione wollte sich einmischen, aber es war zu spät. Monaldo mit vor Ärger hochrotem Kopf umfasste mit beiden Händen die Gitterstäbe, rüttelte wütend daran und schrie: „Wir möchten verdammt noch einmal wissen, was hier gespielt wird!"

Klara zuckte instinktiv zurück, und dabei verrutschte ihr

Schleier. Man konnte ein Stück ihres kahl geschorenen Kopfes sehen, und Monaldo verschlug es für einen Moment die Sprache. Hugolino zischte: „Wie eine Hure... man hat sie wie eine Hure zugerichtet." Monaldo brüllte die Äbtissin an: „Her damit, Sie geben sofort dieses Weib heraus, sonst..." Klara legte ihren Arm auf den der Äbtissin, die gerade antworten wollte, und antwortete selbst: „Onkel Monaldo, es ist zwecklos. Ich lasse mich nicht dem Dienst Gottes entreißen. Ich bin bereits mit Jesus Christus vermählt."

„Klara ist in den Ordensstand aufgenommen", erklärte die Äbtissin. „Sie untersteht nicht der Autorität meines Klosters, sondern der Autorität unseres Bischofs, in dessen Auftrag ich sie vorübergehend hier aufgenommen habe. Die Familie Offreduccio hat kein Recht mehr auf sie."

Monaldo blieb die Luft im Hals stecken, und er zitterte vor Wut. Hugolino trat nach vorn und legte ihm die Hand auf die Schulter. Das brachte Monaldo nur noch mehr in Wut. „Klara, ich lasse nicht zu, dass du die Familie Offreduccio zum Gespött der Stadt machst", dröhnte er. „Du wirfst dein Leben weg. Diese Lumpen, die du trägst, sind ein Hohn auf dein adliges Blut. Noch nie hat sich jemand aus deiner Familie so aufgeführt. Du kommst auf der Stelle mit uns! Auf der Stelle! Sofort!" Hilflos in seinem Zorn griff er mit der Hand durch die Gitterstäbe, als sei es ihm möglich, Klara zu fassen.

„Meine Herren, Sie sind hier ohne Recht", sprach die Äbtissin zu den Rittern Offreduccio, nahm Klara beim Unterarm und wandte sich zum Gehen. Monaldo tobte noch beim Hinausgehen: „Klara, das letzte Wort ist noch nicht gesprochen. Wir sehen uns wieder."

Zwei Tage später kamen Monaldo und Hugolino wieder zum Kloster. Die Äbtissin und zwei weitere Ordensfrauen waren zugegen. „Wir möchten auf der Stelle Klara sprechen. Klara kann hier kein Asyl beanspruchen. Dieses Kloster hier kann nur solchen Frauen Schutz gewähren, die nach der Regel des heiligen Benedikt leben wollen. Klara aber möchte nicht Benediktinerin werden", stellte Monaldo fest.

„Klara braucht auch gar kein Asyl von uns", beharrte die Äbtissin. „Sie hat das Kleid und die Haartracht der Ordensleute angelegt, wenn auch ein merkwürdiges Ordenskleid. So steht sie unter dem Schutz der Kirche. Ihr könnt nichts dagegen tun. Verschwindet und kümmert Euch um Eure Angelegenheiten."

Hugolino und Monaldo spürten, dass sie tatsächlich über keinerlei Handhabe verfügten. Ihr Vorstoß hatte auch einen anderen Sinn. Später sollte man sagen, sie hätten nichts unversucht gelassen. Die Äbtissin musterte sie kühl. Ebenso kühl sprach Monaldo: „Nun, so ist das nicht mehr unsere Angelegenheit. Es sind genug Zeugen hier. Klara ist von jetzt an keine Offreduccio mehr. In unserem Haus wird ihr Name nicht mehr über unsere Lippen kommen!" Ohne die Anwesenden noch eines weiteren Blickes zu würden, verließen Hugolino und Monaldo den Raum.

Die Äbtissin seufzte tief auf. Sie bat eine der beiden Ordensfrauen, Klara zu rufen. „Klara, deine Prüfung ist überstanden. Deine Familie hat dich vor drei Zeuginnen ausgestoßen. Nach dem Gesetz haben sie keine Gewalt mehr über dich. Du bist frei. Deine Zukunft liegt in deiner Hand."

*

Noch am selben Tag drang die Botschaft zu Franziskus. Schon am nächsten Morgen meldeten sich Franziskus, Bernardo und Filippo an der Klosterpforte. Klara eröffnete ihnen, dass sie nicht mehr lange hier in der Abtei bleiben könne und wolle. So beratschlagten sie gemeinsam, wo man sie unterbringen könne.

Filippo meinte: „Neben der Kirche Sant'Angelo di Panzo lebt eine Schwesterngemeinschaft. Ihr Leben ist einfach und wird dir in vieler Hinsicht entsprechen. Könntest du nicht dort dein Ideal verwirklichen?" Aber Klara erwiderte: „Brüder, ich möchte nach der gleichen Lebensregel leben wie ihr."

„Doch allein kannst du keine Gemeinschaft begründen", gab ihr Franziskus zu bedenken. „Übe dich für den Augenblick etwas in Geduld. Wenn sich dir weitere Frauen anschließen, wird Gott uns den nächsten Schritt zeigen."

Diesen Rat von Franziskus konnte Klara annehmen. Sie wusste, dass auch Franziskus über zwei Jahre lang für sich allein gelebt hatte, bevor sich ihm die Brüder Bernardo und Pietro angeschlossen hatten. Also würde sie es so machen wie er, wenn auch in etwas anderer Form. Sie würde nach Sant'Angelo di Panzo gehen und dort nichts tun – wie Franziskus einst nichts tat – und beten, beten, dass Gott sich ihrer Sache annehme.

*

Klara war erst einige Tage nach Sant'Angelo di Panzo umgezogen, als Caterina den Palazzo der Offreduccios verließ. Zwar hatte Klara gehofft, ihre Schwester werde sich ihr eines Tages anschließen, aber dass sie das so schnell und in gleicher Radikalität tun würde wie sie, hatte sie nicht geglaubt.

Klara schloss ihre schluchzende Schwester in die Arme. „Bist du wegen mir gekommen?", fragte Klara. „Ich bin nicht wegen dir gekommen, so sehr ich dich liebe und dich vermisst habe. Und ich bin auch nicht wegen Franziskus gekommen, so sehr ich ihn bewundere." Klara hatte einer richtigen Antwort entgegengebangt. Diese Antwort war richtig. „Und, Caterina, für was bist du bereit?", fragte sie noch. „Für alles." Mehr war nicht zu erfragen, mehr nicht zu sagen. So begann Caterina, mit Klara zusammen in Sant'Angelo di Panzo zu leben.

*

Darauf, dass auch Caterina sich der Familie entziehen würde, waren die Offreduccios nicht vorbereitet. Als sie hörten, sie habe sich bei Klara eingefunden, trommelten sie einige Nachbarn zusammen, und in einem verzweifelten Versuch, doch noch das Blatt zu wenden, führte Monaldo ein Kommando von zwölf Reitern an, die sich nach Sant'Angelo begaben.

Sie schlichen sich in die Kirche, wo sie tatsächlich gerade Klara und Caterina beim Gebet antrafen. Monaldo würdigte Klara keines Blickes, sondern trat energisch auf Caterina zu und fuhr sie an: „Caterina, was fällt dir ein? Du kommst sofort mit uns nach Assisi!" – „Nein, ich bleibe bei Klara!", widersprach Caterina mit fest entschlossener Stimme.

Monaldo hatte mit der Widerspenstigkeit der Kleinen gerechnet. Wortlos und mit plötzlicher Gewalt stieß er Klara zur Seite und wollte Caterina packen. Klara stolperte rückwärts über die Bank, fiel zu Boden und schlug hart mit dem Kopf auf dem Steinboden auf. Caterina wehrte sich verzweifelt, aber Monaldo packte und schlug sie gleichzeitig, um sie gefügig zu machen und in den Griff zu bekommen. Caterina schrie und wand sich wie eine Katze, um sich Monaldos Griff zu entwinden, und fast wäre es ihr gelungen. Wütend über die Hartnäckigkeit ihres Widerstands, packte er sie schließlich an ihrem langen Haar und zerrte sie daran aus der Kirche.

Klara war wie benommen von dem Aufschlag, der ihren Kopf erschüttert hatte, und konnte nicht rechtzeitig eingreifen. Draußen schrie Caterina: „Klara, hilf mir! Sie reißen mich von unserm Herrn weg!" Doch die Bewaffneten schleppten Caterina unbarmherzig fort. Plötzlich verstummten Caterinas Schreie. Aus Angst, ihre Schwester sei ums Leben gekommen, raffte Klara ihre benommenen Sinne zusammen und stürzte zur Kirche hinaus.

Ein Stück Weges von der Kirche entfernt standen die Männer der Offreduccios um Caterinas leblos auf dem Boden liegenden Körper. Aus den umliegenden Feldern und Weingärten waren schon etliche Leute hinzugelaufen, um zu sehen, was los sei. Monaldo hatte völlig die Fassung verloren und war gerade im

Begriff, sich wieder die offensichtlich ohnmächtige Caterina zu packen, um sie weiter zur Stadt zu schleifen.

Klara rannte auf die Gruppe zu. „Lasst sie in Frieden!", schrie sie. Die Gruppe öffnete sich. „Lasst sie in Frieden!", schrie sie noch einmal und schaute Monaldo herausfordernd an.

„Sie ist tot", stellte Hugolino fest. Fassungslos standen die Männer vor ihrer Tat. Nur Scipione tat etwas – er fühlte Caterinas Puls. „Nein, sie lebt noch", verkündete er. „Verschwindet. Ich werde mich um sie kümmern", verlangte Klara energisch.

„Wir lassen Caterina auf keinen Fall hier", rief Monaldo.

„Lass sie, wo sie ist", herrschte ihn Scipione an. „Du hast sie fast umgebracht. Willst du sie vor aller Augen in diesem Zustand nach Assisi hineinschleppen?"

Verwirrt und beschämt trotteten die drei zu ihren Pferden, saßen auf und ritten heim.

*

Die Frauen von Sant'Angelo halfen Klara, Caterina zu Bett zu bringen. Sie holten vom Brunnen kühles Wasser und machten feuchte Umschläge um Caterinas Prellungen am ganzen Körper, kochten Tee und besorgten Salben. Die nächsten Tage wich Klara nicht von ihrer Seite. Langsam erholte sich die Geschundene wieder. Klara wurde in diesen Tagen die Freiheit, die sie sich um einen solchen Preis erkauft hatte, um so kostbarer. Die Freiheit, arm zu sein wie Christus, war in dieser Welt teuer zu bezahlen.

Die Kunde vom Überfall auf Caterina drang schon bald bis zu den Brüdern in Portiuncula. Franziskus und Rufino besuchten sie sofort. Als sie Caterinas verschwollenes, entstelltes Gesicht sahen, kamen ihnen die Tränen. Sie waren tief beeindruckt davon, mit welchem Mut und welcher Entschlossenheit Klara und Caterina solche Prüfungen auf sich nahmen.

Wenn es für Franziskus noch eines Beweises bedurft hätte, so war es dieses Erlebnis. Es war das Zeichen. Gott hatte gesprochen. Das mit den Schwestern sollte sein. Er musste die Sache noch energischer in die Hand nehmen. So kam er während der folgenden Wochen oft nach Sant'Angelo di Panzo und sprach mit Klara und Caterina über ihre Berufung und ihre gemeinsamen Ideale. Außerdem wurde er bei Bischof Guido vorstellig, um mit ihm zu besprechen, welche praktischen Möglichkeiten es für sie gebe.

Da Klara jetzt eine Gefährtin hatte, genehmigte der Bischof endlich, dass sie beide das Gebäude neben dem Kirchlein von San Damiano beziehen durften, zumal Don Pietro vor kurzem gestorben war und dort niemand mehr wohnte.

*

Der Einzug der beiden Schwestern in San Damiano wurde ein großes Fest. An diesem Tag sollte auch Caterina in aller Form in den Ordensstand aufgenommen werden. Franziskus und alle Brüder, die sich derzeit in der Umgebung von Assisi aufhielten, kamen dorthin und füllten dicht gedrängt das Kirchlein, um gemeinsam das Stundengebet der Vesper zu singen. Franziskus eröffnete den Gottesdienst mit einer ungewöhnlichen Rede:

„Caterina, du hast dich entschlossen, in den Fußspuren des armen Christus zu gehen. Um das zu verwirklichen, hast du einen übermenschlichen Mut bewiesen. Dein Mut erinnert mich an die Geschichte der jungen Agnes in Rom, die sich Gott ganz hingegeben hatte und unerschütterlich an ihrem Entschluss festhielt. Als Agnes von einem römischen Beamten zum Heiraten gezwungen wurde, blieb sie in ihrem Glauben und ihrem Ja zu Christus treu. Du, Caterina, hast bewiesen, dass du in unserer Zeit eine zweite Agnes bist. Zur Erinnerung an deinen Mut werden wir dich ab heute Agnes nennen."

Caterina kniete sich nun vor den Altar. Franziskus ergriff behutsam eine ihrer Haarsträhnen und schnitt sie mit der Schere ab. In ehrfurchtsvollem Schweigen beteiligten sich auch Klara und die Brüder der Reihe nach an dieser Zeremonie. Dann half Klara ihrer Schwester, die jetzt Agnes hieß, in ihre Kutte und legte ihr den Schleier an. Agnes konnte nicht länger an sich halten und musste vor Ergriffenheit weinen. Klara wischte ihr zärtlich die Tränen vom Gesicht, doch kamen ihr selbst die Tränen, als sie ihre Schwester – jetzt im doppelten Sinn, als leibliche und geistliche Schwester – an ihren Platz zwischen den Brüdern geleitete.

Franziskus stellte sich unter das Kreuz und sprach: „Klara und Agnes, ihr habt uns allen gezeigt, dass ihr euch nicht vor

Armut, schwerer Arbeit, Prüfungen, Schmähungen und der Verachtung der Welt fürchtet. Ja, ihr wisst, dass ihr durch all dies besser dem armen Christus nachfolgen könnt, und deshalb freut ihr euch, wenn euch all das zuteil wird. Aus diesem Grund und aus herzlicher Freundschaft mit euch habe ich euch diese Lebensregel geschrieben."

Bruder Leo trat vor und reichte Franziskus ein kleines Pergamentstück. Franziskus entfaltete es und las seinen Text der Versammlung vor.

„Klara und Agnes, weil ihr euch, von Gottes Geist dazu angeregt, zu Töchtern und Mägden des höchsten Königs, des Vaters im Himmel, erklärt habt und entschlossen seid, nach der Vollkommenheit des heiligen Evangeliums zu leben, beschließe und verspreche ich in meinem eigenen Namen und in dem meiner Brüder, für euch immer die gleiche liebevolle Sorge und Aufmerksamkeit aufzubieten, die ich für sie habe."

Und Franziskus setzte hinzu, er werde am kommenden Tag Brüder entsenden, die den beiden beim Aufbau ihres Hauses helfen sollten. Die ganze Kirche war von Freude und Glück erfüllt. Klara hatte für diesen Augenblick alles aufs Spiel gesetzt. Bruder Leo stimmte den Gesang des Te Deum an, und Brüder und Schwestern sangen einhellig:

Dich, Gott, loben wir,
dich, Herr, preisen wir.
Dir, dem ewigen Vater,
huldigt das Erdenrund.

Dir rufen die Engel alle,
dir Himmel und Mächte insgesamt,
die Cherubim dir und die Seraphim,
mit niemals endender Stimme zu:
Heilig, heilig, heilig
der Herr, der Gott der Scharen!
Voll sind Himmel und Erde
von deiner hohen Herrlichkeit.

11. Kapitel

Gewagte Aufbrüche

Klara und Agnes blieben nicht lange allein. Bald schlossen sich ihnen weitere Schwestern an. Zwar nahmen sie niemals die Reisetätigkeit der Brüder auf – sie blieben immer in San Damiano –, aber die Brüder unterließen es bei ihren Predigtreisen nicht, von ihnen zu erzählen und ihren Ruf zu verbreiten. Viele junge Frauen fühlten sich von diesem neuen Ideal angesprochen. So hatte sich nach einigen Jahren eine lebendige, begeisterte Gemeinschaft beim Kirchlein gebildet, das Franziskus einst wiederhergestellt hatte.

*

Eines Winters – es waren gut drei Jahre vergangen, seit Klara und ihre Schwestern in San Damiano lebten – rief Bischof Guido Franziskus zu sich ins Palais. „Franziskus, Ihr wart selbst in Rom und habt das Konzil miterlebt. Ihr wisst, was dort bezüglich des Ordenslebens angeordnet wurde. Ich habe den Text hier vor mir. Es heißt darin unter anderem: ‚Damit nicht eine zu große Vielfalt an religiösen Orden zu schwerer Verwirrung in der Kirche Gottes führe, verbieten wir ab sofort streng die Gründung neuer Formen des Ordenslebens. Wer immer das Ordensleben wählen will, soll sich einem der bereits anerkannten Orden anschließen. Genauso soll jeder, der eine neue Ordensgemeinschaft gründen will, die Regel und Lebensordnung eines bereits anerkannten Ordens übernehmen.' Das betrifft auch Eure Brüder und Schwestern. Habt Ihr Euch schon Gedanken darüber gemacht, welche Regel Ihr wählen wollt?"

„Aber Herr Bischof", entgegnete Franziskus, „der Herr Papst hat mir doch persönlich die Erlaubnis gegeben, nach unserer eigenen ,Lebensregel' zu leben. Und das war vor dieser Bestimmung des Konzils. So bin ich doch davon gar nicht betroffen!" –

„Der Papst hat Eure ,Lebensform' deshalb genehmigt, weil die Kirche Prediger braucht, die das Herz der kleinen Leute anzusprechen vermögen. Von Schwestern war dabei überhaupt nicht die Rede. Jedenfalls werden Klara und ihre Schwestern nicht weiter unter der ,Lebensform' von euch Brüdern leben können. Abgesehen davon sieht die Kirche nicht vor, dass Männer und Frauen in ein und derselben Gemeinschaft leben."

„Aber wer Klara kennt, weiß, welche Berufung sie empfangen und wie sie dafür geprüft wurde. Ihr Weg ist es, arm dem armen Christus nachzufolgen, und Ihr habt ihr das erlaubt", gab Franziskus zu bedenken.

„Das stimmt", räumte der Bischof ein, „aber das war eine vorübergehende Erlaubnis. Jetzt, wo die Gemeinschaft von San Damiano gewachsen ist und Zukunft verspricht, braucht sie ihre eigene Regel. Sie ist bis heute nicht wie eine Ordensgemeinschaft organisiert. Klara müsste zumindest damit einverstanden sein, formell die Leitung ihrer Schwestern zu übernehmen." – Franziskus schüttelte den Kopf: „Klara lehnt es ganz ab, Autorität über ihre Schwestern zu haben. Die Schwestern besprechen alles miteinander und treffen ihre Entscheidungen gemeinsam."

Der Bischof beharrte: „Diese formlose Art, Entscheidungen zu treffen, ist in der Kirche nicht üblich. Eine Person muss die Verantwortung übernehmen und das letzte Wort haben. Auch die Schwestern in San Damiano müssen jetzt eine Leiterin wählen und sich auf eine der bestehenden Regeln verpflichten."

*

Als Franziskus sich auf den Weg nach San Damiano begab, war er niedergeschlagen. Was der Bischof ihm dargelegt hatte, bedeutete praktisch, dass Brüder und Schwestern sich in zwei ganz voneinander getrennte Gemeinschaften aufteilen sollten. Sie hatten doch auch bisher nicht vermischt untereinander gelebt, sondern die Schwestern für sich, sogar in Klausur, in San Damiano. Aber trotzdem hatten sich Brüder und Schwestern als eine große Gemeinschaft verstanden und entsprechend zusammengearbeitet und sich gegenseitig unterstützt. Litten die Schwestern an irgendetwas Not, besorgten es ihnen ihre Brüder. Brauchten sie eine starke Hand, waren Brüder zur Stelle. Erkrankte ein Bruder und bedurfte der Pflege, konnten sie ihn den Schwestern anvertrauen. Dieses gute Miteinander sollte jetzt durchtrennt werden?

In San Damiano berichtete er Klara und den Schwestern von seinem Gespräch mit dem Bischof. Es war für sie ein ganz unerwarteter Schlag. „Franziskus, wir haben dir Gehorsam gelobt. Wenn wir unseren Gehorsam Klara geloben, ist das Band zwischen Brüdern und Schwestern zerrissen", rief Agnes.

Franziskus schwieg. Er wusste, die Schwestern fürchteten sich nicht davor, Klaras Autorität unterstellt zu werden, sondern sie fürchteten, in eine bestimmte Form des herkömmlichen Ordenslebens eingepasst zu werden, zu der sie sich nie hatten berufen gefühlt. Schließlich versicherte er den Schwestern: „Der Bischof wird alles tun, um euch weiterhin die Möglichkeit zu geben, nach eurer Art in vollkommener Armut zu leben. Aber ihr müsst eine Verantwortliche wählen." Die Schwestern erklärten, dazu bedürfe es keiner Wahl. Ihre Leiterin sei Klara.

Klara fühlte sich überrumpelt. Und doch war sie im Stande, von einer Sekunde auf die nächste umzuschalten. Gott ist die Wirklichkeit. Und wenn sich die Wirklichkeit von einer anderen Seite zeigte, dann zeigte sich darin Gott. Darum wunderten sich die Schwestern sehr, als sie Klara vernahmen: „Ich soll euch also befehlen, soll euch leiten und führen? Also werde ich mich an das Beispiel unseres Herrn halten, der sich erniedrigt hat und zum Sklaven aller geworden ist. Ich werde euch die Hände waschen, euch bei Tisch auftragen, eher eure Befehle befolgen, als über euch herrschen, die Bettunterlagen der kranken Schwestern reinigen und die Füße der dienenden Schwestern waschen und küssen."

Tatsächlich setzte Klara auf diese fantasievolle Weise die Anordnung des Bischofs um. So half ihr sogar das unerwünschte Amt, noch konsequenter nach dem Evangelium zu leben: Statt sich daraus Bestimmungsrechte über ihre Schwestern abzuleiten, betrachtete sie es als ihr Vorzugsrecht auf alle besonders einfachen und niedrigen Arbeiten.

*

Die Brüder von Franziskus schwärmten immer weiter zum Predigen aus, und je weiter sie in die Welt hinauszogen, desto mehr neue Brüder schlossen sich ihnen an. Ihre Zahl wurde so groß, dass aus der ersten kleinen Gemeinschaft in Portiuncula zahllose weitere Gemeinschaften im ganzen Land geworden waren. Alle miteinander trafen sich nur noch zweimal jährlich in Portiuncula zu einem so genannten „Kapitel", nämlich im Frühjahr am Pfingstfest sowie im Herbst am Fest des heiligen Erzengels Michael am 29. September.

Nur elf Jahre, nachdem Franziskus in San Damiano den Auftrag vernommen hatte, die Kirche wieder aufzubauen, konnte er schon bedeutende Gruppen von Brüdern zum Predigen nach Frankreich, Deutschland, Ungarn und Spanien aussenden. In diesen „Provinzen", wie man sie nannte, ließen sie sich nieder, um auch dort die Kirche aufzubauen – jetzt nicht mehr mit Stein und Mörtel, sondern mit ihrem Beispiel und ihrer Predigt.

Den diplomatisch begabten und besonders fähigen Bruder Elias di Bonbarone, der inzwischen ebenfalls bereits einige Jahre der Gemeinschaft angehörte, ernannte Franziskus zum Anführer einer Gruppe von Brüdern, die ins Heilige Land reisen sollten.

*

Die Brüder nahmen ihrer Gewohnheit nach nicht mehr auf diese Reisen mit, als sie auf dem Leib trugen. Auch geistig wappneten sie sich in keiner Weise für diese Aufenthalte in fernen Gegenden, wo die Menschen ihre Sprache gar nicht verstanden. Sie vertrauten mit denkbarer Einfalt darauf, dass Gott durch sie schon zu den Herzen der Menschen sprechen werde. Das tat er auch tatsächlich. Aber es ergaben sich auch eine ganze Reihe von Missverständnissen und Schwierigkeiten.

*

In Frankreich wurden die Brüder von den Leuten gefragt: „Seid ihr etwa Albigenser?" Von der Häresie der Albigenser hatten sie noch nie gehört. „Was sind denn das – Albigenser?" – „Was, ihr wisst nicht, was Albigenser sind? Ihr Heuchler, das könnt ihr uns nicht vormachen!"

Die Leute fielen über sie her, nahmen sie fest und führten sie dem Bischof vor. Der ließ sie festsetzen und zog die Professoren der Universität zu Rate. Die Brüder hatten eine Abschrift ihrer „Lebensform" mitbekommen, auf der vermerkt war, sie sei vom Papst persönlich genehmigt. Davon hatten die Professoren noch nie gehört. So schickte man Boten nach Rom, um sich beim Papst zu erkundigen, ob das stimme. Aber Innozenz III., der diese Genehmigung mündlich gegeben hatte, war bereits vor einem Jahr gestorben. Sein Nachfolger, Honorius III., musste erst in dessen Akten nachsuchen lassen. So verstrich etliche Zeit, während der die Brüder in Haft saßen, bis endlich ein Antwortschreiben aus Rom mit der Bestätigung eintraf, die Lebensregel der Brüder sei tatsächlich vom Heiligen Stuhl genehmigt. Dann aber entließ man sie in Ehren und förderte sie bei ihrer Predigttätigkeit, um das Unrecht, sie so lange eingesperrt zu haben, wieder gutzumachen.

*

Die über sechzig nach Deutschland ausgesandten Brüder hatten noch weniger Glück. Sie verstanden die Sprache überhaupt nicht und konnten sich fast nur mit Händen und Füßen verständlich machen. Zu den wenigen Wörtern, die sie bald konnten, gehörte „Ja" und „Nein".

„Wollt ihr hier übernachten?", wurden sie gefragt. „Ja", sagten sie und erhielten meistens ein Dach über dem Kopf angeboten. „Wollt ihr etwas zu essen? Habt ihr Durst?"

Sie sagten wiederum ja, und sie bekamen etwas zu essen und zu trinken.

In ihrer Einfalt schlossen sie, man müsse in Deutschland immer ja sagen, um gut behandelt zu werden. So gewöhnten sie sich an, alle Fragen, die man an sie richtete, immer mit „Ja" zu beantworten. Das ging auch sehr oft gut.

Aber einmal fragte sie ein misstrauischer Adliger: „Seid ihr Häretiker?" – „Ja", sagten sie. „Aha, und ihr meint, ihr könntet Deutschland genauso verderben, wie ihr die Lombardei verseucht habt?" – „Ja", antworteten sie freundlich lächelnd. „Wollt ihr spüren, wie man hier mit euresgleichen verfährt?" – „Ja", erwiderten sie nichts ahnend. Der Mann meinte, sie hielten ihn zum Narren, wurde wütend und ließ sie ergreifen und einsperren.

Andere, die immer freundlich ja sagten, wurden als arme Irre verspottet. Die Leute trieben mit ihnen ihren Schabernack. „Kann ich deine Kutte haben?" – „Ja", sagte der schlichte Bruder, und lachend zogen sie ihn splitternackt aus.

Das wurde so unerträglich, dass schließlich alle Brüder wieder nach Italien zurückkehrten.

*

In Ungarn machten sich die Schäfer einen Spaß daraus, ihre Hirtenhunde auf die Brüder zu hetzen, oder sie schlugen sie mit ihren Stäben.

Die Brüder wunderten sich, weshalb sie so schlimm behandelt wurden. „Vielleicht ist es deshalb, weil sie unsere Kutten haben wollen", vermutete ein Bruder. So gaben die Brüder den Schäfern ihre Kutten, aber die Schäfer misshandelten sie trotzdem noch. „Vielleicht wollen sie auch unsere Unterhemden", meinte einer der Brüder. So gaben die Brüder den Schäfern auch ihre Unterhemden, aber die misshandelten sie trotzdem noch. „Wahrscheinlich möchten sie auch noch unsere Hosen", vermutete ein anderer Bruder. Da zogen die Brüder auch noch ihre Hosen aus und gaben sie den Schäfern, und die Schäfer hörten auf, sie zu schlagen, und ließen sie splitternackt laufen.

Ein Bruder behauptete, er habe auf diese Weise fünfzehnmal seine Hosen hergegeben. Schließlich hatte er diese Behandlung nicht mehr ertragen können. So kam er auf die Idee, seine Hosen über und über mit Ochsenmist zu verschmieren. Diese stinkenden Hosen wollten die Schäfer tatsächlich nicht haben, und so konnte dieser Bruder seine Hosen schließlich behalten.

Nach einiger Zeit kehrten auch alle nach Ungarn ausgesandten Brüder unverrichteter Dinge wieder nach Italien zurück.

*

Noch schlimmer erging es den Brüdern in Marokko. Bernardo, Pietro, Accursio und Adiuto wurden verhaftet und als feindliche Spione und Missionare hingerichtet. Die Nachricht von ihrem Martyrium erschütterte die neue Gemeinschaft. Doch einige der Brüder rühmten sich ihrer heldenhaften Gefährten in Marokko: „Unsere Gemeinschaft hat die Treue zum Evangelium bis aufs Blut bewiesen. Aus unseren Reihen haben Brüder ihr Leben für Christus hingegeben. Wer kann da noch zweifeln, dass Gottes Segen auf uns ruht?"

Franziskus lehnte diese Auffassung aber ab: „Brüder, es ist nicht richtig, uns dessen zu rühmen, was andere bestanden haben. Das Himmelreich ist denen versprochen, die arm im Geist sind, das heißt: die nicht mehr auf sich selbst schauen. Darum kommt es nicht auf große Heldentaten und Aufsehen erregende Zeugnisse für den Glauben an. Seid darum jeden Tag neu dafür offen, wie Gott euch führen will. Wenn er euch zu bescheidenen Diensten anleitet und ihr sie in Geduld erfüllt, ist das in seinen Augen so groß wie das Martyrium."

*

Franziskus hielt sich selbst an diese Ermahnung, die er seinen Brüdern gegeben hatte. Bewegt vom Gedanken, dass viele Menschen Christus nicht kennen und dass es ein Unrecht sei, ihn nur für sich zu behalten, meinte er schließlich, als Missionar nach Palästina gehen zu sollen. Aber die Zeichen, die er erhielt, widersprachen seiner Vorstellung.

Er war bereits auf See unterwegs, als so starke Gegenwinde einsetzten, dass das Schiff an der slawonischen Küste vor Anker gehen musste. So wanderte er nach Assisi zurück und war gespannt, wohin Gott ihn wohl führen wolle. Nach einiger Zeit war er überzeugt, er solle nach Marokko reisen.

Tatsächlich brach er auf, wurde jedoch krank und musste umkehren. Auch das nahm er in Frieden hin, im festen Vorsatz, nicht seinen eigenen Willen, sondern den Willen Gottes zu erfüllen, dessen Weisung er aus diesen Umständen sprechen hörte.

Von der Erfüllung seiner Vorstellung, er solle, wenn nicht unter den Moslems, dann wohl in Frankreich predigen, hielt ihn Kardinal Hugolino ab. Der Kardinal sagte zu ihm:

„Bruder, ich möchte nicht, dass du in die Gegend jenseits der Berge gehst. In der römischen Kurie gibt es nämlich eine Reihe von Prälaten und anderen Männern, die deinem Orden nicht wohlgesinnt sind. Die anderen Kardinäle und ich, die ihm gewogen sind, können euch leichter beschützen und helfen, wenn du hier in der Gegend bleibst."

Franziskus entgegnete: „Herr Kardinal, es beschämt mich aber, wenn ich immer hier bleibe, aber meine Brüder in weit entfernte Gegenden aussende."

Hierauf hielt ihm der Kardinal vor: „Warum schickst du auch deine Brüder so weit fort, setzt sie so schlimmen Strapazen aus und bringst sie in die Gefahr, am Hunger oder durch andere Nöte zu sterben?" Franziskus erwiderte darauf: „Aber Herr Kardinal, glaubt Ihr denn, Gott habe die Brüder nur für diese Gegend hier ausersehen? Gott hat die Brüder auserwählt und gesandt, um auf der ganzen Welt allen Menschen die Frohe Botschaft zu verkünden. Sie sollen nicht nur in christliche Länder gehen, sondern auch zu den Nichtchristen. Ich bin überzeugt, wenn es Gottes Wille ist, dass sie dorthin gehen und die Brüder ihr Vertrauen ganz auf ihn werfen, wird Gott auch Unmögliches möglich machen." Über diese Antwort von Franziskus wunderte sich der Kardinal.

Franziskus war derart radikal in seinem Glauben, dass ihm Gesichtspunkte der Klugheit und Umsicht ganz fremd zu sein schienen. War das die „Torheit des Glaubens", von der der heilige Paulus gesprochen hatte? Jedenfalls, so überlegte der Kardinal nachdenklich, steckte darin tatsächlich mehr Glauben als in den meisten strategischen und politischen Überlegungen seiner Mitkurialen in Rom. Aber trotzdem ließ er Franziskus nicht nach Frankreich reisen. „Du wirst hier gebraucht, Francesco", sagte er unmissverständlich. „Wenn du meinst, es sei angebracht, dann sende den Bruder Pacifico und andere nach Frankreich aus."

So kehrte Franziskus ins Tal von Spoleto zurück und verbrachte die folgenden beiden Jahre damit, in allen Gegenden Italiens zu predigen.

*

Immer wieder wandten sich Frauen an die Brüder und fragten sie: „Wir möchten auch auf die Art nach dem Evangelium leben, wie ihr das tut. Aber was sollen wir tun? Wir können nicht wie ihr auf die Straßen und in die Städte gehen und predigen."

Die Brüder regten an vielen Orten an, dass solche Frauen neue Gemeinschaften gründeten. Sie machten die dazu Berufenen untereinander bekannt, stellten sie dem zuständigen Bischof vor und suchten für sie Unterkünfte. In manche dieser neuen Gemeinschaften schickte Klara ihre Schwestern, um sie in der Lebensform zu unterweisen, an die sie sich in San Damiano hielten.

Es gab auch Weltleute, die auf die Predigt der Brüder hin ihr Leben von Grund auf ändern wollten. „Wir haben aber Frau und Kinder", sagten sie. „Die können wir nicht einfach im Stich lassen. Zeigt uns, wie wir mitten in unserem Alltag das Evangelium leben können." Für solche Menschen richteten Franziskus und seine Brüder eine Laiengemeinschaft ein. Ihre Mitglieder blieben in ihren Familien und ihrem Beruf und bemühten sich in ihrem Alltag um ein Leben in Einfachheit und Gebet und wussten sich mit der großen Familie der Brüder und Schwestern von Franziskus geistlich verbunden.

*

Der Gedanke, selbst zu den Moslems zu gehen und ihnen das Evangelium zu verkünden, ließ Franziskus nicht los. Als in der Lombardei und Toskana wieder einmal überall Prediger unterwegs waren, die Freiwillige für die Teilnahme am nächsten Kreuzzug suchten, konnte er nicht länger widerstehen. Diesmal standen die Zeichen gut: Er und Bruder Illuminato als sein Begleiter konnten sich einer Gruppe von Kreuzfahrern anschließen und es gelang ihnen tatsächlich, mit ihnen bis nach Syrien zu reisen. Dort suchten sie Bruder Elias di Bonbarone auf, der bereits dort weilte. Zu dritt zogen sie bis zur Stadt Damietta in Ägypten weiter.

Natürlich wollte Franziskus nicht mit Waffen das Evangelium verbreiten, sondern nur durch sein Wort und sein Beispiel. Auf der Reise hatte er auch gemerkt, dass die Kreuzfahrer durchaus nicht nur von hehren Glaubensidealen erfüllt waren. Es waren viele Abenteuerlustige darunter. Viele hofften, im Heiligen Land Ehre, Ruhm und nicht zuletzt Beute zu machen und Reichtümer erobern zu können. Es konnte ihnen nur recht sein, wenn die Kirche dazu ihren Segen gab und ihnen für den Fall, dass sie bei dem Unternehmen umkommen sollten, auch noch für das Jenseits Belohnung und Heil versprach. So sah er bereits im eigenen Lager ein weites Feld für die Verkündigung des Evangeliums vor sich.

Das Heer der Christen wurde von Johann von Brienne, dem Bruder des verstorbenen Walter von Brienne, angeführt. Bei diesem Namen musste Franziskus an frühere Zeiten denken. Es schien ihm in einer ganz anderen Welt gewesen zu sein, damals, als er den Kopf voller hochfahrender Pläne gehabt hatte. Er war bereit gewesen, jedes Risiko auf sich zu nehmen, um in Apulien unter dem berühmten Walter von Brienne zu kämpfen. Aber immer hatten sich unüberwindliche Widerstände aufgetan, bis er gemerkt hatte: Mein Weg soll anders verlaufen. Und wie anders kam er jetzt daher: Zwischen diesen Scharen gerüsteter und bewaffneter Männer bewegte er sich in seiner Kutte schutzlos und bar aller Mittel. Einzig der Glaube war sein Schild, das Wort Gottes seine Waffe.

*

Die Stadt Damietta war sehr stark befestigt. Ihre Ringmauern hatten zweiundzwanzig Tore, hundertzehn Türme und zweiundvierzig Befestigungen. Sie war von Wasser umgeben, auf dem Schiffe fahren konnten, jedoch hielten dicke Eisenketten den Feind von der Überfahrt ab. Sie barg große Vorräte und wurde von geübten Bogenschützen verteidigt.

Die Kreuzfahrer steckten blutige Niederlagen ein, litten unter der fürchterlichen Hitze und starben an schlimmen Krankheiten; viele Teilnehmer verloren den Mut und machten sich aus dem Staub.

Das Heer der Christen bestand aus zahlreichen Nationen und Sprachen und war ein buntes Gemisch aller möglichen Waffenarten und Uniformen. Die Kreuzfahrer hatten alle ihre Spannungen zwischen Adligen und Gemeinen, Rittern und Fußsoldaten, Reichen und Armen von daheim mit hierher gebracht. So wurde die Einmütigkeit dieses Heeres ständig von Gerüchten, Misstrauen und Verdächtigungen unterhöhlt.

Franziskus wusste zwar schon von Assisi her, wie es in Kriegszeiten zuging, aber so hatte er das Elend des Krieges noch nicht miterlebt. Immer wieder rollten Angriffswellen gegen die Stadt und flackerten erbitterte Scharmützel auf. Überall vermischte sich das Blut der Christen mit dem der Moslems. Wenn die Abenddämmerung hereinbrach, war der Sand mit abgeschlagenen Köpfen und Gliedmaßen übersät. Alle, Kinder genauso wie Alte und Frauen, wurden gnadenlos niedergeschlachtet. Schwärme von Geiern und Wolken von Fliegen fielen über Tote und Verwundete her.

*

Im August stießen noch weitere Brüder zu Franziskus, Illuminato und Elias, darunter Pietro di Catania. Sie widmeten sich der Predigt und der Sorge um die Kranken und Verwundeten und versuchten die Kreuzfahrer von allzu großen Grausamkeiten abzuhalten. Für Ende August dieses Jahres planten Johann von Brienne und die anderen Anführer der Christen einen neuen Großangriff auf die Moslems.

Franziskus sagte zu Bruder Illuminato: „Der Herr hat mir gezeigt, dass der Angriff, wie er geplant ist, für die Christen schlimm ausgehen wird. Wenn ich jetzt zu den Anführern des christlichen Heeres gehe und ihnen das sage, werden sie mich wie einen Narren behandeln. Wenn ich aber schweige, plagt mich mein Gewissen. Was soll ich tun?"

„Als Narr giltst du schon lange", meinte Bruder Illuminato. „In dieser Rolle wirst du hier immer bleiben. Tu also, was vor Gott richtig ist, und schere dich nicht um die Urteile der Menschen."

Franziskus dankte Bruder Illuminato für seinen nüchternen Rat und wurde bei den Anführern vorstellig. Wie erwartet, wiesen sie ihn als weltfremden religiösen Schwärmer ab.

*

Am Fest der Enthauptung Johannes des Täufers am 29. August fand der geplante Großangriff statt. Es gelang den Kreuzfahrern, bis ins Lager der Moslems vorzustoßen. Diese wichen zum Schein weit zurück. Die Christen setzten ihnen in einem ausgetrockneten Wüstengelände zwischen dem Nil und dem Manzalah-See nach, in dem sie schließlich auseinander fielen und sich verirrten. Als sie erkannten, dass sie in die Falle gelockt worden waren, gerieten die Anführer miteinander in Streit, indes ihre Truppen in der vollen Rüstung entsetzlich unter der sengenden Augustsonne litten. Von Hitze und Durst völlig zermürbt, lösten die Soldaten die Reihen auf und ergriffen schließlich verzweifelt und ohne jede Form und Disziplin die Flucht. Die Sarazenen setzten ihnen nach und machten viele von ihnen nieder. So verlor das christliche Heer an diesem Tag über viertausend Mann, darunter hunderte von Rittern und Adligen.

Der Sultan nutzte den Etappensieg zu Friedensverhandlungen, denn immer noch war die ägyptische Stadt Damietta mit ihren achtzigtausend Einwohnern von den Kreuzfahrern eingeschlossen. Sie hatten es geschafft, ihr alle Zugänge zu Proviantquellen abzuschnüren. Johann von Brienne war für einen Friedensschluss, aber Kardinal Pelagius rechnete mit dem baldigen Eintreffen weiterer Kreuzfahrer. Darum hielt er zäh an seinem Traum fest, Ägypten zu erobern und damit eine gute Ausgangsbasis dafür zu schaffen, später auch Jerusalem wieder erobern zu können.

*

Franziskus war ganz und gar nicht der Überzeugung, dass weiterer Krieg zum Frieden führen werde. Da kam ihm ein ganz unglaublich verwegener und zugleich verblüffend einfacher

Gedanke, wie ihn in dieser Naivität nur ein heiliger Narr ersinnen kann: Er wollte den Sultan zum Christentum bekehren. Wenn der Sultan Christ würde, würden das sicher auch bald seine Untertanen, und dann wären schließlich alle Christen, und der Krieg würde sich erübrigen.

Also meldete sich Franziskus mit seinem Vorschlag bei Kardinal Pelagius. Er bot sich an, zum Sultan zu gehen und ihm von Christus zu predigen. Ob er ihn nun ernst nahm oder nicht, jedenfalls gestattete der Kardinal Franziskus, diesen Versuch zu unternehmen. Allerdings, so sagte er ihm, solle er das auf seine eigene Verantwortung tun, wenn er denn wirklich glaube, Gott gebe ihm dazu den Auftrag. Er erinnerte ihn auch noch einmal daran, dass der Sultan bekannt gegeben hatte, er bezahle jedem, der ihm den Kopf eines Christen bringe, eine Goldmünze.

*

Franziskus kam freudestrahlend ins Lager zurück und verkündete den Brüdern: „Der Kardinal hat mir erlaubt, den Sultan zu bekehren! Wer geht mit?" Es meldete sich Bruder Illuminato.

Am nächsten Morgen machten sich beide zu Fuß auf den Weg ins Lager der Moslems. Franziskus sprach mutig den Psalmvers: „Muss ich auch wandeln im Schatten des Todes, ich fürchte kein Unheil, denn du bist bei mir." Auf dem freien Feld liefen ihnen zwei blökende Lämmer über den Weg. Franziskus war entzückt vor Freude und sagte zu Bruder Illuminato: „Bruder, setze all dein Vertrauen auf Gott, denn an uns erfüllen sich die Worte des Evangeliums: ‚Ich sende euch wie Schafe mitten unter die Wölfe'!"

Plötzlich wurden sie von einigen Männern aus dem Herr des Sultans entdeckt. Sie fielen über die beiden unbewaffneten Männer her, schlugen sie, legten sie in Ketten und schleppten sie vor den Sultan.

*

Die Kutten der beiden und ihr sonstiges Aussehen und Wesen unterschied sie nicht sehr von bestimmten „heiligen Männern" der Moslems. Jedenfalls war eindeutig, dass es sich bei ihnen nicht um Krieger, sondern um Gottesmänner handelte.

War es nun eine Laune des Sultans, der für eine amüsante Abwechslung dankbar war, oder ein Missverständnis, jedenfalls nahm sich dieser die Zeit, sich mit den beiden merkwürdigen Gestalten ausführlicher zu unterhalten.

Er fragte sie: „Was führt euch vom Lager der Christen hierher zu uns? Ihr seid wohl mit dem Wunsch gekommen, euch zum Glauben des Islam zu bekennen?"

Darauf erwiderte Franziskus: „O nein, keineswegs. Wir sind gekommen, Euch die Botschaft des Evangeliums zu verkündigen. Dazu haben uns nicht Menschen gesandt, sondern uns schickt Gott selbst, um Euch und Euren Untertanen den Weg zum Heil zu zeigen."

Der Sultan versicherte ihm, dass er bereits an Gott glaube und keinen neuen Gott nötig habe. Doch zeigte er sich interes-

254

siert, wie sich Franziskus Gott vorstelle und wie er ihn erfahre. So entspann sich zwischen Moslem und Christ ein angeregter Austausch.

Der Sultan war von der Einfalt und dem Mut seines wehrlosen Besuchers beeindruckt. Da ihm das Gespräch gefallen hatte, bot er an: „Wenn ihr wollt, dürft ihr gern für einige Zeit an meinem Hof bleiben." Franziskus erwiderte: „Das will ich gerne tun, sofern Ihr und Euer Volk willens seid, an Jesus Christus zu glauben."

Der Sultan, dessen Thron von islamischen Geistlichen und Politikern umgeben war, lächelte über diese Einfalt höflich.

Franziskus merkte, dass er ihn noch nicht zu überzeugen vermocht hatte. So bot er ihm an: „Wenn Ihr immer noch Zweifel habt, ob Ihr um Christi willen das Gesetz Eures Mohammed aufgeben sollt, dann schlage ich Euch eine Probe vor: Zündet ein großes Feuer an, und ich will zusammen mit einigen Eurer Geistlichen in dieses hineingehen. Dann werdet Ihr eindeutig sehen, welcher Glaube sicherer und heiliger ist." Die weisen Ratgeber des Sultans sahen einander betroffen an. Der Sultan entgegnete darauf: „Ich glaube nicht, dass meine Geistlichen bei einer so merkwürdigen Feuerprobe mitmachen würden."

Da schlug Franziskus vor: „Falls Ihr mir versprecht, dass Ihr und Eure Leute den Christenglauben annehmt, wenn ich unversehrt wieder aus dem Feuer komme, gehe ich allein hinein. Verbrennt mich das Feuer, so liegt es an meiner Unvollkommenheit und ist kein Beweis, dass mein Glaube falsch ist. Werde ich aber durch die Kraft des Christengottes vor den

Flammen verschont, dann müsst Ihr anerkennen, dass Jesus Christus die Kraft und Weisheit Gottes ist, des wahren Gottes und Herrn, und der Erlöser aller Menschen."

Der Sultan sagte hierauf freundlich: „Dein Angebot klingt recht verlockend, Bruder Franziskus, aber ich kann es unmöglich annehmen. Solltest du die Probe bestehen, müssten meine Höflinge unverzüglich sowohl dich wie mich töten. Dein Besuch hat mich gefreut, aber jetzt geh wieder." Und er griff in eine Schatulle und fügte hinzu: „Nimm zur Erinnerung an diesen Besuch diese Schmuckstücke mit. Ich schenke sie dir."

„Geschenke will ich nicht", entgegnete Franziskus. „Ich bin nur gekommen, um Euch das Evangelium unseres Herrn Jesus Christus zu predigen. Ich bin mit leeren Händen gekommen, in der Hoffnung, Eure Seele zu gewinnen. Wenn ich sie nicht gewinnen kann, will ich auch wieder mit der Armut Jesu Christi von Euch gehen."

Der Sultan war noch nie einem Christen begegnet, den er nicht als goldgierig erlebt hätte. Die Einfalt dieses Menschen war entwaffnend. So befahl der Sultan seinen Soldaten, Franziskus und Illuminato wieder unbehelligt ins Lager der Christen zurückkehren zu lassen.

*

Die Kreuzfahrer schnürten Damietta immer enger ein. Anfang November gelang es den Christen, den äußersten Mauerring zu übersteigen. Dahinter fanden sie ein ebenes Gelände, das als

Ort für Massenbestattungen gedient hatte und voller flacher Gräber war, die die jüngsten starken Regenfälle zum Teil freigewaschen hatten. In der Stadt selbst stießen sie auf unzählige Tote und viele „lebendig Tote".

Franziskus und Illuminato weinten über diese ungeheure menschliche Tragödie. Von den achtzigtausend Einwohnern hatten nur dreitausend überlebt, und von diesen dreitausend waren nur noch hundert in gesundem Zustand. Selbst der undisziplinierten Horde der Kreuzfahrer verschlug es die Sprache angesichts dieser entsetzlichen Verhältnisse, allerdings nur für kurze Zeit. Ihre Gier nach Beute ließ sich vom Gestank des Todes nicht betäuben, und so plünderten die Christen in wilder Habgier alles, was sie an Gold, Silber, Edelsteinen und Seide in der Stadt finden konnten.

Mitten durch das kopflose Geplünder gingen Franziskus und Illuminato mit leeren Händen ins Lager zurück. Dort stritten die Kreuzfahrer über die geplünderten Sachen und diskutierten wild über ihre Rechte auf die Beute. In namenloser Betrübnis und überwältigt von diesem ganzen gottlosen Treiben, zog sich Franziskus zum Gebet zurück, indes Illuminato Wache hielt.

*

Einige Tage später wurde Franziskus überraschend gemeldet: „Bruder Stefano möchte dich sprechen. Er hat das Meer überquert, um dich aufzusuchen. Er bringt wichtige Nachrichten und bittet dich, ihn gleich anzuhören."

Bruder Stefano hielt ein Pergamentstück in Händen, das er Franziskus sofort übergab. Dazu erklärte er: „Franziskus, einige Brüder sind zusammengekommen und haben deine Regel geändert. Sie möchten für die Brüder den Genuss von Fleisch und Milch noch weiter einschränken, und wir sollen jetzt statt zwei Tage jede Woche vier Tage fasten. Unter ihnen werden wir zu Mönchen und sind keine Apostel mehr."

Franziskus überflog rasch das Dokument, das ihm Bruder Stefano gebracht hatte.

„Diese neuen Gesetze haben unter den Brüdern zu schweren Spaltungen geführt", berichtete Bruder Stefano weiter.

Während sich Bruder Stefano von den Strapazen seiner langen Reise ausruhte, besprachen Franziskus und Illuminato die Nachricht von den neuen Regelungen mit Pietro di Catania und Elias di Bonbarone. Alle waren empört.

Beim gemeinsamen Essen gab es Fleisch. Franziskus wandte sich an seinen Freund, den früheren Advokaten, der sich in Rechtsdingen auskannte: „Mein Herr Pietro, dürfen wir hier überhaupt zugreifen? Fleisch ist bei uns neuerdings verboten."

„Ach, mein Herr Franziskus", erwiderte Pietro, „tut, was Ihr für richtig haltet. Schließlich habt Ihr die oberste Autorität." – „Also gut", sagte Franziskus und sah dabei Stefano aufmunternd an, „im Evangelium heißt es: ‚Esst, was euch vorgesetzt wird.'" Stefano griff gern zu und war froh, bei Franziskus zu sein.

Elias fragte ihn: „Stefano, was für sonstige Neuigkeiten bringst du aus Assisi mit?" – „Leider keine guten. Zurzeit gibt es überall sehr viel Streit und Auseinandersetzungen", berichtete Stefano. „Bruder Filippo hat den Papst um den Erlass genauer Richtlinien für Klara und ihre Schwestern gebeten, damit sie in Frieden leben können. Bruder Giovanni della Cappella hat sich mit einer großen Schar Aussätziger, Männern und Frauen, zusammengetan und ist aus der Bruderschaft ausgetreten. Er hat für sie eine eigene Regel geschrieben und bezeichnet sich als ihr Gründer. Jetzt ist er zum Papst gegangen, um seine Regel bestätigen zu lassen."

Die Brüder Franziskus, Elias und Pietro waren bestürzt. Sie waren ganz von der Aufgabe in Beschlag genommen gewesen, unter den Kreuzfahrern den Geist des Evangeliums zu verbreiten. Und jetzt mussten sie erfahren, dass es derweil in der Heimat zu Unstimmigkeiten und Parteiungen unter den Brüdern gekommen war. War womöglich die Lebensweise in Gefahr, die Franziskus begonnen hatte? Als die Gemeinschaft der Brüder nur eine kleine Gruppe umfasste, hatten sie keine ausführlichen Regelungen gebraucht. Über offene Fragen hatten sie miteinander gesprochen, gemeinsam im Gebet nach dem Willen Gottes gefragt und dann von Fall zu Fall entschieden. Doch inzwischen war aus der Gruppe von zwölf Brüdern, mit der Franziskus seinerzeit Papst Innozenz III. aufgesucht hatte, eine Gemeinschaft von fast fünftausend Brüdern, verstreut über viele Länder, geworden.

Franziskus sagte: „Brüder, es ist Zeit, schleunigst nach Hause zurückzukehren."

*

Die Reise zurück nach Italien gestaltete sich langwierig und mühsam, aber die Brüder erreichten ihre Heimat schließlich unversehrt. Sie trafen schon bald andere Brüder, und viele bestätigten ihnen: „Ja, es kommt immer mehr zu Streitigkeiten über unsere Lebensform. Manche wollen strengere Gebräuche einführen, wie sie in den großen Klöstern üblich sind. Andere passen sich fast ganz den Weltleuten an. Jeder legt das Evangelium nach seinem Gutdünken aus."

Franziskus machten diese Nachrichten große Sorgen. Hinzu kam, dass ihm eine Augenkrankheit, die er sich in Ägypten zugezogen hatte, immer schmerzhafter zusetzte. Außerdem erfuhr er, dass sein zuverlässiger Patron und Befürworter, der Kardinal Giovanni di San Paolo, gestorben war, jener Mann, der Franziskus und seinen ersten Brüdern den Zugang zum Papst ermöglicht und immer seine schützende Hand über die Gemeinschaft gehalten hatte.

„Wir brauchen dringend jemanden, der für uns die Stelle von Kardinal Giovanni di San Paolo einnimmt", sagte Franziskus zu Pietro di Catania. Statt direkt nach Portiuncula zurückzukehren, begaben sie sich deshalb zuerst nach Orvieto. Sie hatten in Erfahrung gebracht, dass sich der Papst derzeit dort aufhalte. Das war jetzt Honorius III., der Nachfolger des verstorbenen Papstes Innozenz.

Papst Honorius III. hatte schon viel von diesem Mann aus Assisi und seinen Brüdern gehört und wollte ihn gern persönlich kennen lernen. So hatten die Brüder keine allzu große Mühe, von ihm empfangen zu werden. Franziskus sagte zu ihm: „Heiliger Vater, Ihr seid ein wichtiger Mann und ständig mit bedeutenden Aufgaben beschäftigt. Darum besteht für die Armen kaum die Möglichkeit, zu Euch zu kommen, wenn ihnen etwas auf der Seele liegt. Wäre es möglich, dass Ihr mir jemanden gebt, der Eure Stelle einnimmt und mit dem ich alle Fragen bezüglich meiner Gemeinschaft besprechen könnte? Er könnte mich auch beraten, wie die große Zahl meiner Brüder richtig geleitet werden kann."

Mit seinen Brüdern zusammen hatte Franziskus bereits beschlossen, dem Papst als einen solchen Vertreter und Berater den Kardinal Hugolino vorzuschlagen, den Franziskus bereits persönlich kannte und schätzte. Er schien ihm erfasst zu haben, worin sein Lebensideal bestand, und er hatte ihn immer dazu ermutigt. Dem Papst gefiel dieser Vorschlag. So war von da an Kardinal Hugolino Franziskus' Vertrauer und Berater.

Franziskus fühlte sich durch diese Entscheidung des Papstes ermutigt und gestärkt, und so machte er sich mit den Brüdern Angelo und Leo auf den Weg, um endlich sein geliebtes Assisi, Portiuncula und San Damiano und die Brüder und Schwestern wieder zu sehen.

12. Kapitel

Die wunderbare Nacht von Greccio

Kurz vor dem Pfingstfest des Jahres 1221 tummelten sich um das Kirchlein in Portiuncula derart viele Menschen, dass man hätte meinen können, es stehe mitten in Rom. Der Grund war, dass sich die Brüder aus allen Ländern dort zum jährlichen Pfingstkapitel trafen. Doch hatten sich nicht nur die Brüder auf den Weg dorthin gemacht, sondern inzwischen reisten auch viele Prälaten und weltliche Herren nach Portiuncula. Entweder wollten sie bei der Versammlung den Antrag vorbringen, die Brüder möchten auf ihrem Gebiet eine Niederlassung gründen, und ihre Argumente und Umstände selbst schildern, oder sie standen ihnen sonst auf irgendeine Weise nahe. Außerdem zog es viele andere bei dieser Gelegenheit ebenfalls nach Portiuncula: Die dortige Menschenmenge musste schließlich ernährt werden, und folglich machten Bauern mit ihren Lebensmitteln und Marktfrauen mit Obst, Gemüse sowie Speisen, die sie auf offenen Feuern kochten, ein gutes Geschäft. Schließlich zog die Ansammlung von illustren Gästen und Brüdern aus aller Herren Länder auch noch viele Schaulustige an, die begierig darauf waren, den Erzählungen der Brüder von ihren Abenteuern unterwegs zu lauschen. So konnten es inzwischen alle Erfolge der reichen Kaufleute Assisis nicht mehr mit der Berühmtheit und dem Ansehen aufnehmen, das Franziskus und seine Brüder der Stadt Assisi verschafft hatten.

Mitten in diesem Gewimmel von Menschen hörten die Brüder Masseo und Filippo plötzlich, dass aus der Richtung der Straße zum Aussätzigenhospital laute Schreie ertönten. Sie blickten auf, und es dauerte nicht lange, da hörten sie rufen, Franziskus komme. Masseo sah ihn als Erster, rief Filippo zu: „Hol schnell Elias! Es ist Franziskus!" – und rannte los.

Er zwängte seinen massigen Körper durch die begeisterte Menge hindurch, die Franziskus fast zu erdrücken drohte, begrüßte ihn mit einer herzlichen Umarmung und versuchte dann nach Leibeskräften, ihm den Weg bis zur Kirche zu bahnen. Franziskus wirkte sehr mager und zerbrechlich. Er hielt seine eingefallenen, offensichtlich schmerzenden Augen zusammengekniffen, um sie vor dem grellen Sonnenlicht zu schützen. Masseo konnte sehen, dass aus ihren Rändern eine Flüssigkeit trat, die er immer wieder abtupfen musste.

Kurz danach kam Bruder Elias hinzu, und zwar in Begleitung einer Gruppe Ritter von Assisi, die man gebeten hatte, für Ordnung zu sorgen. So war Franziskus unverzüglich von Pferden und Rüstungen umgeben, indes er mit den Brüdern Masseo, Elias, Leo und Angelo auf das Kirchlein zuschritt.

*

Die Stadtväter hatten das diesjährige Treffen von langer Hand vorbereitet. Manche der Brüder waren schon in vorgerücktem Alter und konnten kaum mehr auf dem Boden schlafen. Ihr einziger Schutz waren bisher kleine, tragbare Zelte aus geflochtenem Schilfrohr gewesen, die die Brüder für sich selbst angefertigt hatten. Die einzige feste Unterkunft auf dem ganzen Gelände waren die Kirche und daneben die kleine Hütte, die Franziskus, Pietro und Bernardo vor Jahren in Stand gesetzt hatten. Um diesem Notstand abzuhelfen, hatten die Konsuln der Stadt auf der einen Seite der Kirche als Versammlungsraum und Quartier eine große Halle aus Stein bauen lassen.

Franziskus kniff die Augen zusammen und konnte gar nicht glauben, was er da sah. Er neigte sich Masseo zu, der sich zu ihm herabbückte, und flüsterte ihm ins Ohr: „Die Füchse haben Höhlen und die Vögel des Himmels Nester, aber der Menschensohn hat nichts, wohin er sein Haupt legen könnte." Masseo sah Franziskus verlegen an. Er hatte in der Tat befürchtet, Franziskus werde über diesen Neubau auf dem Gelände von Portiuncula nicht glücklich sein.

Tatsächlich sagte Franziskus hierauf laut zu den Umstehenden: „Ich fürchte, wenn Portiuncula über ein so großes und bequemes Gebäude verfügt, werden die Brüder überall dort, wo sie das Jahr über leben, auch bald solche Gebäude bauen wollen, wie sie hier eines gesehen haben."

*

Am Pfingstsonntag läuteten alle Glocken Assisis, als sich tausende von Brüdern aus nah und fern zusammen mit ungezählten Gästen zum Gottesdienst im Freien versammelten. Die meisten Brüder waren in gehobener Stimmung und freuten sich, alte Bekannte wieder zu sehen. Für diese Männer, die das Jahr über in kleinen Gruppen als bescheidene Bettler predigend durch das Land wanderten und nicht immer gern gesehen waren, sondern auch manches harte Worte einstecken mussten, war es geradezu berauschend, hier zu erleben, dass sie einer großen, begeisterten Gemeinschaft angehörten. Diese Freude ließ sie zunächst alle Sorgen und Meinungsverschiedenheiten vergessen. Franziskus, der von der langen Wanderung noch geschwächt war und der Erholung bedurfte, hielt sich zurück und nahm am Gottesdienst teil, ohne selbst das Wort zu ergreifen.

*

In den darauf folgenden Tagen tauschten die Brüder weiter ihre Erlebnisse und Erfahrungen aus oder diskutierten lebhaft über bestimmte Fragen bezüglich ihrer Lebensart.

Bei einer Versammlung aller Brüder wurde ein neuer Entwurf ihrer gemeinsamen Lebensregel vorgestellt. Das Neue daran bestand im Wesentlichen darin, dass Bruder Caesar in den bisherigen Text weitere Bibelzitate eingefügt hatte, die die einzelnen Punkte begründeten.

*

Immer noch hatte Franziskus sich im Hintergrund gehalten. Er war jedoch fest entschlossen, ein ernstes Wort an seine Brüder zu richten. Der günstige Zeitpunkt dafür schien ihm am Dienstag gekommen, als der größte Teil der vornehmen Besucher bereits wieder abgereist war.

Die Brüder waren gespannt, was er ihnen wohl sagen würde, als er schließlich die Kanzel bestieg, die gleich neben der neuen Halle stand. Er knüpfte seine Predigt an das Wort Jesu an: „Die Füchse haben Höhlen und die Vögel des Himmels Nester, aber der Menschensohn hat nichts, wohin er sein Haupt legen könnte." Trotz seiner Schwäche erhob sich seine Stimme laut und deutlich. Er sprach von ihrem Ideal, nach dem Vorbild ihres Herrn und Meisters nichts auf dieser Welt als eigenen Besitz zu haben, nicht einmal eine feste Unterkunft.

„Wenn die Brüder unbedingt ein Haus nötig haben, soll es klein sein wie die Häuser der Armen", sagte er entschieden. „Die Brüder sollten darin wie Fremde und Pilger leben, denn auch ein solches Haus bleibt ein Haus, das nicht ihnen gehört. Ein Pilger nimmt unter fremden Dächern Unterkunft und wandert immer wieder in Frieden weiter, weil seine Heimat ausschließlich bei Gott ist."

Er zeigte auf das große neue Steinhaus und fuhr fort: „Brüder, Portiuncula hat sich nicht zum Guten verändert. Hier steht ein riesiges Haus. Jeder, der es sieht, muss glauben: Franziskus und seine Brüder richten sich in Häusern wohnlich ein. Sie fangen an, große Klöster zu bauen. Ich will das nicht."

Hierauf gab er mit der Hand ein Zeichen und nickte den Brüdern Masseo, Filippo, Angelo, Leo, Bernardo, Illuminato und Rufino zu. Diese stiegen auf das Dach der neuen Halle. Die Menge schaute erwartungsvoll zu. Bruder Leo riss den ersten Ziegel los und warf ihn herunter. Er zerbarst krachend auf dem Boden. Bruder Masseo und alle anderen taten es Leo nach. So trugen sie vor aller Augen Ziegel um Ziegel des neuen Gebäudes ab.

„Mein Gott, was soll das?", rief Don Marescotto, der in einiger Entfernung unter einer Gruppe von Bürgern aus Assisi stand. „Er reißt tatsächlich das Gebäude ab! Haltet ihn doch auf! Er legt die ganze teure Halle in Trümmer!"

Die immer noch anwesenden Ritter schauten verdutzt zu. Sie waren in Portiuncula, um für Ordnung zu sorgen, und nicht, um gegen Franziskus und die Brüder einzuschreiten.

*

Franziskus litt nicht nur unter seinen kranken Augen, sondern fühlte sich körperlich zunehmend schwächer, sodass er sich nach dieser Predigt sehr schonen musste und für den Rest der Woche nur noch mit leiser Stimme sprechen konnte.

Gegen Ende des Kapiteltreffens musste Bruder Elias im Auftrag von Franziskus für ihn das Wort ergreifen und zu den versammelten Brüdern sprechen:

„Brüder, wie ihr wisst, sind schon einmal etliche von uns nach Deutschland gegangen. Allerdings konnten sie sich mit den Menschen dort nur schlecht verständigen und es ging ihnen so schlecht, dass sie sich schließlich gezwungen sahen, wieder hierher zurückzukehren. Ihr alle wisst aber, dass es dort viele fromme Christen gibt. Viele von ihnen kommen ja mit ihren langen Wanderstäben und großen Stiefeln auf dem Pilgerweg nach Rom durch unser Land, und sie leiden immer gewaltig unter der Hitze. Sollten wir es nicht noch einmal versuchen, auch dort das Evangelium zu verkünden? Niemand soll gegen seinen Willen gezwungen werden, nach Deutschland zu gehen. Doch wenn es unter euch Freiwillige gibt, bitte ich sie, aufzustehen und nach vorne zu kommen."

Es entstand eine Pause, dann wurde getuschelt, und dann sah man immer mehr Gestalten sich erheben. Franziskus kniff die Augen zusammen, um deutlicher sehen zu können, wie viele es sein würden.

Einer..., zwei..., drei..., acht..., neun..., zehn..., fünfzehn..., sechzehn..., siebzehn... Er meinte, nicht recht zu sehen.

Elias eilte von der Kanzel und zählte die Brüder in Gruppen zu je zehn ab. Dann flüsterte er Franziskus zu: „Stell dir vor, es sind insgesamt neunzig!" Franziskus nickte, lächelte und gab mit schwacher Stimme seine Anweisungen.

„Der Bruder ernennt den deutschen Bruder Caesar von Speyer zum obersten Diener für Deutschland", gab Elias bekannt. „Bruder Caesar, hiermit hast du von Bruder Franziskus die Vollmacht, Gruppen zu bilden und mit ihnen zu beschließen, in welche Gegend sie gemeinsam gehen sollen."

Kurz danach löste sich die Versammlung auf.

Ein junger Bruder namens Giordano, der sich nicht für die Mission in Deutschland gemeldet hatte, blieb bei den Brüdern stehen, die dorthin gehen wollten. Er beneidete sie um ihren Mut, denn nach all den Geschichten, die er gehört hatte, war er sich ziemlich sicher, dass sie alle bald als Märtyrer sterben würden. Die Brüder, die in Marokko ermordet worden waren, hatte er leider nicht mehr kennen gelernt. Aber jetzt lag ihm daran, später den Jüngeren erzählen zu können: „Den und den von den Märtyrern in Deutschland habe ich persönlich gekannt." So knüpfte er mit dem einen und anderen von ihnen ein Gespräch an. Dabei geriet er auch an einen geselligen Bruder namens Palmerio, einen Diakon, der später Guardian, das heißt Vorsteher, der Brüdergemeinde in Magdeburg werden sollte. Palmerio war ein gesprächiger, humorvoller Mensch, der immer geradeheraus sagte, was er dachte. Er verstand es meistens schnell, eine ganze Runde Zuhörer um sich zu versammeln, die er mit seinen Sprüchen unterhielt.

Palmerio sagte zu ihm: „Stark siehst du nicht aus, aber ich wette, du hast ein kluges Köpfchen. Stimmt's?" Giordano wurde rot. „Ja, das sehe ich ihm an, der ist ein kluges Köpfchen", sagte Palmerio lächelnd zu den Umstehenden. „Ein paar so schlaue Burschen brauchen wir für Deutschland."

Giordano erschrak. Er hatte zu Gott im Gebet gesagt, dass er bereit sei, überallhin zu gehen, nur nicht zu den Deutschen. „Ich gehöre gar nicht zu eurer Gruppe", erklärte Giordano rasch. „Ich bin bloß aus Neugier, euch kennen zu lernen, hergekommen und nicht, weil ich mit euch gehen möchte." – „Oh!", lachte Bruder Palmerio und legte seine riesige Hand auf Giordanos zarte Schulter. „Brüder, der Bruder Giordano hier möchte die heiligen Märtyrer kennen lernen!" Die Brüder lachten, weil Palmerio das mit gespielter Feierlichkeit verkündet hatte.

Giordano erstarrte, versuchte sich aber nichts anmerken zu lassen. „Wirklich, ich bin bloß so hergekommen, zum Reden." Es half nichts. Er hatte das Gefühl, er sitze in der Falle.

„Ach was, Giordano", entgegnete Palmerio, „ich glaube, wenn einer für Deutschland bestimmt ist, dann du! Komm mit unsere Gruppe mit. Du wirst sehen, wir werden ein großartiges Gespann!"

Ehe Giordano noch eine weitere Widerrede äußern konnte, rief Palmerio laut: „Bruder Caesar! Da ist ein junges und besonders kluges Köpfchen. Das soll mit unserer Gruppe mitgehen!"

Ehe sich Bruder Giordano versah, stand auch schon Bruder Caesar vor ihm, eine eindrucksvolle Persönlichkeit, die einen unwillkürlich in Bann schlug. „Ich habe mich doch gar nicht für Deutschland gemeldet!", versuchte sich Giordano zu wehren. „Warum stehst du dann hier?", fragte ihn Bruder Caesar. „Weißt du selbst nicht, was du willst?" Plötzlich hatte Bruder Giordano das Gefühl, es tatsächlich nicht mehr genau zu wissen. Die Vorstellung, nach Deutschland zu gehen, faszinierte ihn und schreckte ihn zugleich ab.

„Also, Bruder, was ist jetzt? Entscheide dich, ob du nach Deutschland gehen oder in deine bisherige Provinz zurückkehren willst!" Giordanos Gedanken rasten. Was wollte Gott wohl von ihm? „Wenn ich sage, ich will wieder in meine bisherige Provinz zurück, sage ich das aus Angst vor dem Martyrium?", fragte er sich. „Wenn das so ist, folge ich vielleicht bloß meinem eigenen Willen. Darauf würde kein Segen ruhen. Aber ich bin schwach und habe Angst vor Schmerzen. Wenn die Deutschen mich foltern, bin ich vielleicht nicht stark genug, im Glauben fest zu bleiben."

Giordano wurde es ganz flau im Magen. Er verschränkte nervös die Arme; seine Finger zupften an den Ärmeln seines Habits.

Plötzlich kam ihm die Antwort über die Lippen – er wusste gar nicht recht, wie, und es war, als höre er sich selbst wie einen anderen sprechen: „Bruder Caesar, ich will weder gehen noch mich davor drücken. Befiehl du, und ich werde das tun, was du sagst." – „Bruder Palmerio braucht dich", lächelte ihn Bruder Caesar an. „Geh also mit ihm nach Deutschland."

*

Franziskus hatte ursprünglich eine Regel verfasst, die so knapp war, dass sie alle Brüder auswendig lernen konnten und auf diese Weise immer bei sich hatten. Die Neufassung dieser Regel, die auf dem Kapitel von 1221 beschlossen worden war, erwies sich als zu lang. Auch in Rom, wo sie baten, sie zu bestätigen und offiziell in Kraft zu setzen, war man mit ihr nicht zufrieden. Sie wurde dort juristisch als zu ungenau empfunden. So musste sich Franziskus wieder mit der Aufgabe abquälen, für seine Regel einen Text zu finden, der allen Ansprüchen gerecht wurde und dabei doch nicht seine Ideale verriet.

*

Die Diskussionen und Verhandlungen um eine endgültige Fassung der Lebensregel der Brüder zog sich in die Länge. Um sie in Ruhe überdenken und überarbeiten zu können, verbrachten Franziskus, der juristisch beschlagene Bruder Bonizio sowie Bruder Leo, der zuverlässige Sekretär von Franziskus, einige Zeit zu dritt in der Einsiedelei von Fonte Colombo in den Bergen oberhalb von Rieti. Es war eine Unterkunft in einer der dortigen zahlreichen Höhlen. Der Regeltext, den Franziskus in der Einsiedelei von Fonte Colombo entwarf, wurde auf dem Pfingstkapitel von 1223 mit einigen leichten Abwandlungen gebilligt.

Froh darüber, endlich einen Text gefunden zu haben, mit dem alle einverstanden waren, begab sich Franziskus nach dem Kapitel in Begleitung einiger Brüder nach Rom, um diesen Text endgültig von Papst Honorius III. bestätigen zu lassen.

In Rom kannte sich Franziskus inzwischen schon recht gut aus, hatte er doch schon öfter einige Wochen in der Stadt geweilt. Er hatte dort auch Freunde und Bekannte, die ihm Unterkunft boten. Zu ihnen gehörte schon seit zehn Jahren Donna Jacopa dei Settesoli, eine hoch gestellte römische Adlige. Er hatte sie in dem Jahr kennen gelernt, als er mit dem Heiligen Stuhl die Form der Aufnahme von Klara und Agnes in seine Gemeinschaft vereinbart hatte. Damals war Jacopa erst 22 Jahre alt gewesen, aber bereits seit kurzem Witwe mit zwei kleinen Kindern. Da Franziskus auch seine Aufenthalte in Rom zur Predigt genutzt hatte, hatte ihn eines Tages Jacopa gehört, und seine Worte hatten sie gepackt und in ihrem Leid getröstet.

Spontan hatte sie Franziskus und seinen Brüdern in ihrem Palazzo ein Quartier angeboten. Im Laufe der Jahre hatte sich zwischen ihnen eine herzliche Freundschaft entwickelt, und immer wenn Franziskus in Rom war und sich seine Verhandlungen an der Kurie in die Länge zogen, nahm er ihre großzügige Gastfreundschaft in Anspruch.

Bei ihren Verhandlungen hatten die Brüder dieses Mal Glück. Mitte Dezember kamen sie freudestrahlend in ihr Quartier bei Jacopa zurück und konnten verkünden: „Der Papst hat unsere Regel gebilligt!" Damit war Franziskus eine große Last von der Seele genommen. Für die weitere Entwicklung seiner Gemeinschaft war ein festes Fundament gelegt. Die Umrisse ihres Lebensideals waren nicht nur deutlich festgehalten, sondern besaßen jetzt die Kraft von verbindlichen Richtlinien, über die man nicht länger zu streiten brauchte. Aber dennoch war es ihm gelungen, nicht nur magere Rechtsvorschriften aufzustellen, sondern in diesem Text auch vieles von dem Geist niederzulegen, aus dem er selbst lebte und in dem zu leben er seine Brüder festigen wollte. So stand darin zum Beispiel:

„Ich rate meinen Brüdern und fordere sie auf und ermahne sie im Herrn Jesus Christus, dass sie, wenn sie durch die Welt gehen, nicht mit anderen rechten und um Worte streiten und andere nicht verurteilen. Vielmehr seien sie sanft, friedfertig und bescheiden, mild und demütig, anständig im Reden gegenüber allen, wie es sich gehört.

Und sie dürfen nicht reiten, außer wenn sie durch offensichtliche Not oder Krankheit gezwungen sind. Und in jedem Haus, in das sie eintreten, sollen sie als Erstes sagen: ‚Friede diesem Haus'.

Jene Brüder, denen der Herr die Gnade zu arbeiten gab, sollen treu und ergeben arbeiten, sodass sie den Müßiggang, den Feind der Seele, fern halten und nicht den Geist des heiligen Gebets und der Hingabe austrocknen. Ihm müssen die übrigen vergänglichen Dinge dienen. Als Lohn der Arbeit aber sollen sie für sich und ihre Brüder das annehmen, was für den Körper nötig ist, außer Münzen und Geld.

Die Brüder dürfen sich nichts aneignen, weder ein Haus noch einen Ort noch irgendeine Sache. Und wie Pilger und Fremde sollen sie in dieser Welt in Armut und Demut dem Herrn dienen und vertrauensvoll betteln gehen. Und sie sollen sich nicht schämen, denn der Herr hat sich für uns zum Armen gemacht in dieser Welt.

Und wo auch immer die Brüder sind und sich treffen, sollen sie miteinander umgehen wie solche, die im gleichen Haus wohnen. Und jeder offenbare dem anderen unbesorgt seine Not. Denn wenn eine Mutter ihr leibliches Kind nährt und liebt, um wie viel aufmerksamer muss einer seinen geistlichen Bruder lieben und nähren. Und wenn einer von ihnen krank wird, sollen die anderen Brüder ihn pflegen, wie sie gepflegt sein wollten."*

---

* Übernommen aus: Anton Rotzetter, Franz von Assisi © 1981, 1999 Patmos Verlag GmbH & Co. KG, Düsseldorf, Benziger Verlag, Düsseldorf und Zürich.

Das Weihnachtsfest dieses Jahres 1223 wollte Franziskus in Greccio verbringen, einer Bergeinsiedelei, die unweit von Fonte Colombo auf einem hohen Felsen eingerichtet war. So machte er sich mit einigen Begleitern von Rom aus auf den Weg dorthin.

In der Nähe der Einsiedelei wohnte ein Adliger namens Giovanni, der Franziskus und seinen Brüdern sehr zugetan war. Er bewunderte ihre Lebensweise und bemühte sich selbst redlich, sein Leben nach den Grundsätzen des Evangeliums zu gestalten. Giovanni freute sich sehr, Franziskus wieder zu sehen. Er kam unverzüglich zur Einsiedelei, um ihn willkommen zu heißen. Sie besprachen, wie sie die Feier des Weihnachtsfestes gemeinsam gestalten könnten.

Franziskus gab sich in diesen Tagen einem Gedanken hin, der ihm bei der Betrachtung des Evangeliums gekommen war. Wenn Gott Mensch geworden war, wenn er wirklich aus göttlicher Erhabenheit in die Armut eines Stalles herabstieg, dann musste man das Fest seiner Geburt ganz anders begehen, als es zu seiner Zeit üblich war. Franziskus hatte keine Mühe, Giovanni für seine Idee zu begeistern, möglichst naturgetreu den Stall von Bethlehem herzurichten und sich in der Weihnachtsnacht augenfällig vor Augen zu halten, in welche Armut und Not Gott als kleines Kind zu den Menschen gekommen war. „Francesco, ich werde mich darum kümmern, dass wir dieses Weihnachten so feiern können, als wären wir selbst in Bethlehem dabei", versprach Giovanni.

Tatsächlich machte er sich unverzüglich ans Werk. Er lud aus mehreren Orten der Umgebung Brüder von Franziskus für

275

diese Nacht nach Greccio ein. Die Leute der Gegend wurden angewiesen, Wachskerzen und Fackeln vorzubereiten. Außerdem erhielten einige Männer den Auftrag, alles Erforderliche herbeizuschaffen, was man für die naturgetreue Nachbildung der Grotte von Bethlehem brauchte.

Dazu wurde im weiten Umkreis bekannt gegeben, Franziskus weile in der Einsiedelei von Greccio und werde dort den Weihnachtsgottesdienst feiern. Er war inzwischen bereits im ganzen Land berühmt, und so wollten ihn viele Menschen sehen und hören und mit ihm feiern.

*

Zwei Wochen später, am Heiligen Abend, hatte eine dünne Schneeschicht das Berggebiet von Greccio überzogen. Als Franziskus an die Stelle kam, die man für den Gottesdienst ausgewählt hatte, staunte er nicht schlecht. Da war unter einem Felsüberhang Stroh aufgeschüttet, in einer Krippe lag Heu, an dem ein großer lebendiger Ochs und ein Esel rupften. Von allen Seiten stiegen Menschen mit Fackeln die steilen Hänge herauf. Von weitem konnte man sie als wandernde Lichterketten erkennen, in der Nähe erleuchteten sie die Nacht fast taghell. Der Wald war voller Menschenstimmen, von fern hörte man die eine oder andere Gruppe singen; erwartungsvolle Freude lag in der Luft. Die Stelle um die Krippe wurde von einem hell lodernden Feuer beleuchtet, um das sich in der kalten Winternacht immer mehr Menschen drängten. Hirten aus dem Tal mit einigen Schafen und Lämmern kauerten vor der Versammlung um die Krippe.

*

Schließlich begann der Gottesdienst. Die Brüder hatten sich unter die Anwesenden gemischt und führten mit starker Stimme den Gesang an. Franziskus hob das Evangelienbuch hoch. Er kniff seine wunden Augen zusammen, weil sie ihm im flackernden Licht der Fackeln und Kerzen schmerzten. Weihrauch wehte über die Menge und verzog sich rasch in die kalte Bergluft.

„Ehre sei Gott in der Höhe", sang die versammelte Gemeinde das Lied der Engel, „und Friede auf Erden den Menschen seiner Huld." Franziskus, der nicht Priester war, trug als Diakon ein liturgisches Gewand und sang das Evangelium der Weihnacht auswendig vor. Dann hielt er der Menge, die allmählich still geworden war, vor dem verschneiten Bergwald seine Predigt.

Er sprach in einfachen Worten vom unbegreiflichen Geheimnis, dass der unendlich große Gott sich zum hilflosen Kind gemacht habe, um den Menschen nahe zu sein. Da Reichtum und Gewalt immer Unterschiede und Trennungen schafften, habe Gott selbst seine Hoheit und Macht ganz und gar abgelegt und sei so geworden, wie im Tiefsten jeder von uns sei: ein wehrloser Mensch, von dem nichts Bedrohliches ausgehe. Während Erhabenheit und Allmacht die Menschen schrecke,

277

habe die Wehrlosigkeit eines Kindes ja nichts Angst Machendes und nichts Abstoßendes; nein, sie ziehe jeden, der noch Mensch ist, an. Genau so wolle Gott auf die Menschen wirken, genau so für sie und bei ihnen da sein. Damit habe Gott selbst den Menschen vorgelebt, wie jeder für den anderen da sein sollte, statt dass sie einander mit Gewalt beherrschten.

Franziskus sprach den einfachen Hirten und Bauern, Männern wie Frauen nicht nur direkt zum Herzen, sondern steigerte sich in eine derartige Glut der gläubigen Begeisterung hinein, dass alle ergriffen auf ihn blickten.

Nun standen aber dicht bei der Krippe Giovanni und seine Frau. Giovannis Frau hielt ihr kleines Söhnchen im Arm, das sie erst vor wenigen Monaten geboren hatte. Während Franziskus sprach und alle ihm gebannt lauschten, kam ihr der spontane Gedanke, ihr Kind in die Krippe zu legen. Das beachtete fast niemand. Gegen Ende seiner Predigt sprach Franziskus davon, wie sich für Gott bei seinem Kommen in diese Welt kein einziges Haus der Menschen geöffnet habe. Mit einer Futterkrippe voller Heu und Stroh habe er Vorlieb nehmen müssen. Dabei wies er auf die Krippe. Alle schauten hin – und es erschien wie ein Wunder, dass darin plötzlich friedlich schlummernd ein kleines Kind lag.

Einen Augenblick lang herrschte atemlose Stille.

Da kam Franziskus ein Weihnachtslied in den Sinn. Er stimmte es an, und ergriffen fielen alle Anwesenden mit. Manche mussten sich während des Singens Tränen aus den Augen wischen, so berührte sie das Erlebnis dieser Nacht.

Tag an Glanz und Freuden groß
allen, die verloren!
Seht, aus einer Jungfrau Schoß
ist uns Gott geboren,
ward ein Mensch, ein Kindlein schön,
zart und lieblich anzusehn
unter Menschenkindern.
Gott unfassbar, Gott im Licht
neigt zur Welt sein Angesicht,
ihre Not zu lindern.*

Sie sangen das Lied gleich mehrmals hintereinander. Die anwesenden Kinder drängten sich um die Krippe und streichelten behutsam das Kind.

*

Noch Monate danach erzählten die Leute von Greccio begeistert von der Weihnachtsfeier bei der Einsiedelei der Brüder in Greccio. Viele hatten sich eine Hand voll Heu aus der Krippe von Greccio mit nach Hause genommen, zur Erinnerung an das Geschenk dieser Nacht. Später erzählte man sich, dieses Heu habe über eine wunderbare Heilkraft verfügt. Nicht nur kranke Tiere seien gesund geworden, als man ihnen davon einige Halme zu fressen gegeben habe, sondern sogar Menschen seien

---

* Dies laetitiae, seit 1320 bezeugt.

gesundet, denen man solche aufgelegt oder als Amulett umgehängt habe.

Franziskus fühlte sich in der Einsiedelei von Greccio so wohl, dass er bis Ostern dort blieb. In dieser Zeit wich der Winter wieder zunehmend dem Frühling und seinen Blüten und Düften.

Als er einmal in der bereits warmen Sonne im Freien saß, kam Bruder Leo hinzu, der behutsam etwas in den Armen trug.

„Ich habe dieses Häslein gefunden. Es war in eine Falle eingeklemmt."

Franziskus nahm das Häslein von Bruder Leo entgegen und setzte es vorsichtig vor sich auf den Boden. Der kleine Hase starrte Franziskus mit großen dunklen Augen an und zitterte angstvoll.

Da streckte Franziskus vorsichtig die Hand aus, streichelte ihn zart und sprach zu ihm: „Bruder Hase, hab keine Angst. Du darfst jetzt wieder gehen, wohin du willst."

Der Hase wackelte mit den Ohren, hoppelte wenige Schritte und verharrte zögernd. „Was ist los, Bruder Hase?" Als der Hase die sanfte Stimme von Franziskus hörte, wandte er sich um, stellte die Ohren, witterte mit der Nase und sah Franziskus lange in die Augen. Dann hoppelte er wieder zu ihm hin. Franziskus streckte langsam die Hand aus. Der Hase hielt eine Armlänge vor Franziskus an. Er hob ihn behutsam auf, setzte ihn auf seinen Schoß und streichelte das zitternde Tier vorsichtig.

„Bruder Hase", redete er ihm zu. „Gott behüte dich, dass du nie mehr in eine Falle läufst!" Er wollte dem Geschöpf nicht weiter Angst machen. So streichelte er es ein letztes Mal und setzte es behutsam wieder auf den Boden. „Du kannst jetzt gehen, Bruder Hase", redete er ihm zu und tätschelte ihm den Rücken.

Das Tier hoppelte wieder ein Stück weit weg, verharrte dann wieder auf der Stelle und blickte zurück, als wolle es wieder in die Sicherheit und den Schutz von Franziskus' Schoß zurückkehren. „Bruder Hase, ich glaube, du willst mich verwöhnen", lächelte Franziskus. „Du weißt, dass die Bergwinde immer noch sehr kalt sind und Bruder Franziskus keinen Pelz trägt. Du willst dich auf meinen Schoß setzen, um mich zu wärmen."

Er streckte wieder die Hand aus, und der Hase hoppelte her und ließ sich wieder von ihm aufheben. Er streichelte ihn und hielt ihn ganz nahe an seinem Herzen. Das Tier fühlte sich auf seinem Schoß offensichtlich wohl und kuschelte sich darin ein.

Nach einiger Zeit sagte Franziskus: „Bruder Hase, jetzt musst du aber wirklich gehen." Er setzte den Hasen wieder auf den Boden und gab ihm einen letzten liebevollen Klaps. Das Tier wandte sich noch einmal um und sah Franziskus mit großen Augen an. Es stellte die Ohren und ließ sie dann wieder sinken, als wolle es Franziskus freundschaftlich zuwinken. Also hob Franziskus es wieder auf, und es kuschelte sich wieder in seinen Schoß, und so verharrten sie still. Später an diesem Nachmittag kam Franziskus in die Einsiedelei zurück und trug immer noch den Hasen in den Armen.

Er sagte: „Bruder Masseo, der Bruder Hase und ich sind gute Freunde geworden. Aber es wird Zeit, dass er wieder ins Feld zurückgeht."

Er überreichte das Tier Bruder Masseo. Der nahm es und trug es ins Feld hinaus, indes Franziskus zurückblieb. Sein Herz blieb an diesem Abend von ganz besonderer Liebe zu Gottes Geschöpfen erfüllt.

*

Während der letzten Tage der Fastenzeit sahen die Brüder Franziskus kaum, weil er sich an eine einsame Stelle im Freien zurückgezogen hatte. Den Ostersonntag wollten die Brüder in der Einsiedelei von Greccio besonders festlich gestalten. So legten sie zur Feier des Tages über den Tisch ein weißes Leinentuch; außerdem hatten sie Geschirr besorgt.

Schließlich kam Franziskus aus seiner Grotte im Wald. Er musste sich im Gehen auf einen Stock stützen. Als er die Einsiedelei betrat, sah er den festlich gedeckten Tisch. Zufällig hatte ihn keiner der Brüder kommen sehen. Nur ein Armer, der sich gerade bei den Brüdern aufhielt, stand dabei. Von diesem lieh er sich seinen Hut und wandte sich unverzüglich wieder zum Gehen. Er kehrte in den Wald zurück und blieb so lange dort, bis die Brüder mit dem Festmahl begonnen hatten. Es war vereinbart, dass sie sich keine Gedanken zu machen brauchten, wenn er auf das Glockenzeichen zum Essen nicht erschien.

Schließlich hörten sie draußen jemanden rufen. „Um der Liebe Gottes willen, ein Almosen für einen, der arm ist und krank!", ertönte es. Sie erkannten nicht gleich, dass es Franziskus war, der seine Stimme verstellt hatte. Er hatte sich andere

Kleider umgelegt und den Hut tief in die Stirn gezogen. „Um der Liebe Gottes willen, tritt ein!", sprach Bruder Angelo, der ihn für einen fremden Bettler hielt.

Franziskus betrat den Raum, lehnte jedoch dankend ab, sich zu ihnen an den Tisch zu setzen. Er ließ sich in einer Ecke nieder, nahm den Hut vom Kopf und erklärte: „Ich sitze da, wo ein Minderbruder sitzen sollte. Wir sollten uns mehr als andere vom Beispiel der Armut und der Demut des Sohnes Gottes erschüttern lassen. Ich sah, wie ihr den Tisch aufwändig bereitet und geschmückt habt, und da erkannte ich nicht mehr den Tisch armer Leute, die von Tür zu Tür betteln."

Bruder Leo wurde so von Scham ergriffen, dass er kaum die Tränen zurückhalten konnte. Masseo ergriff unverzüglich seinen Teller, ging zum Kamin und streute Asche auf sein Essen, zum Zeichen der Buße dafür, dass er sich angemaßt hatte, wie die Reichen zu essen. Die Brüder Leo und Angelo taten es ihm nach. Bald saßen alle Brüder abseits des Tischs auf dem Boden um den Kamin. Bruder Masseo eilte geschäftig hin und her und reichte nach, und so nahmen die Brüder ihr Ostermahl auf dem Boden hockend zu sich, so wie sie es in der Frühzeit ihres gemeinsamen Lebens immer getan hatten.

*

Franziskus blieb gesundheitlich weiterhin geschwächt. Zudem plagte ihn sein Augenleiden. Wenn er wie an diesem Osterfest in Greccio das Gefühl hatte, die Einfachheit und Anspruchslosigkeit der Anfänge seiner Gemeinschaft sei in Gefahr, konnte er bei einzelnen Anlässen unerbittlich sein. Aber grundsätzlich schien ein große Spannung von ihm abgefallen zu sein, seit die Regel bestätigt und die Leitung seines Ordens in anderen Händen lag. Vielleicht trug auch das dazu bei, dass er sich zunehmend zurückzog und seine Aufgabe nicht mehr in der Predigt sah. Wichtiger wurden ihm lange Zeiten des Alleinseins an abgelegenen Orten, wo er sich der Stille und dem Gebet hingeben konnte.

Nach Ostern kehrte er nach Portiuncula zurück, blieb dort einige Monate und nahm am Pfingstkapitel teil. Anfang August machte er sich zusammen mit Masseo, Leo und Angelo auf den Weg in die Bergeinsiedelei von La Verna, wenige Tagereisen nördlich von Assisi, hoch in den Apenninen.

13. Kapitel

Das fünffache Zeichen der Liebe

Der Berg La Verna gehörte dem Grafen Orlando von Chiusi. Es war ein abgelegenes Felsmassiv mit zahlreichen Höhlen, die sich ideal für den Rückzug in vollkommene Einsamkeit und Stille eigneten. Vor zehn Jahren hatte es der Graf den Brüdern zur Verfügung gestellt. Seither weilten dort immer wieder einige von ihnen, um sich nach längerem Umherwandern und Predigen eine Zeit lang zurückzuziehen.

Franziskus und seine Brüder brachen an einem heißen Augusttag dorthin auf, wie immer zu Fuß. Am zweiten Tag war Franziskus so erschöpft, dass er sich immer öfter an den Wegrand setzen und ausruhen musste. Zum Glück kam ein Bauer mit seinem Esel des Weges. Er erbarmte sich des Geschwächten und lieh den Brüdern seinen Esel. So hoben sie Franziskus auf das Reittier und konnten ihn so bis zur Einsiedelei schaffen.

„Brüder, ich spüre, dass mein Herr und Meister mein Leben ein Stück mehr dem seinen gleichmacht", erklärte Franziskus seinen Begleitern, als sie dort angekommen waren.

„Er hat mich berufen, ganz so zu leben, wie er gelebt hat, als er als Mensch über unsere Erde gegangen ist. Auch ihr habt diesen Ruf verspürt. Darum ziehen wir genau wie er als arme Wanderer und Prediger durch das Land und verkünden die Frohe Botschaft. Wisst ihr, was dann mit ihm geschehen ist?"

Bruder Leo sagte: „Die Hohenpriester und Schriftgelehrten haben ihn verfolgt und schließlich ans Kreuz geliefert." – „Ja, Bruder Leo", nickte Franziskus zustimmend.

„Gott hat uns die Gnade geschenkt, von den Priestern und Schriftgelehrten nicht verfolgt zu werden. Aber am Kreuz unseres Herrn teilzunehmen, sind wir dennoch berufen. Ich spüre, dass dieser Schritt für mich gekommen ist." Da er ganz für sich allein sein wollte, bauten ihm die Brüder aus Ästen und Lehm eine kleine Hütte, einen Steinwurf entfernt von den Höhlen und dem ärmlichen Häuschen, worin sie selbst wohnten. Sie stand im Schutz einer gewaltigen, weit ausladenden Buche, die einen kleinen Grasstreifen überschattete, der gerade noch am Felsenrand eines steilen Abgrunds Platz hatte.

*

Franziskus empfand seine zunehmende Schwäche und Krankheit als eine Form des Einswerdens mit seinem gekreuzigten Meister. Zu Bruder Leo sagte Franziskus: „Ich will mich hier im Angesicht meines gekreuzigten Herrn auf den Tod vorbereiten." So beschloss er, trotz seiner Schwäche eine vierzigtägige Zeit des Fastens zu halten.

Diese Fastenzeit sollte am 15. August, dem Fest der Aufnahme Marias in den Himmel, beginnen und bis zum 29. September dauern, dem Fest des heiligen Erzengels Michael, des Bannerträgers, der die Seelen der Verstorbenen ins ewige Licht führt. Während dieser Zeit wollte Franziskus noch abgeschiedener leben. So suchten er und Bruder Leo nach einem entlegenen Platz, um dort für ihn eine neue Einsiedelei einzurichten.

Sie entdeckten auf der Südseite des Berges einen ganz einsamen Fleck, der ihnen für diesen Zweck besonders geeignet erschien. Allerdings war er gar nicht zugänglich, weil vor ihm ein breiter, tiefer Spalt im Felsen klaffte. Leo rief die anderen Brüder herbei, damit sie mit vereinten Kräften einen Baumstamm über den Felsspalt legten und drüben für Franziskus eine kleine Hütte bauen konnten.

Als sie damit fertig waren, sagte Franziskus zu ihnen: „Geht jetzt in eure Unterkunft zurück und lasst mich hier allein, denn ich möchte ab jetzt ohne Ablenkung und Zerstreuung leben. Ich bitte euch alle, nicht mehr zu mir zu kommen. Nur Bruder Leo bitte ich, mir einmal täglich ein wenig Brot und Wasser zu bringen. Komm außerdem spät in der Nacht zur Stunde der Matutin. Sei dann ganz leise, und wenn du an der Brücke stehst, sprich: ‚Herr, öffne meine Lippen.‘ Wenn du mich dann antworten hörst: ‚Damit mein Mund dein Lob verkünde‘, dann komm zu mir in die Hütte, und wir beten gemeinsam die Matutin. Gebe ich keine Antwort, dann geh wieder weg und störe mich nicht."

Franziskus war gewöhnlich bereits wach, wenn Leo ihn rief. Ein Falke, der sein Nest in der Nähe von Franziskus' Zelle hatte,

weckte ihn jede Nacht zur Matutin, indem er laute Schreie aus-
stieß und mit den Flügeln gegen die Wand seiner Hütte flatter-
te. Er flog erst weg, wenn Franziskus aufgestanden war. Manchmal, wenn Franziskus sehr schwach oder krank war, weckte ihn
der Falke etwas später. Franziskus fasste zu diesem Geschöpf,
das ihn zuverlässig weckte, große Zuneigung.

*

Eines Nachts, unmittelbar vor dem Fest der Kreuzerhöhung,
kam Leo wie gewöhnlich an die Brücke und sprach: „Herr,
öffne meine Lippen."

Es kam keine Antwort.

Leo versuchte es noch einmal. Aber wieder kam keine Antwort. Jetzt hätte er, wie Franziskus ihn angewiesen hatte, einfach wieder weggehen sollen. Aber er brachte das einfach nicht
fertig, sei es aus Sorge um Franziskus, sei es aus Neugier. Er
schaute in die Hütte hinein. Der Mond schien hell durch die
offene Tür. Franziskus war nicht da.

Da dachte sich Leo: „Vielleicht ist er zum Beten in den Wald
gegangen." Er ging über den Baumstamm zurück und ging
leise ein Stück weit in den Wald hinein, und tatsächlich: Da
erkannte er die Umrisse von Franziskus. Er schlich näher, bis er
hören konnte, dass Franziskus immer wieder laut die Worte
stammelte: „Wer bist du, mein geliebter Gott, und wer bin ich?
Ich bin nur ein armseliger Wurm und nutzloser Knecht."

Leo blieb reglos stehen. Als er einmal hinter dem Baumstamm hervorspähte, sah er Franziskus in helles Licht getaucht. Ehrfürchtige Scheu befiel ihn. Es war ihm, als verletze er ein Geheimnis. So wandte er sich spontan zum Weggehen. Doch dabei trat er auf einen dürren Zweig, der laut knackte. Franziskus schreckte auf. „Wer ist da?", rief er.

Bruder Leo erstarrte und rührte sich nicht. Ungeheure Scham überkam ihn, bei einem Bruch des Vertrauens ertappt worden zu sein.

„Ich, Bruder Leo, Vater", rief er dann. „Verzeih mir! Du hast nicht geantwortet, und da bekam ich Angst, dir sei etwas zugestoßen. So habe ich dich gesucht. Ich hörte dich beten. Auch sah ich dich ganz in Licht getaucht." Leo fiel auf die Knie und bat Franziskus noch einmal um Verzeihung.

„O Leo, steh auf", sagte Franziskus zu ihm, ohne weiter auf seine Bitte einzugehen. „Heute Nacht hat mich Gott zwei Dinge klar erkennen lassen. Das eine ist die abgrundtiefe Güte, Weisheit und Macht Gottes, das andere meine abgrundtiefe Hinfälligkeit und Armseligkeit. Was ist der kleine, sterbliche Mensch vor dem unermesslichen, ewigen Gott?"

*

Leo hatte es fast nicht anders erwartet, als Franziskus an den folgenden Tagen auf seinen morgendlichen Ruf keine Antwort gab. Er war ganz ins Gebet versunken.

„Jesus Christus, mein Herr und Gott, ich bitte dich um zwei Gnaden, bevor ich sterbe", betete Franziskus. „Die erste ist:

Lass mich zu Lebzeiten so weit wie irgend möglich in meiner Seele und in meinem Leib den Schmerz fühlen, den du zur Stunde deines bittersten Leidens verspürt hast. Die zweite ist: Gib mir so weit wie nur möglich Anteil an der grenzenlose Liebe zu den Menschen, um derentwillen du, Gottes Sohn, diesen Schmerz auf dich genommen hast."

Wie ein ständiger Kehrvers kamen ihm immer wieder die Worte des Meisters damals in Foligno in den Sinn: „Das Bittere wird süß werden, das Süße bitter", und er betete: „Herr, ich will mit dir eins sein in deinem Leiden wie in deiner Liebe."

*

Später berichteten Hirten, die in der Gegend lagerten, in der Nacht vor dem Fest der Kreuzerhöhung sei der Berg gegen Morgen für etliche Zeit in strahlendes Licht getaucht gewesen. Auch die Bewohner des unweit von La Verna gelegenen Dorfes Romagna erzählten, ein Lichtschein sei durch die Fenster einer Herberge hereingedrungen. Die Eselstreiber seien deshalb verstört aufgeschreckt. In der Meinung, der Tag breche schon an, seien sie aufgesprungen und hätten schleunigst ihre Tiere gesattelt und beladen. Sie seien schon unterwegs gewesen, als sie gemerkt hätten, dass das Licht wieder erlosch, und erst einige Zeit später sei tatsächlich die Sonne aufgegangen.

*

Franziskus erwachte an diesem Morgen aus einer Schau des verklärten Gekreuzigten. Unendlicher Trost erfüllte ihn. Zugleich verspürte er bohrende Schmerzen. Seine Hände und Füße trugen tiefe Stichwunden, die aussahen, als sei er genau wie sein geliebter Herr gekreuzigt worden. Auf seiner rechten Brust klaffte eine Wunde wie von einem Lanzenstich; daraus nässte Blut, das seine Kutte befleckte.

Beunruhigt, von ihm schon etliche Tage keine Lebenszeichen mehr vernommen zu haben, entschlossen sich die Brüder Masseo, Angelo, Illuminato und Leo, nach ihm zu suchen. Sie fanden ihn erschöpft im Freien liegen. Er versuchte seine Hände und Füße zu verbergen, aber da er sich nicht auf seine Füße zu stellen vermochte und seine Kutte von Blut durchtränkt war, merkten die Brüder rasch, dass ihm etwas Besonderes widerfahren sein musste. Auf ihre erregten, besorgten Fragen wollte er jedoch keine Antwort geben.

Schließlich sagte Bruder Illuminato zu ihm: „Bruder Franziskus, du weißt besser als ich, dass uns Gott zuweilen etwas von seinen Geheimnissen offenbart. Das ist dann nicht nur für uns persönlich bestimmt, sondern zum Heil anderer. Wenn dich Gott sichtbar gezeichnet hat, muss das bedeuten, dass er uns allen etwas zeigen will. So wäre es ein Unrecht, wenn du verbergen wolltest, was dir Gott zum Zeichen für viele Menschen gegeben hat."

Diese Ermahnung des Bruders Illuminato beeindruckte Franziskus. So offenbarte er seinen Brüdern die Wundmale, die er in dieser Nacht empfangen hatte. Tatsächlich war er darauf angewiesen, dass sie sich ihrer annahmen, denn sie bereiteten ihm fast unerträgliche Schmerzen und mussten unbedingt versorgt werden. Diese Aufgabe übernahm von da an Bruder Leo. Er trug ihm immer wieder eine Salbe auf und verband ihm täglich alle fünf Wunden. So trug Franziskus jetzt an seinem eigenen Leib die Leiden mit, die Christus am Kreuz auf sich genommen hatte.

*

Die folgenden beiden Wochen bis zum Fest des Erzengels Michael wollte Franziskus weiterhin fastend in seiner Einsiedlerhütte verbringen, und Bruder Leo versorgte ihn wie zuvor jeden Tag mit Brot und Wasser.

Bruder Leo litt sehr darunter, dass Franziskus von seinem Tod sprach und sein Denken und Gebet immer mehr um das Leiden und Sterben kreisten. Außerdem hatte er gegen tiefe Niedergeschlagenheit anzukämpfen, denn angesichts des heroischen Lebens seines geistlichen Vaters kam er sich schwach und unwürdig vor.

Eines Nachts war er ganz verzweifelt und konnte einfach keine Ruhe finden. Sein geistlicher Führer und Freund sollte bald sterben. Diese Vorstellung peinigte ihn. „Werde ich allein, ohne das Beispiel von Franziskus, die Armut Jesu Christi leben können?", fragte er sich. „Außerdem habe ich weder die Gabe der Predigt noch des Gebets. Ich bin ein Sekretär und Betreuer, keine energische Natur. Ich brauche einen anderen, an dem ich mich ausrichten und der mich ermahnen kann. Außerdem bin ich voller Fehler und Schwächen. Wie soll ich ohne Franziskus das Ideal leben können, dem wir uns verschrieben haben?"

Von solchen Überlegungen und Ängsten gequält, verbrachte er eine fast schlaflose Nacht. Als die Morgensonne ihre ersten Strahlen auf den Berg warf, nahm er wie immer ein Stück Brot und eine Kanne Wasser und eilte zu Franziskus' Hütte. Er wollte Franziskus mit dem Lebensnotwendigsten versorgen, aber er hatte ganz stark das Gefühl: „Ich brauche ganz dringend etwas von Franziskus. Aber was könnte das sein?" Er wusste es nicht.

Es war schon fast ein Ritual, wie Leo Franziskus das Brot und die Wasserkanne aushändigte und sich erkundigte, ob er sonst etwas brauche. Sonst sprachen sie kaum etwas, um das Schweigen von Franziskus nicht zu stören. Wie immer erklärte Franziskus dankend, ihm fehle nichts. Leo hatte sich gerade umgewendet und war am Weggehen, da rief ihm Franziskus nach:

„Ach, Bruder Leo, halt, da fällt mir etwas ein. Könntest du mir Tinte, Feder und ein Stück Pergament besorgen?"

Bruder Leo war froh, dass Franziskus endlich einmal einen Wunsch äußerte und versicherte, er könne ihm das unverzüglich bringen. So eilte er in die Einsiedelei und holte das Gewünschte herbei.

Franziskus nahm das Schreibzeug, setzte sich auf den Boden und benutzte ein flaches Stück Fels als Unterlage. Er schrieb einen kurzen Text und zeichnete darunter einen liegenden Kopf, aus dessen Mund ein Tau-Kreuz sprosste. Dann reichte er es Leo und sagte dazu:

„Bruder Leo, nimm dieses Pergament. Es ist ganz persönlich für dich. Ich spüre, dass du es brauchst. Trage es immer bei dir."

Bruder Leo war wie vom Donner gerührt. Hatte Franziskus seine Gedanken gelesen? Er nahm das Pergamentstück und überflog den Text:

„Gott segne und behüte dich. Er zeige dir sein Angesicht und erbarme sich deiner. Er wende sein Angesicht dir zu und gebe dir Frieden. Gott segne dich, Bruder Leo."

Leo konnte seine Tränen nicht mehr zurückhalten. Wie hatte Franziskus um die Qualen seiner Seele wissen können? Er wusste gar nicht, wie er sich bei Franziskus bedanken sollte. Schließlich küsste er ihm stumm die Hände. Franziskus lächelte gütig und gab ihm ein Zeichen, er solle ihn wieder allein lassen.

Leo faltete das kleine Pergamentstück zusammen und trug es von da an bis zu seinem Tod immer in der Brusttasche seines Habits bei sich.

*

Gleich am Tag nach dem Fest des heiligen Erzengels Michael verabschiedete sich Franziskus von La Verna. Es war, als treibe ihn jetzt das, was er in seiner vierzigtägigen Fastenzeit erfahren hatte, mit unwiderstehlicher Kraft wieder zu den Menschen. Nachdem er am frühen Morgen der Messe in der kleinen Kapelle beigewohnt hatte, sagte er zu den Zurückbleibenden:

„Lebt wohl, liebe Brüder! Lebt in Frieden, liebste Söhne! Ich gehe von euch weg dem Leibe nach, aber ich lasse euch mein

Herz da. Ich gehe fort mit Bruder Leo, fort nach Santa Maria von den Engeln, und hierher komme ich nicht mehr. Ich reise ab: Lebt alle wohl! Lebe wohl, Berg. Lebe wohl, Berg La Verna. Lebe wohl, liebster Bruder Falke; ich danke dir für deine Liebe zu mir. Lebe wohl, du Felsspalt, ich kann dich nie mehr besuchen!"

*

Da Franziskus nicht mehr zu Fuß gehen konnte, hatte ihm Graf Orlando einen Esel geschenkt, damit er darauf reiten konnte. So machte er sich, nur von Bruder Leo begleitet, auf den Weg durch das Tibertal in Richtung Assisi.

Die Hirten der Gegend hatten indes bereits im ganzen Tal herumerzählt, was sie gesehen hatten. Als die Leute hörten, dass Franziskus vorbeikomme, liefen sie alle, Reiche und Arme, Adlige und gewöhnliche Leute, herbei, um ihn zu sehen. Voller Verehrung begehrten sie, ihn zu berühren und ihm die Hände zu küssen. Franziskus hatte sich von Leo die Hände doppelt verbinden lassen und versteckte sie in den Ärmeln seiner Kutte, sodass die Leute nur seine Fingerspitzen zu küssen vermochten. Alle spürten, wie eine geheimnisvolle Kraft von ihm ausging. So gestaltete sich sein Heimweg an manchen Orten wie ein Triumphzug.

Später erzählten die Menschen, bei der Durchreise des Heiligen hätten sich viele Heilungswunder ereignet.

So soll zum Beispiel in der Nähe eines Dorfes an der Stadtgrenze von Arezzo eine Frau mit ihrem achtjährigen Söhnchen an ihn herangetreten sein. Der Junge hatte seit vier Jahren unter Wassersucht gelitten. Sein Bauch war schrecklich aufgedunsen. Franziskus sei vom Esel gestiegen, habe über dem Jungen gebetet und ihm die Hände auf den Bauch gelegt. Daraufhin sei die Schwellung zurückgegangen und der Junge sei geheilt gewesen.

Als sich Franziskus Borgo San Sepolcro näherte, lief ihm schon von weitem eine Menge aus der Stadt und den umliegenden Feldern entgegen. Viele der Leute hielten Olivenzweige in Händen und riefen laut: „Da kommt der Heilige! Da kommt der Heilige!" Die Menge umdrängte ihn, er wurde von allen Seiten betastet und gezogen.

Auch aus der Niederlassung der Brüder in Monte Casale, bis zu der Franziskus an diesem ersten Abend seiner Reise gelangte, wurde eine wunderbare Heilung berichtet. Dort habe ein Bruder gelebt, der von häufigen epileptischen Anfällen geplagt wurde. Franziskus habe bei Tisch von der schweren, unheilbaren Krankheit dieses Bruders erfahren. Da habe er ein Stück Brot vom Tisch genommen, das Kreuzzeichen darüber gemacht und es dem kranken Bruder bringen lassen. Sobald der Bruder das Brot gegessen habe, sei er geheilt gewesen und habe nie mehr einen Anfall erlitten.

*

In Monte Casale ruhte sich Franziskus mehrere Tage lang aus, denn er war sehr erschöpft. Schließlich schaffte er den kurzen Weg nach Süden in Richtung Perugia bis Città di Castello. Dort musste Leo mit ihm eine Ruhepause von einem ganzen Monat einlegen, bis er wieder genügend zu Kräften gekommen war.

Je geringer seine eigenen Kräfte waren, desto mehr stärkende, heilende Kraft ging von ihm aus. Denn auch aus diesem Städtchen wurden später etliche Heilungswunder berichtet. So soll man dort eine verwirrte Frau zu ihm gebracht haben, die die ganze Nachbarschaft mit lautem Klagegeheul und durchdringenden Schreien behelligte. Er habe über sie gebetet, das Kreuzzeichen geschlagen und dem bösen Geist befohlen, aus ihr zu fahren. Tatsächlich habe dieser sie auf der Stelle verlassen, und sie sei wieder an Geist und Körper vollkommen gesund gewesen.

Die Kunde von diesem Wunder habe sich rasch unter den Leuten verbreitet, und so habe eine andere Frau ihr Söhnchen zu ihm gebracht, das an einem schrecklichen Geschwür litt. Franziskus habe das Kind genommen, die Binden von der Wunde genommen und dreimal das Kreuzzeichen über dem Geschwür gemacht. Hierauf habe er es wieder eigenhändig verbunden und seiner Mutter zurückgegeben, die es sofort zu Bett gebracht habe. Am nächsten Morgen habe sie festgestellt, dass der Verband sich gelöst hatte und das Geschwür darunter vollkommen verschwunden gewesen sei.

*

Auf dem Weg von Città di Castello nach Portiuncula unterwies Franziskus Bruder Leo im vollkommenen Einssein mit Christus, der sich um der Menschen willen bis zum Tod erniedrigte.

Es war ein bitterkalter Tag. Franziskus ritt auf dem Esel, und Bruder Leo ging voran. Da sagte Franziskus plötzlich: „Bruder Leo, warte!"

In der Meinung, Franziskus brauche etwas, blieb Bruder Leo sofort stehen und wandte sich um. „Bruder Leo, weißt du, worin die vollkommene Freude besteht?"

Auf eine solche Frage war Leo nicht gefasst. Er blickte Franziskus ratlos an und dieser begann: „Wenn die Brüder in allen Ländern das vollkommene Beispiel der Heiligkeit und Untadeligkeit abgeben würden, dann, so schreibe auf und halte es sorgfältig fest, besteht die vollkommene Freude trotzdem nicht darin. Merke dir das. Gehen wir jetzt weiter."

Sie machten sich wieder schweigend auf den Weg und Bruder Leo dachte über diesen Ausspruch nach.

Es dauerte nicht lange, da rief Franziskus wieder: „Bruder Leo!", und Leo blieb wieder stehen und wandte sich um.

„Und selbst wenn ein Bruder den Blinden das Augenlicht schenken, die Gelähmten heilen, Teufel austreiben, den Tauben das Gehör wieder schenken, die Lahmen wieder gehen, die Tauben wieder sprechen lassen und einen bereits vier Tage lang Toten wieder zum Leben erwecken könnte, so merke dir: Auch darin besteht nicht die vollkommene Freude."

Wieder schwieg Franziskus, und sie setzten ihren Weg fort. Sie waren noch kein großes Stück weitergekommen, als Franziskus wiederum anfing: „Bruder Leo, würde ein Bruder alle Sprachen, alle Wissenschaften und alle Schriften kennen, wäre er im Stande, zu prophezeien und nicht nur die Zukunft, sondern auch die Geheimnisse der Herzen und die verborgensten Gedanken anderer zu kennen, auch dann, so merke dir, bestünde nicht darin die vollkommene Freude."

Sie zogen wieder ein Stück weiter, und Franziskus rief wieder nach Bruder Leo: „Bruder Leo, sogar wenn ein Bruder mit der Stimme eines Engels zu sprechen vermöchte und wenn er um alle Schätze der Erde wüsste, die Eigenschaften aller Vögel und Fische, Tiere, Menschen, Wurzeln, Bäume, Steine und Wasser kennen würde, so merke dir: Auch darin besteht nicht die vollkommene Freude."

Und wieder gingen sie ein Stück des Weges weiter. Leo ging jetzt direkt neben Franziskus, und tatsächlich fuhr dieser schon nach kurzer Zeit fort: „Bruder Leo, selbst wenn ein Bruder so gut predigen könnte, dass er alle Ungläubigen zum Glauben an Christus bekehren könnte, so merke dir: Auch das macht nicht die vollkommene Freude aus."

Auf diese Weise fuhr Franziskus noch einige Zeit fort. Ihm fielen immer neue Beispiele dafür ein, worin die vollkommene Freude nicht bestehe.

Schließlich konnte Bruder Leo seine Ungeduld und Neugier nicht mehr beherrschen, und er sagte fast etwas gereizt: „Aber Vater, ich bitte dich, sag mir nun doch endlich: Worin soll denn dann die vollkommene Freude bestehen?"

Auf diese Frage hatte Franziskus bereits gewartet. Und so erklärte er: „Bruder Leo, wenn wir nach Portiuncula kommen, wenn wir vom Regen durchweicht, vor Kälte starr und über und über mit Schmutz bedeckt sind und wenn wir ganz ausgehungert sind und wenn wir dann an die Pforte klopfen und der Bruder Pförtner kommt und sagt unwirsch zu uns: ‚Wer seid ihr?' und wir sagen: ‚Wir sind zwei deiner Brüder' und er entgegnet uns barsch: ‚Ihr Schwindler! Ihr seid zwei Landstreicher, die sich ergaunern, was für die wirklich Armen gedacht ist! Fort mit euch!' Und wenn der Bruder Pförtner dann nicht die Tür öffnet, sondern uns draußen in Schnee und Regen, Kälte und Hunger stehen lässt, bis die Nacht hereinbricht. Und wenn wir alle diese Beleidigungen und grausamen Zurückweisungen in Geduld ertragen, ohne uns verwirren zu lassen oder uns zu beklagen, sondern bei uns in Demut und Liebe denken: ‚Ja, der Pförtner kennt uns tiefer, als wir selbst uns kennen, und Gott sagt uns durch ihn klipp und klar die Wahrheit' – Bruder Leo, merke dir: Darin liegt die vollkommene Freude!"

Bruder Leo schaute Franziskus an. In dessen Augen leuchtete ein Funke, ein Licht, das offensichtlich aus einer Tiefe weit jenseits seines schwachen, kranken Körpers kam.

Franziskus fuhr fort: „Und wenn wir weiterhin anklopfen und der Pförtner schließlich wütend herauskommt, uns mit Flüchen und harten Schlägen wie lästige Schurken verjagt und schreit: ‚Fort mit euch, ihr schmutzigen Diebe, geht ins Hospital! Was glaubt ihr eigentlich, wer ihr seid? Dass ihr hier esst oder schlaft, kommt gar nicht in Frage!' Wenn wir das geduldig ertragen und die Schmähungen mit Freude und Liebe im Herzen erdulden, dann, Bruder Leo, merke dir: Dann ist das die vollkommene Freude! Wenn wir dann später, vom schrecklichen Hunger getrieben und der beißenden Kälte gezwungen, angesichts der hereinbrechenden Nacht noch einmal anklopfen und flehentlich bitten, uns um der Liebe Gottes willen einzulassen, und der Pförtner noch wütender wird und schreit: ‚Ihr schamlosen, aufdringlichen Schurken, ich will euch geben, was ihr verdient!' Und wenn er sich mit einem Prügel auf uns stürzt und auf uns einschlägt, bis wir von Kopf bis Fuß von Wunden bedeckt sind, und wenn wir alles dieses Böse, die Beleidigungen und Schläge mit Freude und Geduld ertragen und dabei denken, dass wir aus Liebe zu Jesus Christus geduldig das Leiden annehmen und tragen müssen, dann, o Bruder Leo, merke dir: Dann ist das die vollkommene Freude!"

Bruder Leo blickte zur Seite, auf die fast blinden Augen und die von den Wunden gezeichneten Füße und Hände seines geistlichen Vaters. Franziskus hatte sich derart tief die Armut und Verlassenheit seines Meisters zu eigen gemacht, dass ihm daraus eine Freiheit zuteil geworden war, die wohl kaum jemand anderer ganz verstehen können würde. Franziskus war mit seiner Erläuterung noch nicht fertig.

„Und jetzt komme ich zum Schluss, Bruder Leo. Unter allen Gnaden und Gaben des Heiligen Geistes, die Christus seinen Freunden schenkt, ist die allergrößte die, dass jemand sich selbst zu überwinden vermag und aus Liebe zu Christus bereitwillig Leiden, Schmähungen, Demütigungen und Mühsale auf sich nimmt. Alle unsere Fähigkeiten sind uns von Gott geschenkt, wie der Apostel sagt: ‚Was hast du, das du nicht empfangen hättest?' Darum sagt der Apostel auch: ‚Ich will mich in nichts rühmen, außer im Kreuz unseres Herrn Jesus Christus.'"

14. Kapitel

Die Heimkehr

Es war im Dezember 1224. Ein kalter Wind fegte vom Subasioberg her ins Tal von Spoleto. Franziskus wollte sich aus
dem morgendlichen Treiben im Haus der Brüder zu Portiuncula
zurückziehen und humpelte langsam nach draußen, suchte jedoch bald Schutz im Kirchlein der heiligen Maria von den Engeln.
Er zog die knarrende Holztür auf und fand den Raum leer. Froh
darüber, hier allein sein zu können, ging er mühsam nach vorne
und hielt sich dabei an den Steinen der Mauer fest. Die Erinnerung kam ihm, wie er einst eigenhändig diese Mauer in Stand
gesetzt hatte. Dann fiel ihm die Feier ein, bei der Bernardo und
Pietro ihre Tonsur empfangen hatten, und auch die Nacht, in der
sie nach der heimlichen Fackelwanderung von Assisi her Klara
vor dem Altar die Haare abgeschnitten hatten. Und dann waren
da die vielen Kapitelversammlungen in Portiuncula, das vor lauter Brüdern brechend volle Kirchlein. Er war auf diese Brüder
stolz, die mit unglaublichem Großmut Länder- und Sprachgren-
zen überwanden, um überall das Evangelium zu verkündigen.
Ihm fielen auch die Meinungsverschiedenheiten ein, das endlo-

se Gerangel um juristisch richtige Formulierungen, die gelegentlich kleinlichen, aber hartnäckigen Auseinandersetzungen.

Er legte seine Hände flach auf den kalten Stein und entsann sich der vielen Stunden, in denen er in diesem Kirchlein im Gebet um den richtigen Weg gerungen hatte.

Franziskus hätte sich gewünscht, noch einmal die Tage erleben zu können, als er die Aussätzigen versorgt hatte und von fast allen verachtet worden war. Er befürchtete, mit den Zeiten, die er allein in der Bergeinsamkeit verbringen konnte, sei es endgültig vorbei. Jetzt war er überall als der Heilige und Wundertäter bekannt. Er dachte bei sich: „Als ich verspottet und für einen Narren gehalten wurde, habe ich mich wohler gefühlt."

*

Die Brüder waren sehr darauf bedacht, ihren berühmten Bruder mit seinen Wunden und Gebrechen gut zu versorgen. Sie wetteiferten geradezu darin. Er sehnte sich nach Alleinsein und Frieden, aber er konnte nicht mehr allein für sich leben. Zudem spürte er immer deutlicher, dass die kalte, neblige Feuchtigkeit des Tales sein Kranksein nur noch steigerte. Vor allem Leo und Bernardo machten sich deshalb große Sorgen. Sie beschlossen, ihn nach San Damiano zu bringen. Dort war das Klima nicht so feucht, und zudem konnte er dort mehr für sich sein.

Im Gebäude beim Kirchlein von San Damiano, in dem früher Don Pietro gewohnt hatte, lebten jetzt vier Brüder, die für Klara und ihre Schwestern auf Betteltour gingen und ihnen die Gottesdienste hielten. Das Kloster der Schwestern bestand aus einem Kreuzgang, einem Chor und Speisesaal im Erdgeschoss und einem Schlafsaal, Gebetsraum und einer Krankenstube im Obergeschoss. Das Gebäude, in dem die Brüder wohnten, war an die Vorderseite der Kirche angebaut, ihr Schlafraum lag etwas tiefer in den Hügel hineingebaut. Franziskus bat die Brüder, ihm eine kleine Hütte aus Schilfmatten an dieses tiefer gelegene Gebäude anzubauen. Dort lag sie windgeschützt. Die Nachmittagssonne spendete ihr etwas Wärme. Außerdem war es dort ziemlich still. Die Augen von Franziskus konnten nicht einmal mehr das Licht des Feuers ertragen, weshalb er zwei Monate lang ganz im Dunkeln in dieser Hütte blieb. Vor lauter Augenschmerzen konnte er kaum mehr schlafen.

Gar nicht unweit davon lag droben im Schlafsaal von San Damiano auch Klara krank und ans Bett gefesselt darnieder. Ihre Schwestern gaben sich alle Mühe, Klara ihre Sorgen um Franziskus abzunehmen und bereiteten für ihn Speisen zu, von denen sie hofften, sein kranker Magen könne sie vertragen.

*

Während der langen Wochen in der dunklen, kalten Hütte, in der Franziskus große Schmerzen litt, erwachten vor seinen inneren Augen wieder die unzähligen Bilder der Landschaft seiner umbrischen Heimat, die er im Laufe seines Lebens in sich aufgenommen hatte: Bei seinen einsamen Aufenthalten in Wäldern und Höhlen, bei seinen weiten Fußwegen durch das

Land. Mochte er äußerlich immer hinfälliger und schwächer werden, mochte es um ihn finster, schmutzig und kalt sein: Im Inneren empfand er immer mehr Licht und Schönheit und Wärme. Er spürte deutlich, dass er Teil, ja Bruder der gesamten herrlichen Schöpfung Gottes war, trotz aller Mängel und Leiden berufen, das Lob des Schöpfers zu singen. Schließlich kam ihm ein neues Lied auf die Lippen:

Gelobt seist du, mein Herr,
mit all deinen Geschöpfen,
vor allem durch die edle Herrin,
Schwester Sonne, sie ist der Tag,
durch sie gibst du uns das Licht,
schön ist sie und strahlend in großem Glanz:
von dir, Allhöchster, trägt sie ihren Sinn.*

Als die Sonne an Wärme zunahm, spürte er gar nicht mehr seinen fiebrigen Körper, sondern staunte nur noch über die Liebeskraft Gottes, die sie ihm darstellte. Er musste denken: „Bei jedem Sonnenaufgang preist die ganze Erde Gott für das Leben, für einen weiteren Tag, für das Licht, dank dessen alle Schönheit der Geschöpfe und auch die Schönheit der Liebe Gottes sichtbar wird."

Gelobt seist du, mein Herr,
durch Bruder Mond und die Sterne:
du formtest sie am Himmel klar, kostbar und schön.

---

* Bruder Sonne, Schwester Mond, Pattloch Verlag GmbH & Co. KG, München, 1999; auch die folgenden Strophen.

Franziskus fiel Klara ein. Wenn die Brüder ausgelaugt und müde waren, sich krank fühlten und versucht waren, die Entbehrungen ihrer Armut zu mildern, war Klara immer wieder das Licht, das sie erhellte, tröstete und neu bestärkte. Klara wirkte wie der Mond und die Sterne: still, klar, kostbar und schön. Sie bot wie der Mond Licht, Frieden und Richtung.

> *Gelobt seist du, mein Herr,*
> *durch Bruder Wind und die Luft und die Wolken,*
> *durch heiteres und jegliches Wetter,*
> *durch das du deine Geschöpfe erhältst.*
> *Gelobt seist du, mein Herr,*
> *durch Schwester Wasser:*
> *Sie bringt großen Nutzen,*
> *ist demütig, kostbar und keusch.*

Franziskus hatte sein halbes Leben in den Bergen verbracht. Er kannte den Wind und jede seiner Regungen. Er erinnerte sich, wie der strömende Regen über die Klippen von La Verna gesprudelt war. Er liebte sein Prasseln und Plappern und anschließend die Frische der vom Wasser gereinigten Luft.

> *Gelobt seist du, mein Herr, durch Bruder Feuer,*
> *durch den du uns die Nacht erhellst:*
> *Er ist schön und fröhlich, kräftig und stark.*

Franziskus kam das Bild, wie die Brüder abends ums Feuer saßen und sich fröhlich unterhielten. Wie oft hatten sie im Laufe der Jahre im Kreis um Bruder Feuer miteinander gebetet, getanzt, gesungen und Geschichten erzählt! Das Feuer flackerte mit jener Spontaneität und Überraschung, die Franziskus so gern allen seinen Brüdern erschlossen hätte. Es war stark, war heiß, war lichtvoll und schwerelos froh. Dieses Feuer der Liebe loderte mehr denn je in seinem Herzen, selbst wenn sein Körper schon fast zu Asche verzehrt war.

Gelobt seist du, mein Herr,
durch unsere Schwester, die Mutter Erde,
die uns erhält und leitet
und vielerlei Früchte, farbige Blumen
und Kräuter hervorbringt.

Die dicken Knospen des Klatschmohns würden wieder platzen. Die Eichen um Portiuncula würden wieder frisches Grün treiben. Der Winter würde vergehen, Mutter Erde würde ein frisches Kleid anlegen. Sie würde ihren eigenen Regeln folgen und mit allen in Einklang sein, die sie nicht missbrauchten.

Lobt ihn und preist ihn, meinen Herrn,
dankt und dient ihm
in großer Demut.

*

„Herr, öffne meine Lippen", war draußen vor der Tür Leos Stimme zu vernehmen.

„Damit mein Mund dein Lob verkünde", gab Franziskus zur Antwort.

Leo bückte sich und trat in die winzige Hütte. Er war überrascht, Franziskus strahlend vor Freude anzutreffen, und staunend stand er in der finsteren, kalten Hütte, als Franziskus ihm sein wunderbares neues Lied vortrug. Er eilte davon, um sein Schreibzeug zu holen und die Strophen festzuhalten.

Als der Text aufgezeichnet war, bat Franziskus Leo: „Jetzt hol mir bitte den Bruder Pacifico." Franziskus war erfüllt von Begeisterung. „Bevor Bruder Pacifico bei uns eintrat, war er doch ein großer Dichter und Sänger. Er muss mir jetzt helfen ..." Sein Herz klopfte vor Aufregung über diesen neuen Einfall, das Evangelium zu verkünden.

Bruder Leo tat es Leid, Franziskus gerade in dieser Stunde mit einer traurigen Nachricht behelligen zu müssen. Aber er musste es ihm mitteilen. Es ging um einen neuen Konflikt zwischen Assisi und Perugia. Die Bürger von Perugia hatten sich gegen ihre Adligen erhoben und sie im Kampf besiegt. Jetzt hatte der Papst befohlen, die Stadt Assisi solle dem Adel Perugias helfen, und wie nicht anders zu erwarten, hatte Bischof Guido unverzüglich gehorcht. Oportulo di Bernardo, das bürgerliche Oberhaupt der Stadt Assisi, war aber aufseiten der Bürgerschaft und folglich gegen die Anordnung von Papst Honorius III. Daraufhin hatte ihn Bischof Guido exkommuniziert. Oportulo reagierte darauf damit, dass die Stadt jeglichen Kontakt mit dem Bischof untersagte. Ausrufer und Trompeter gingen durch die Straßen und gaben das Verbot bekannt, niemand dürfe mehr mit dem Bischof Handel und Geschäfte treiben oder sonstwie mit ihm zu tun haben. Es kam bereits zu

Ausschreitungen zwischen den Anhängern beider Parteien in der Stadt.

Franziskus war bestürzt. Dass die Gemeinschaft der Brüder und Schwestern im Rahmen der Kirche hatte entstehen können, war fast ganz der Klugheit und dem Geschick von Bischof Guido zu verdanken. Aber auch Oportulo war ein guter Freund. Seine Tochter Agnes war vor fünf Jahren in Klaras Gemeinschaft eingetreten und lebte im Kloster von San Damiano.

Bruder Leo wusste, dass diese Nachricht Franziskus sehr betrüben würde. Er begann schweigend einen der Verbände von Franziskus zu erneuern. Da setzte sich Franziskus jäh auf. „Bruder Leo, bitte geh jetzt auf der Stelle und rufe mir die Brüder Masseo und Pacifico!"

Binnen kurzem war Masseo zur Stelle. Franziskus seufzte erleichtert: „Bruder Masseo, bitte gehe zu Oportulo und sage ihm von mir, er solle mit den wichtigen Männern der Stadt vor das Bischofspalais kommen und auch alle Einwohner dorthin zusammenrufen."

Masseo machte sich unverzüglich auf den Weg. Wenige Minuten später traf Bruder Pacifico ein, und hinter ihm Leo, der noch ganz außer Atem war. Franziskus lächelte ihm entgegen: „Bruder Pacifico, ich habe einen Gesang zum Lob Gottes komponiert. Du musst ihn schnell lernen, denn Bruder Masseo versammelt in Assisi bereits deine Zuhörer!" Franziskus sang Bruder Pacifico sein neues Lied vor. Als vorletzte Strophe fügte er einen neuen Text hinzu, der direkt dem Bischof und Oportulo galt:

Gelobt seist du, mein Herr, durch die,

die aus Liebe zu dir verzeihen

und Krankheiten und Qualen ertragen:

Selig, die diese dann in Frieden ertragen,

denn sie werden durch dich, Allhöchster, gekrönt.

Pacifico hörte aufmerksam zu und prägte sich die Worte ein. Als er alles beherrschte, gab ihm Franziskus die Anweisung: „Nimm jetzt Bruder Angelo mit dir und geh zum Palais des Bischofs. Dann singt vor dem Bischof, dem Stadtoberhaupt und dem ganzen versammelten Volk meinen neuen Gesang. Ich habe die Zuversicht, dass der Herr ihren Herzen Demut und Frieden einflößen wird." Bruder Pacifico brachte unterwegs auch Angelo diesen neuen Gesang bei.

*

Schließlich standen die Brüder auf den Stufen des Bischofspalais. Bruder Pacifico gab mit lauter, allen deutlich vernehmbarer Stimme bekannt: „Liebe Brüder und Schwestern, unser Bruder Franziskus ist schwer krank. Trotzdem hat er das folgende Lied gefertigt, um Gott zu loben und euch allen den Geist des Friedens zu schicken. Er lässt euch bitten, es voller Glauben und Gottesfurcht anzuhören."

Die Brüder begannen zu singen. Ortulo, ein großer Verehrer von Franziskus, war tief ergriffen. Als die Brüder mit dem Gesang fertig waren, rief er aus: „Wahrhaftig, ich bin bereit, dem Bischof zu vergeben!" Hierauf warf er sich vor Bischof Guido nieder und sprach: „Um der Liebe unseres Herrn Jesus Christus und des Bruders Franziskus, seines Dieners willen, bin ich bereit, alles zu tun, was ihr mir sagt." Der Bischof hielt den Kopf gesenkt, richtete Oportulo auf und erwiderte: „Bitte vergebt auch mir." Die beiden umarmten einander und begaben sich gemeinsam in das Bischofspalais, um in Ruhe zu besprechen, wie sich im derzeitigen Konflikt eine friedliche Lösung finden lasse.

Die Menge stand atemlos staunend da. Dann fingen die Ersten zu rufen an: „Der Bischof und Ortulo haben sich versöhnt! Ein Wunder ist geschehen!"

*

In diesem Winter hatten Kardinal Hugolino und auch Bruder Elias Franziskus dringend nahe gelegt, einen Arzt im Tal von Rieti aufzusuchen, der für seine Fähigkeiten als Augenheiler bekannt war. Aber Franziskus war zu schwach, um bei dem kalten Wetter reisen zu können. Als es im Juni endlich warm genug war, bestimmte Elias angesichts der zunehmenden Hinfälligkeit von Franziskus einige Brüder, die ihn auf seinem Weg zum Arzt begleiten sollten. Vor seiner Abreise besuchte Franziskus Klara und ihre Schwestern, die sich weinend von ihm verabschiedeten, weil sie befürchteten, ihn nie mehr sehen zu können.

*

Die damaligen Ärzte setzten bei ihrem Versuch, bestimmte Leiden und Krankheiten zu heilen, oft sehr grausame Mittel ein. Eines bestand darin, Wunden oder Geschwüre mit glühenden Eisen auszubrennen. Sogar die Augenärzte griffen zu diesem Mittel. So entschloss sich der Chirurg Theobald zu einer Rosskur, um das Augenlicht von Franziskus zu retten: zu einer Ätzung der Schläfen mit glühenden Eisen. Einige der anwesenden Brüder, die dabei waren und Franziskus festhielten, wurde vom Zischen und Geruch des brennenden Fleisches schlecht, sodass sie sich entfernen mussten. Franziskus selbst blieb sehr ruhig und erklärte, er habe keinen Schmerz verspürt.

Fast ein Jahr lang musste Franziskus solche äußerst schmerzlichen Prozeduren zur Behandlung seiner Augen über sich ergehen lassen, zuerst in Rieti und dann in Siena. Auf einer Gesichtshälfte wurden weitere Brandätzungen an Schläfe und Wange vorgenommen, seine Ohren wurden mit rot glühenden Eisen durchbohrt; man verschrieb ihm zahllose Salben zum Einreiben.

Schließlich brachte man ihn in die Einsiedelei von Alberino bei Siena. Das dortige Klima schien für seine zerrüttete Gesundheit am günstigsten zu sein, und die Brüder hofften, er werde dort wieder zu Kräften kommen. Aber bald nach seiner Ankunft erlebte er einen schlimmen Blutsturz, sodass alle meinten, sein Ende sei gekommen. Die dortigen Brüder versammelten sich um ihn, beteten mit ihm die Sterbegebete und nahmen seinen Segen entgegen. Bruder Elias eilte herbei und bestand darauf, man solle den schwer Kranken nach Portiuncula bringen.

„Ich will, dass Franziskus dort stirbt, wo unsere Gemeinschaft begonnen hat. Dort ist er daheim", bestimmte Bruder Elias. Aber das war nicht allein seine Absicht. Inzwischen genoss nämlich Franziskus überall so große Verehrung, dass er mit Recht befürchtete, wenn er in einer kleinen Einsiedelei fern von Portiuncula sterbe, werde man seinen Leichnam rauben. Wenn ein Mensch im Ruf der Heiligkeit starb, setzten viele Leute alles daran, von ihm eine Reliquie zu erhalten. Es war schon vorgekommen, dass sie über Leichname hergefallen und nicht nur von den Kleidern, sondern sogar vom Körper Stückchen abgeschnitten und als Reliquien fortgetragen hatten. Oder manche Städte raubten mit Gewalt den ganzen Leichnam, um ihn einer ihrer Kirchen als kostbare Reliquie zu übergeben; das brachte ihnen Ruhm und nicht zuletzt auch das Geld der Pilger. Franziskus wollte man nicht noch sterbend zum Opfer ausgerechnet jener Besitzgier machen, der vollkommen zu entsagen er als seine Berufung erkannt und gelebt hatte.

Sie trugen ihn ganz langsam und vorsichtig. Trotzdem litt er darunter so sehr, dass sie befürchteten, er werde auf dem Weg sterben. Daher sahen sie sich gezwungen, in einer Einsiedelei bei Cortona halt zu machen.

Der weitere Weg musste ohnehin genau geplant und gesichert werden. Normalerweise hätte er durch das stolze Perugia geführt, die alte Rivalin. Aber die Gefahr war zu groß, die Perugianer würden den Sterbenden in ihre Gewalt bringen und später auch den Leichnam nicht mehr herausgeben.

So schickten die Brüder Boten nach Assisi. Dort beschloss man unverzüglich, einen großen Trupp Bewaffneter loszuschicken, der Franziskus sicher heimgeleiten sollte. Der Trupp mit der Trage wanderte langsam auf einem Umweg bis Nocera, wo ihn die Eskorte aus Assisi erwartete.

Schließlich hielt Franziskus also von Bewaffneten umringt Einzug in seiner Heimatstadt. Die Menschen standen mit Blumen an den Straßen, in einer seltsamen Mischung aus Traurigkeit und Freude. Traurig waren sie, weil er sterbenskrank war, froh, weil sie ihn wiederhatten.

Sie brachten ihn ins Palais des Bischofs und stellten rundherum Wachen auf, aus lauter Sorge, wenn er sterbe, könnten Diebe seinen Leichnam stehlen.

*

Der Bischof ließ einen bekannten, hervorragenden Arzt aus Arezzo kommen. Franziskus bat ihn, ihm offen zu sagen, wie es um ihn stehe. Der Arzt sagte ihm voraus: „Du wirst Ende September oder Anfang Oktober sterben!" Daraufhin hob Franziskus die Arme und sprach: „Willkommen, Bruder Tod!"

Während der Tage im Bischofspalais hatte sich Franziskus von den Brüdern Angelo und Leo immer wieder seinen Lobpreis der Schöpfung, den „Sonnengesang", wie man ihn später nannte, vorsingen lassen. Als sie jetzt wieder zu ihm kamen und wussten, dass er bald von ihnen scheiden werde, hatten sie beim Singen Tränen in den Augen. Vor der letzten Strophe bat er sie, innezuhalten, und zu ihrer Überraschung fügte er eine neue Strophe hinzu:

Gelobt seist du, mein Herr,

durch unseren Bruder, den leiblichen Tod,

dem kein lebender Mensch entrinnen kann.

Weh denen, die dann in Todsünde sterben!

Selig, die dann in deinem heiligsten Willen sind,

denn der Tod, der zweite, wird ihnen nichts antun.

In den letzten Septembertagen kam Bruder Elias noch einmal zu einem Krankenbesuch. Franziskus bat ihn inständig, er solle ihn nach Portiuncula bringen lassen, denn er wünsche sich sehr, dort zu sterben. Diesen Wunsch wollte ihm Bruder Elias nicht versagen. Er konnte die Bürger von Assisi überreden, den Todkranken mit einer starken Mannschaft sicher nach Portiuncula zu geleiten und dort einen Wachdienst um seine Hütte einzurichten.

Als sich der lange Zug mit der Trage langsam von Assisi nach Portiuncula bewegte, bat Franziskus auf halbem Weg, vor San Salvatore delle Pareti, anzuhalten und sein Gesicht Assisi zuzukehren. Inzwischen war er so stark erblindet, dass er die Stadt nicht mehr sehen konnte. Aber alle waren erschüttert, wie er ihr das Antlitz zuwandte und lange so verweilte. Dann sprach er ein Segenswort über seine Heimatstadt:

„Herr, segne Assisi und alle Menschen darin. Segne Assisi, die Stadt meiner Geburt, meiner hochfahrenden Träume, meines Suchens und Ringens und meiner Bekehrung. In deiner Güte hast du diese Stadt erwählt als die Heimat derer, die dich in Wahrheit erkennen und deinem heiligen Namen die Ehre geben. Von Assisi sind meine Brüder in die ganze Welt gezogen und haben dein Evangelium verkündet. Nicht die Leistung der Menschen war das, sondern das Zeichen deiner überströmenden Gnade. So segne Assisi weiterhin. Lass es immer die Heimat derer sein, die dich in Wahrheit erkennen und deinem heiligen Namen die Ehre geben. Dein Segen ruhe immer auf meinem geliebten Assisi. Der Friede des Herrn sei mit dir allezeit, liebes Assisi!"

*

In Portiuncula bestand Franziskus darauf, in einer ärmlichen Hütte unmittelbar neben der Kapelle einquartiert zu werden. Darin verbrachte er seine letzten Tage unter großen Schmerzen, die er aber nie zeigte. Stattdessen spürten alle, die ihn besuchten und um ihn waren, dass eine tiefe Freude von ihm ausstrahlte. Für jeden der vielen Menschen, die in diesen letzten Stunden an sein Lager traten, hatte er ein persönliches ermutigendes Wort.

Er war von tiefer Dankbarkeit erfüllt, wieder in Portiuncula zu sein und hier sterben zu dürfen. Zu seinen Brüdern sagte er: „Seht zu, dass ihr diesen Ort niemals verlasst. Wenn ihr auf der einen Seite hinausgestoßen werdet, dann tretet von der anderen wieder ein, denn dieser Ort ist wahrlich heilig und ein Wohnsitz Gottes. Als wir noch wenige waren, hat der Höchste hier unsere Zahl gemehrt. Hier hat er die Herzen seiner Armen mit dem Licht der Weisheit erhellt. Hier hat er unseren Willen mit dem Licht seiner Liebe entflammt."

Am zweiten Tag in Portiuncula ließ Franziskus Bruder Leo rufen. Er sagte zu ihm: „Du weißt, wie sehr Donna Jacopa di Settesoli in Rom unserer Gemeinschaft zugetan ist. Sie wäre sicher sehr dankbar, wenn wir ihr mitteilen würden, wie es um mich steht. Bitte schreibe an Donna Jacopa und bitte sie, mir etwas von dem grauen Kuttenstoff, den die Zisterzienser herstellen, für eine Kutte zu schicken. Bitte sie auch, uns einige von den kleinen Mandelkuchen zu schicken, die sie immer für uns gebacken hat, wenn wir in Rom waren. Sie haben so köstlich geschmeckt."

Die Tinte des Briefes war noch nicht getrocknet, als Bruder Angelo meldete, soeben sei Donna Jacopa aus Rom eingetroffen. Der Anlass war traurig, die Freude des Wiedersehens jedoch groß. Wie wunderten sich die Brüder aber über die Dinge, die sie mitgebracht hatte. Tatsächlich hatte sie bereits aus grauem Stoff die Kutte für Franziskus genäht, die er auf seinem Sterbebett tragen wollte. Neben einer größeren Menge Wachs und etwas Weihrauch hatte sie auch an seine geliebten Mandelkuchen gedacht und einige davon mitgebracht. Sie erzählte:

„Als ich mich dem Gebet widmete, war es mir plötzlich, als sage mir in meinem Herzen eine Stimme: ‚Geh und besuche deinen Vater Franziskus! Beeile dich, denn wenn du nicht schnell machst, triffst du ihn nicht mehr lebend an!'"

Franziskus war so geschwächt, dass er von dem Mandelkuchen nichts mehr essen konnte. Er berührte ihn nur eben mit den Lippen und sog seinen Geruch ein. Dann flüsterte er: „Bruder Bernardo mag doch diesen Kuchen so", in der Hoffnung, damit die fürsorgliche Jacopa zu trösten. Er wandte sich an Bruder Masseo und sagte zu ihm: „Geh und sag Bruder Bernardo, er soll sofort kommen!" Bruder Bernardo kam und setzte sich Franziskus zu Füßen. Franziskus legte ihm die Hand auf und segnete ihn. Er bat: „Bruder Leo, schreibe das auf. Bruder Bernardo war der erste Bruder, den der Herr mir gegeben hat. Er war der erste, der das Evangelium buchstäblich erfüllt und seine ganze Habe den Armen geschenkt hat. Deshalb liebe ich ihn ganz besonders. Darum wünsche und ordne ich an, dass der für die Leitung des Ordens verantwortliche Bruder, wer immer er sein mag, Bruder Bernardo stets schätze und ihn so ehre, als wäre er ich selbst."

„Aber jetzt", forderte Franziskus die Umstehenden auf, „lasst uns den Kuchen essen! Bruder Bernardo bekommt das größte Stück."

*

Am nächsten Morgen bat Franziskus, alle Brüder, die sich in Portiuncula aufhielten, herbeizuholen. Er unterhielt sich mit ihnen wie ein Vater mit seinen Söhnen und bat sie inständig, Gott von ganzem Herzen zu lieben. Er ermahnte sie, geduldig an der Armut festzuhalten und nicht vom Evangelium Jesu Christi abzuweichen. Dann legte er jedem einzeln die rechte Hand auf und segnete ihn. Zum Schluss hielt er beide Hände über sie ausgestreckt und sprach: „Möget ihr immer in Gott bleiben! Selig die, welche in dem ausharren, was sie begonnen haben. Ich gehe zum Herrn, dessen Gnade ich euch alle anempfehle."

Die Brüder umdrängten Franziskus' Lager, manche schluchzten laut, andere hielten die Tränen zurück, wieder andere wollten unbedingt noch einmal ihren sterbenden Vater berühren. Die Stunden zogen sich hin, und schließlich brachte Bruder Elias Brote und bat Franziskus, sie zu segnen. Er war zu schwach, das Brot selbst zu brechen; so taten das die Brüder Bernardo und Elias für ihn. Franziskus reichte jedem seiner Brüder ein Stück Brot, und weil er vermutete, manche von ihnen könnten versucht sein, ihr Brot als Reliquie aufzubewahren, forderte er alle auf, das Brot ganz zu essen.

„Jetzt legt mich auf den Boden und streut Asche auf mich", wies er seine Brüder an. Sie taten es schweigend.

„Holt das Evangelienbuch. Bruder Leo soll aus dem Johannesevangelium die Abschiedsreden des Herrn und den Bericht von seinem Leiden und Sterben vorlesen."

Tief bewegt vernahmen die Versammelten die Worte Jesu: „Ich gehe, um einen Platz für euch vorzubereiten." – „Wenn jemand mich liebt, wird er an meinem Wort festhalten; mein Vater wird ihn lieben, und wir werden zu ihm kommen und bei ihm wohnen." – „Der Heilige Geist, den der Vater in meinem Namen senden wird, wird euch an alles erinnern, was ich euch gesagt habe." – „Wenn ihr mich lieb hättet, würdet ihr euch freuen, dass ich zum Vater gehe." – „Das ist mein Gebot: Liebt einander, wie ich euch geliebt habe!"

*

Gegen Abend stimmte Franziskus den 142. Psalm an: „Mit lauter Stimme schreie ich zum Herrn, laut flehe ich zum Herrn um Gnade ..."

Die Brüder kannten ihn auswendig und sprachen die weiteren Verse mit. Dabei wurde die Stimme von Franziskus immer schwächer. Doch er hielt durch bis zum letzten Vers: „Führe mich heraus aus dem Kerker, damit ich deinen Namen preise. Die Gerechten scharen sich um mich, weil du mir Gutes tust."

Das sollten die letzten Worte sein, die seine Lippen formten. Dann starb er still.

*

So starb Franziskus betend und Gott preisend im Kreis seiner Brüder. Es war am späten Abend des 3. Oktober 1226. Da man in der damaligen Zeit die Tage von Sonnenuntergang zu Sonnenuntergang zählte, feierte man fortan das Gedächtnis seines Heimgangs am 4. Oktober.

Die Kunde von seinem Heimgang verbreitete sich rasch. Schon am frühen Morgen eilten die ersten Leute aus Assisi nach Portiuncula. Am Vormittag war die anwesende Menge schon sehr groß.

Gegen Mittag war die Menge schon unüberschaubar; alle Würdenträger Assisis und alle Bewaffneten waren eingetroffen, um den Leichnam des berühmten Sohnes der Stadt in einer feierlichen Prozession nach Assisi zu geleiten. Die Brüder und alle Anwesenden trugen Palmzweige in den Händen. Sie sangen Lieder, darunter immer wieder den Sonnengesang von Franziskus.

Die riesige Prozession bewegte sich zunächst nach San Damiano, damit Klara und ihre Schwestern von ihrem geistlichen Vater und Bruder Abschied nehmen konnten. Sie trugen den Toten in das dortige Kirchlein. Bruder Elias öffnete das Eisengitter, durch das den Schwestern die heilige Kommunion gereicht wurde.

Klara war so gebrechlich, dass sie von ihrer Schwester Agnes beim Gehen gestützt werden musste. Beim Anblick des Leichnams von Franziskus schluchzte sie laut auf, und ihr Kopf fiel auf die Brust ihres geistlichen Vaters. Die anderen Schwestern traten alle ebenfalls der Reihe nach herzu, küssten die gefalteten Hände von Franziskus und netzten seinen Leichnam mit Tränen. Es trat eine große Stille ein, in der nur das leise Schluchzen der Schwestern zu vernehmen war.

Da stimmte Bruder Leo den Sonnengesang des Verstorbenen an, den inzwischen schon alle auswendig zu singen vermochten, und das Kirchlein hallte wieder vom lauten Gesang aller, die darin dicht zusammengedrängt Platz gefunden hatten. Die Tür stand offen, und auch die draußen wartende Menge stimmte mit ein:

Allhöchster, alles vermögender, guter Herr,
dein sind das Lob, der Ruhm und die Ehre
und jegliche Benedeiung.
Dir allein, Höchster, stehen sie zu,
und kein Mensch ist würdig, dich nur zu nennen.

Gelobt seist du, mein Herr,
mit all deinen Geschöpfen,
vor allem durch die edle Herrin,
Schwester Sonne, sie ist der Tag,
durch ihr gibst du uns das Licht,
schön ist sie und strahlend in großem Glanz:
von ihr, Allhöchster, trägt sie ihren Sinn.

Gelobt seist du, mein Herr,
durch Bruder Mond und die Sterne:
du formtest sie am Himmel klar, kostbar und schön.

Gelobt seist du, mein Herr,
durch Bruder Wind und die Luft und die Wolken,
durch heiteres und jegliches Wetter,
durch das du deine Geschöpfe erhältst.

Gelobt seist du, mein Herr,
durch Schwester Wasser:
Sie bringt großen Nutzen,
ist demütig, kostbar und keusch.

Gelobt seist du, mein Herr, durch Bruder Feuer,
durch den du uns die Nacht erhellst:
Er ist schön und fröhlich, kräftig und stark.

Gelobt seist du, mein Herr, durch die,
die aus Liebe zu dir verzeihen
und Krankheiten und Qualen ertragen:
Selig, die diese dann in Frieden ertragen,
denn sie werden durch dich, Allhöchster, gekrönt.

Gelobt seist du, mein Herr,
durch unseren Bruder, den leiblichen Tod,
dem kein lebender Mensch entrinnen kann.
Weh denen, die dann in Todsünde sterben!
Selig, die dann in deinem heiligsten Willen sind,
denn der Tod, der zweite, wird ihnen nichts antun.

Lobt ihn und preist ihn, meinen Herrn
dankt und dient ihm
in großer Demut.

Nachwort

A m Sonntag, dem 16. Juli 1228, wälzten sich durch die mit
Blumen und Bannern festlich geschmückten Straßen Assisis
Scharen von Menschen: Brüder, Kardinäle, Bischöfe, Äbte, Prälaten und weltliche Herrscher, darunter Johann von Brienne,
der König von Jerusalem, und hunderte gewöhnlicher frommer
Leute. Die Fanfaren kündeten die Ankunft von Papst Gregor IX.
an, der gerade in Begleitung von Kardinälen und Prälaten des
päpstlichen Hofes in Assisi einritt, um Franziskus heilig zu
sprechen. Es war der frühere Kardinal Hugolino, der am
19. März 1227 zum Papst gewählt worden war und jetzt feierlich seinen Freund Franziskus zur Ehre der Altäre erheben
durfte. Die Menge schwenkte zu seiner Begrüßung begeistert
Olivenzweige.

Der Papst trug prächtige golddurchwirkte und mit Edelsteinen besetzte Gewänder, als er der Zeremonie auf der Piazza
vor der Kirche San Giorgio vorstand. In seiner Predigt pries er
seinen Freund: „Er strahlte in seinen Tagen wie der Morgen-
stern inmitten von Wolken und wie der leuchtende Vollmond.

Und wie die Sonne strahlt, so strahlte Franziskus im Tempel Gottes."

Nach seiner Predigt hob Papst Gregor IX. seine Hände zum Himmel und verkündete mit lauter Stimme: „Zum Ruhm und zur Ehre des allmächtigen Gottes, des Vaters, des Sohnes und des Heiligen Geistes sowie der glorreichen Jungfrau Maria und der heiligen Apostel Petrus und Paulus und zur Ehre der glorreichen römischen Kirche bestimmen wir auf den Rat unserer Brüder im Bischofsamt und anderer Prälaten, dass der selige Vater Franziskus, den Gott im Himmel verherrlicht hat und wir auf Erden verehren, in die Liste der Heiligen aufgenommen werden soll. Sein Fest soll an seinem Todestag, dem 4. Oktober, gefeiert werden."

Auf der Piazza erhob sich tosender Beifall. Die Kardinäle stimmten das *Te Deum* an. Sie hatten es kaum zu singen begonnen, da begann eine alte Frau, den Lobgesang des Franziskus zu singen. Alle Umstehenden fielen ein, und schließlich kam es zu einem begeisterten Klatschen und Wettsingen zwischen dem *Te Deum* und dem Sonnengesang von Franziskus.

Am folgenden Tag, es war Montag, der 17. Juli 1228, legte Papst Gregor IX. den Grundstein für die Basilika San Francesco, in der die Gebeine des Verstorbenen verwahrt und von den vielen Pilgern verehrt werden konnten, die sein Grab besuchen wollten. Bruder Elias beaufsichtigte den Bau dieser riesigen Kirche. Aus dem Wunsch, dem Grab seines Freundes nahe sein zu können, erstellte Papst Gregor IX. direkt neben der Basilika ein prächtiges Papstpalais, das ihm als Residenz während seiner Aufenthalte in Assisi dienen sollte.

Was die anderen Personen dieser Geschichte betrifft, so vermutet man, dass Franziskus' Eltern Pietro und Pica wohl schon früher verstorben waren. In dem Evangelienbuch, das Franziskus auf der Suche nach Gottes Willen in der Kirche San Nicolo dreimal aufschlug, findet sich ein Eintrag, Bischof Guido sei kurz nach der Heiligsprechungszeremonie 1228 gestorben.

Bruder Angelo starb gegen 1258. Er ist neben dem Grab von Franziskus bestattet. Bruder Bernardo verbrachte in der Folge einen Großteil seiner Zeit in Bergeinsiedeleien und wurde öfter von Brüdern aufgesucht, die sich von ihm Geschichten aus der Frühzeit des Ordens erzählen lassen wollten. Er starb zwischen 1241 und 1246 in Assisi und ist in der Unterkirche der Basilika von San Francesco bestattet. Auch Donna Jacopas Grab befindet sich in der Nähe des Grabes von Franziskus.

Bruder Egidio zog sich 1234 in die Einsiedelei Monteripido bei Perugia zurück. Er wurde wie Bruder Bernardo von Papst Gregor IX. aufgesucht sowie von Bruder Bonaventura, der eine offizielle Lebensbeschreibung des heiligen Franziskus verfasste, und auch von anderen, die an seinen Erinnerungen aus den ersten Zeit mit Franziskus teilhaben wollten. Egidio wurde ein bekannter Mystiker und starb am 22. April 1262 in Monteripido.

Bruder Illuminato konnte Bonaventura wertvolle Informationen über die Audienz Franziskus' beim Sultan sowie über den Empfang seiner Wundmale liefern. Er starb gegen 1266. Bruder Leo erreichte ein hohes Alter und starb gegen 1278 in Assisi. Auch er wurde oft wegen seiner Erinnerungen an Franziskus besucht. Bestattet ist er mit Angelo neben Franziskus'

Grab. In seiner Kutte fand man das Pergamentstück mit dem handschriftlichen Segen von Franziskus. Es wird bis heute in der Basilika San Francesco in Assisi gezeigt. Bruder Masseo verbrachte seine restlichen Jahre in der Einsiedelei Carceri am Subasioberg über Assisi und später in einer Einsiedelei westlich von Perugia. Er starb 1280 in Assisi und ist ebenfalls neben dem Grab von Franziskus beigesetzt.

Bruder Pacifico starb gegen 1230 in Lens in Belgien. Bruder Giordano, auf Deutsch Jordan, blieb sein ganzes Leben in Deutschland, war unter anderem in Thüringen in der Leitung des Ordens tätig, seit 1242 in der Franziskanerprovinz „Saxonia". Er schrieb eine Chronik der frühen Franziskanermission in Deutschland, starb nach 1262 und liegt in Magdeburg begraben. Bruder Filippo versah von 1228 bis 1246 das Amt des Visitators der Schwestern von San Damiano. Er starb gegen 1259 in Perugia. Bruder Rufino starb gegen 1278 und ist ebenfalls neben Franziskus' Grab beigesetzt. Bruder Silvester, der ebenfalls als Mystiker bekannt wurde, starb gegen 1240 in Assisi. Sein Grab befindet sich in der Unterkirche von San Francesco.

Klara kämpfte ihr Leben lang um das Vorrecht für ihre Schwestern, ohne Eigentum und Privilegien leben zu dürfen. Dabei standen ihr die Brüder Leo, Egidio, Filippo, Elias und Angelo tatkräftig zur Seite. Nach vielen aufreibenden Verhandlungen erhielt sie die päpstliche Bestätigung für ihre Regel. Es war die erste von einer Frau verfasste Regel, der diese Bestätigung zuteil wurde. Das war am 9. August 1253, als sie bereits auf dem Sterbebett lag. Zwei Tage danach, am 11. August 1253, verschied Klara in San Damiano, umgeben von ihren Schwestern, ihrer leiblichen Schwester Agnes und den Brüdern Angelo und Leo. Agnes starb bald nach ihrer Schwester, im November des gleichen Jahres. Im Jahre 1255 sprach Papst Alexander IV. Klara heilig.

Zum historischen Hintergrund

Seit dem 13. Jahrhundert hat keine andere Epoche allen an Franziskus Interessierten so viel Information geliefert wie die letzten beiden Jahrhunderte. In dieser Zeit haben die Gelehrten bislang unbekannte Manuskripte der Franziskaner des 13. Jahrhunderts gefunden, kritische Ausgaben der franziskanischen Quellenschriften besorgt und eine Unmenge an Einzelheiten über das kirchliche, bürgerliche, soziale Leben im mittelalterlichen Umbrien des 13. Jahrhunderts zu Tage gefördert, was noch durch zahlreiche archäologische Entdeckungen ergänzt werden konnte.

Will man sich eine zuverlässige Grundlage verschaffen, muss man über die historische Zuverlässigkeit der vorhandenen Quellen befinden. Diese Frage der Anwendung der historisch-kritischen Methode auf die franziskanischen Quellenschriften wird als die „franziskanische Frage" bezeichnet. Dabei ist eine ganze Reihe komplexer Überlegungen im Spiel. Man muss den „Sitz im Leben", das heißt den sozialen, politischen und kulturellen Kontext der jeweiligen Schrift ermitteln, die Nähe des Autors zu den geschilderten Ereignissen herausfinden sowie überprüfen, wie er sie gedeutet hat. Außerdem muss man philologisch-literarische Methoden anwenden, um die Abhängigkeit bestimmter Manuskripte voneinander zu erkennen und die einzelnen Textgattungen und Textentsprechungen oder -widersprüche zu entdecken.

Wer sich genauer über den Stand der „franziskanischen Frage" informieren will, dem sei die Arbeit von Luigi Pelligrini empfohlen: „A Century Reading the Sources for the Life of Francis of Assisi" in *Greyfriars Review* 7 (1993), 323–346. Der Urtext der franziskanischen Quellenschriften findet sich bei Enrico Menest und Stefano Brufani (Hg.) in den *Fontes franciscani*, Assisi 1995. Auf Deutsch sind die „Franziskanischen Quellenschriften" ab den Fünfzigerjahren in zahlreichen Bänden von deutschen Franziskanern im Dietrich-Coelde-Verlag in Werl herausgegeben worden, darunter als Band 1 die Schriften des hl. Franziskus von Assisi, Werl [8]1984.

Gingen frühere Arbeiten zur „franziskanischen Frage" oft von der Annahme aus, das älteste Material sei das zuverlässigste, betonen die Arbeiten seit den Sechzigerjahren bis heute stärker die kontextuelle als die chronologische Nähe. Gewiss sind die Schriften von Franziskus und Klara von unschätzbarem Wert, aber auch bei diesen muss man zwischen buchstäblich diktierten und späteren Kurzfassungen ursprünglicher Diktate unterscheiden; Letztere sind etwa die Ermahnungen.

Bei der Wahl des Quellenmaterials für das frühe Leben des Franziskus habe ich mich in erster Linie auf die *Dreigefährtenlegende* (ca. 1246–1247) gestützt (Deutsch: Werl 1972). Darin bin ich Thomas von Celano gefolgt, der diese Schrift oder zumindest die in diesen Text aufgenommenen mündlichen und schriftlichen Geschichten als Hauptquelle für sein *Zweites Leben des heiligen Franziskus* verwendet hat (Deutsch: Werl 1964), wie neuerdings auch wieder Raoul Manselli in seinem Werk *St. Francis of Assisi* (Chicago 1988).

Das meiste biografische Material über die frühen Franziskaner findet sich in der *Dreigefährtenlegende* und der *Legende von Perugia*.

Ich bin der Archivarbeit von Arnaldo Fortini in *Francis of Assisi* (New York 1992) zu großem Dank verpflichtet und habe für alle Personen meiner Handlung historische Personen aus Assisi verwendet. Zwar habe ich Fortinis Kritiker geziemend berücksichtigt und es zu vermeiden versucht, seiner Neigung zu verfallen, historische Quellen allzu unkritisch aufzugreifen und gelegentlich die Grenzen der archivalischen Quellen allzu sehr auszuweiten. Dennoch war seine akribische archivalische Forschung für die ersten Kapitel dieses Romans ungemein wertvoll.

Im ganzen Buch spielen Träume, Visionen, die Leben anderer Heiliger und Gebetserfahrungen eine wesentliche Rolle. Im Laufe meiner eigenen zwanzig Jahre als Franziskanerin und Gelehrte bin ich zur Überzeugung gekommen, dass man die Biografie eines Christen aus christlicher Perspektive schreiben muss. Die Erfahrung des Franziskus, Jesus Christus zu begegnen und von der Liebe zu ihm gepackt zu werden, war eine echte Erfahrung, und ich beschreibe sie als solche. Dabei habe ich versucht, den Weg von Franziskus als einen echten Weg nach dem Evangelium zu beschreiben, einen Weg, der auch für Menschen von heute möglich ist, wenn auch unter gewandelten Umständen.

Zusätzlich zur *Dreigefährtenlegende* habe ich Franziskus' eigenen Bericht über seine Begegnung mit dem Aussätzigen in den ersten drei Zeilen seines Testaments verwendet. Als Quellenmaterial für die letzten Tage von Franziskus zog ich Bonaventuras *Legenda Major* (Deutsch: *Das Leben des hl. Franz von Assisi*, Freiburg 1988) und die *Legende von Perugia* heran.

Im vorliegenden Buch beschreibe ich die frühe franziskanische Bewegung als Volksbewegung, die Männer und Frauen, Ordensleute und Laien umfasste. Ich versuchte, die frühesten Jahre noch nicht im Licht der endlosen Auseinandersetzungen um juristische Formulierungen und Einzelheiten der Observanz zu zeigen, die später dem Ersten (das heißt den Brüdern) und Zweiten Orden (den Schwestern) endlos zu schaffen machten. Ebenso spreche ich von den vielen Leuten aus dem Volk, die Franziskus folgten, noch nicht im Hinblick auf den Dritten Orden, der später daraus entstand. Kurz, ich konzentriere mich nicht auf den Orden, sondern stärker auf die breite franziskanische Bewegung. Das habe ich aus meinen Studien über Klara gelernt, die nach allem, was aus den Quellen zu schließen ist, das ebenfalls so sah. Klara sah sich selbst unter dem Schutz der „Regel" des Franziskus von 1209 und widersetzte sich allen juristischen Bemühungen, die Brüder und Schwestern zu trennen. Die Einteilung in einen Ersten, Zweiten und Dritten Orden gab es davor bereits beim Orden der Humiliaten, aber Franziskus, Klara, Giovanni und Jacopa interessierten sich in erster Linie für die Nachfolge Christi und weniger für die Gründung von Orden im Sinne des Kirchenrechts. Maßgeblich für die Darstellung der Anfänge des Franziskanerordens bleibt Kajetan Eßers Werk *Anfänge und ursprüngliche Zielsetzung des Ordens der Minderbrüder* (Leiden 1966).

Klaras *Heiligsprechungsprozess* und in geringerem Maß *Die Legende der heiligen Klara* sind Schlüsseldokumente für ein Porträt Klaras. Bona di Guelfuccio, Pietro di Damiano und Don Ranieri di Bernardo sagten als Zeugen in Klaras Prozess aus. Die Schreiben von Franziskus an Klara sind dem biografischen 6. Kapitel der Regel Klaras entnommen. Auf Deutsch liegt die Quellenausgabe von Engelbert Grau, *Leben und Schriften der heiligen Klara von Assisi,* vor (Werl ⁵1980).

Für die schöpferische Nacherzählung der Reise zum Sultan war Jordan von Gianos *Chronik* (deutsche Ausgabe von H. Boehmer, Paris 1908) wichtig. Bonaventuras *Legenda Major* bringt dazu plastische Einzelheiten.

Die Umstände, unter denen Jordan von Giano für Deutschland bestimmt wurde, finden sich wie geschildert in seinem autobiografischen Bericht in seiner gerade genannten *Chronik.* Ich nahm diese Episode nicht nur wegen ihrer historischen Echtheit auf, sondern auch, weil sie ausgezeichnet die Stimmung und Spiritualität der ersten Brüder wiedergibt.

Einzelheiten der Geschichten über Greccio, die Weihnachtsgeschichte und das Häschen, das sich mit Franziskus anfreundete, stammen aus Celanos *Erster Lebensbeschreibung.*

Der zweite Teil der *Fioretti* (*Die Blümlein,* eine Legendensammlung, in: *Franz von Assisi, Die Werke,* Hamburg 1958), die „Betrachtungen über die heiligen Wundmale", ist zwar von zweifelhaftem historischem Wert, schildert jedoch besser als jeder biografische Bericht den geistlichen Weg Franziskus' bis zum Empfang der Wundmale. Das hagiografische Muster des Heiligen gehört sicher zur Rahmenhandlung der Blümlein, doch die spezifischen Eigenarten, vor allem Franziskus' Ungeduld mit seiner langen und schmerzlichen Krankheit, helfen das Sich-Identifizieren Franziskus' mit dem gekreuzigten Christus besser verstehen. Aus dem gleichen Grund habe ich auch, ebenfalls aus den *Blümlein*, die Geschichte über die vollkommene Freude eingefügt, denn auch sie hat ihren spirituellen Wert vielfach erwiesen. Für die letzten Lebensjahre von Franziskus stützte ich mich auf die *Legende von Perugia*.

Klaras verzweifelter Kampf darum, ihrem Traum treu bleiben zu dürfen, ohne persönliches oder gemeinschaftliches Eigentum oder Privilegien zu leben, gehört zu ihrer Geschichte nach dem Tod von Franziskus.

Vom Heiligsprechungsprozess von Franziskus sind uns keine Akten erhalten, wie das bei Klara der Fall ist. Einzelheiten über seine Heiligsprechung finden sich jedoch in der *Dreigefährtenlegende* und in Celanos *Erster Lebensbeschreibung*.

Bei einem Roman um eine historische Persönlichkeit sind Fakten vorgegeben, an die ich mich ziemlich genau gehalten habe. Zugleich ist dafür die schöpferische Fantasie gefragt, um der historischen Schilderung Farbe zu verleihen und sie lebendig werden zu lassen. So musste ich auch vieles erfinden, zum Beispiel die Kleidung, die die Menschen trugen, ihren Charakter, das Aussehen bestimmter Orte. Abgesehen von dieser Ausmalung versuchte ich, meine Darstellung einfach zu halten, oder man könnte auch sagen, komplex, nämlich insofern, als ich mich nach Kräften bemühte, die Geschichte nicht von unserer heutigen Sicht her einzufärben. Mir schien, die frühe franziskanische Geschichte, so wie sie war, ist aus sich selbst viel stärker als jede Deutung, die ich in sie hineinlegen könnte.